Hessenberger/Krcal · Innovative Logistik

Manfred Hessenberger/Hans-Christian Krcal

Innovative Logistik

Versorgungsstrategien, Standortkonzepte, Steuerungselemente

GABLER

Die Deutsche Bibliothek - CIP-Einheitsaufnahme

Hessenberger, Manfred:
Innovative Logistik : Versorgungsstrategien, Standortkonzepte, Steuerungselemente / Manfred Hessenberger/Hans-Christian Krcal. - Wiesbaden : Gabler, 1997
ISBN 3-409-18958-0

Der Gabler Verlag ist ein Unternehmen der Bertelsmann Fachinformation.

Lektorat: Sabine Bernatz

Höchste inhaltliche und technische Qualität unserer Produkte ist unser Ziel. Bei der Produktion und Auslieferung unserer Bücher wollen wir die Umwelt schonen: Dieses Buch ist auf säurefreiem und chlorfrei gebleichtem Papier gedruckt.

http://www.gabler-online.de

Druck und Buchbinder: Lengericher Handelsdruckerei, Lengerich/Westf.
Printed in Germany

ISBN 3-409-18958-0

Geleitwort

Obwohl sich Theorie und Praxis in den vergangenen Jahren intensiv mit logistischen Fragestellungen auseinandergesetzt haben, hat die Logistik keineswegs an Aktualität verloren. Im Gegenteil: Sowohl die steigenden Kunden- und Wettbewerbsanforderungen als auch die Dynamik des technischen Fortschritts deuten darauf hin, daß der Logistik auch zukünftig eine strategische Schlüsselposition zukommt. Die Logistik hat sich von ihrer Rolle als Kontrollfunktion von Material- und Informationsflüssen hin zu einer Managementkonzeption entwickelt. Die logistischen Aktivitäten verursachen nicht nur Gemeinkosten, sondern sind als gleichberechtigte Aktivitäten zur Steigerung der Kundenbindung anzusehen. Sie leisten auch einen orginären Beitrag zur Verbesserung der Kostenposition im Unternehmen.

Im vorliegenden Buch zeichnen die Autoren Wege zu einer innovativen Logistik auf. So werden ausgewählte Aspekte der Versorgungslogistik, des Bestandsmanagements, der logistischen Standortstruktur sowie der Steuerungselemente und -methoden in einem sehr engen Bezug zur Praxis beschrieben. Es ist den Autoren in hervorragender Weise gelungen, dem Leser ein theoretisches Grundverständnis hinsichtlich der logistischen Konzepte zu vermitteln und Wege aufzuzeigen, wie solche Konzepte am Beispiel eines Global Player effizient umzusetzen sind. Dieses Buch wird wieder die Diskussion um die Logistik als Erfolgsfaktor beleben und kann vom interessierten Leser aus Praxis und Wissenschaft zur Erweiterung seiner logistischen Kenntnisse genutzt werden.

Im April 1997 Univ.-Prof. Dr. Horst Wildemann

Vorwort

Im wirtschaftlich industriellen Bereich ist für jede Art der Betätigung die Logistik eine wichtige Voraussetzung, so auch für die Versorgung einer Fabrik. Die Logistik ist ein Erfolgsfaktor. Sie gehört zu den Kernaktivitäten unternehmerischen Handelns. Logistik steht jedoch häufig nicht so sehr im Mittelpunkt unternehmerischer Entscheidungen, wie es wünschenswert und notwendig wäre, denn eine Wechselwirkung zwischen der wirtschaftlichen Situation einer Unternehmung und der Verstärkung von logistischen Bemühungen ist offensichtlich. Mit entsprechenden logistischen Lösungsansätzen kann ein erheblicher Beitrag zur Verbesserung der Kostensituation geleistet werden.

Insbesondere in den 90er Jahren ist es gelungen, neue Lösungen zur Bewältigung der Logistikaufgaben zuerst im strategischen dann im operativen Rahmen zu entwickeln. Diese Lösung wurde bei einem Global Player umgesetzt. Deshalb erscheint es angebracht, die wichtigsten Lösungsansätze hier vorliegend zu beschreiben.

An dieser Stelle möchten wir es nicht versäumen, Frau Katrin Hesmer für ihre Unterstützung speziell bei der Erstellung der Abbildungen, zu danken. Auch Frau Gaby Klemm sei für ihre hilfreiche Begleitung des Projektes gedankt.

Prof. Dr. Manfred Hessenberger
Hans-Christian Krcal

Inhalt

Geleitwort 5

Vorwort 7

1. Die integrativen Elemente der Logistik 11

1.1 Dynamische Marktausrichtung 16
1.2 Methodische Verknüpfung der logistischen Geschäftsprozesse 20
1.3 Logistikziele: unterschiedliche Gewichtung in Logistikkonzepten 25
1.4 Kommunikationsanforderungen im Produktionsverbund 30
1.5 Ganzheitliche Betrachtung der Zuliefer-Hersteller-Beziehung 36
1.6 Verkehrs- und umweltpolitische Herausforderungen 38

2. Belieferungsformen und Versorgungsstrategien 43

2.1 Direktbelieferung 43
2.2 Just-in-Time 45
2.3 Warehousing (Logistik-Lieferanten-Zentrum, LLZ) 48
2.4 Vom „Customer Care“ zum „Global Sourcing“ bei weltweiten Beschaffungsquellen 49
2.5 Chancen durch Telematik 60

3. Bestandspolitik 69

3.1 Bestandsmanagement bei Just-in-Time, Kaizen- und Industriepark-Projekten 72
3.2 Logistikorientierte Produktentwicklung 77
3.2.1 Systeme und Systembildung 77
3.2.2 Prozeßkettenoptimierung 80
3.3 Qualitätssicherung 82
3.4 Bedeutung der Lagerwirtschaft im integrativen Zusammenhang 84

4. Logistische Standortstrukturkonzepte 85

4.1 Make-or-Buy-Strategien 85
4.2 Der Industriepark Ansatz 91
4.2.1 Aufgaben, Bedeutung und Definition 94
4.2.2 Vorgehensweise 98
4.2.3 Chancen und Risiken 98
4.3 Logistisches Anforderungsprofil bei weltweiten Standortstrukturen 99
4.3.1 Logistische Standortaspekte in Deutschland 104
4.3.2 Auslandsorientierung 110
4.3.3 Transportbedingungen 114
4.3.4 Anforderungen an die Beschaffungsmärkte 117
4.4 Anforderungen an die Zulieferer: Systemführerschaft durch den Systemlieferanten? 124

5. Steuerungselemente und -methoden/Logistiknavigation 133

5.1 Benchmarking 134
5.2 Prognose- und Steuerungswert von Logistikkennzahlen 146
5.3 Planung von Just-in-Time Logistikabläufen für Teilefamilien 152
5.4 Prozeßbetrachtung und Organisationsentwicklung der Logistik 156
5.5 Kaizen: Minimierung der Durchlaufzeiten, der Bestände, und Disziplinierung der Abläufe 174
5.6 Steuerungsmöglichkeiten in der Zusammenarbeit mit Lieferanten: Projektplanung und -umsetzung 177

6. Zusammenfassung: Das Entscheidungsfeld 187

Geleitwort 191
Die Autoren 193
Abkürzungsverzeichnis 195
Abbildungsverzeichnis 197
Literaturverzeichnis 199
Stichwortverzeichnis 207

1. Die integrativen Elemente der Logistik

Geschichtliche Entwicklung und begriffliche Wandlung

Für die geschichtliche Entwicklung des Begriffes „Logistik" gibt es in der Literatur verschiedene Annahmen und Hinweise. Eine eindeutige Klärung ist aber bis heute nicht erfolgt. Wir haben uns deshalb entschlossen, die Herleitung des Begriffes aus dem Wort zu bemühen (Etymologischer Ansatz).

„Logistik" wird vom griechischen Begriff *logistikos* abgeleitet. Dies bedeutet Berechnungs- bzw. Kalkulationsgeschick. Das Wort *logista* taucht zum ersten Mal als Bezeichnung eines Ranges im militärischen Bereich während des Römischen Reiches auf.

Daran anschließend gibt es erst wieder Hinweise aus der Neuzeit. So wurde der Begriff „Logistik", abgeleitet vom französischen Verbum *loger* (= versorgen, unterstützen, Quartier machen), im militärischen Bereich vom französischen General Henri Jomini (1779 - 1869) benutzt. Unter Logistik verstand man zu jener Zeit hauptsächlich die Berechnung von Weg-Zeit-Problemen bei Truppenbewegungen (politischer Ansatz).

Mit der Mechanisierung des Militärbereiches gewannen das Nachschub-, Versorgungs- und Transportwesen der Streitkräfte an Bedeutung, und während der beiden Weltkriege wurde die Entwicklung der militärischen Logistik insbesondere auf diesen Gebieten vorangetrieben. Heute ist sie ein Teil der militärischen Führung. Aufgabe ist die materielle Versorgung der Streitkräfte, die Materialerhaltung, das Transportwesen, die Entsorgung (einschließlich Abtransport von Verwundeten und Kranken) sowie die Vorhaltung der dazu notwendigen Infrastruktur (Kommunikations- und Verkehrsverbindungen) (militärischer Ansatz).

Die zentrale Dienstvorschrift der Bundeswehr /179/ versteht unter Logistik die „Lehre von der Planung, der Bereitstellung und vom Einsatz der für militärische Zwecke erforderlichen Mittel und Dienstleistungen zur Unterstützung der Streitkräfte und/oder die Anwendung dieser Lehre".

Im frühen 19. Jahrhundert wurde Logistik erstmals in wissenschaftlichen Dokumenten untersucht. John Crowell (1901) prüfte die Kosten und Faktoren, die durch die Verteilung von landwirtschaftlichen Produkten in den USA verursacht wurden (*Report of the Industrial Commission on the Distribution of Farm Products)*. Später, in *An Approach to Business Problems* (1916) behandelte Arch Shaw die strategischen Aspekte von Logistik. Während des gleichen Jahres führte L. D. H. Weld ein Konzept für Marketing (Zeit, Ort, Besitz) und Vertriebswege ein. Im Jahr 1922 definierte Fred Clark die Rolle der Logistik in Marketing. Und 1927 wurde der Begriff „Logistik" so beschrieben, wie wir ihn heute verstehen.

In den fünfziger Jahren wurde in den USA begonnen, die erarbeiteten Methoden dieses Gebietes auf das Wirtschaftsleben zu übertragen. Auslösend dafür war der Gedanke, daß die durch Wachstum und Arbeitsteilung stark zunehmenden Material- und Warenbewegungen innerhalb, zwischen den Unternehmungen und zu den Abnehmern durch in der Militärlogistik angewandte Methoden besser gesteuert werden können.

Im Unterschied zum militärischen Bereich wurde Logistik meistens jedoch auf Probleme im Zusammenhang mit der Bewegung von Gütern beschränkt, die Bewegung von Menschen also bewußt außer acht gelassen.

Da die Bedingungen, unter denen die logistischen Aufgaben zu erfüllen sind, sehr stark differieren (die Wirtschaftslogistik muß im Einklang mit den Markterfordernissen stehen, die Militärlogistik muß politisch-militärischen Zielsetzungen genügen), wurde eine auf das Wirtschaftsleben zugeschnittene Logistik entwickelt.

Das Schwergewicht lag dabei in den USA auf dem Bereich der Verteilung von Waren (= physical distribution); Logistik als Funktion zur Versorgung der Unternehmung mit Gütern wurde erst später entwickelt (praktischer Ansatz).

1956 eröffnete eine wirtschaftswissenschaftliche Studie über Luftfracht ein neues Logistikgebiet. Die Studie führte ein Konzept der Gesamtkosten-Analyse (total cost analysis) ein.

In den sechziger Jahren sah man eine Vielzahl von Ausdehnungsmöglichkeiten der Logistik. 1961 wurde eine der ersten Veröffentlichungen von Edward Smykay, Donald Bowersox und Frank Mossmann über Logistik-Management herausgegeben. Das Buch untersucht die Logistik hinsichtlich firmenübergreifender Perspektiven und prüft das Gesamtkosten-Konzept. Der *Council of Logistics Management* wurde 1963 gebildet.

Computer-Technologie und Vertriebssoftware waren zwei weitere interessante Faktoren zu Gunsten der Logistik. Die Entwicklung der Computer-Technologie ermöglichte die logistischen Abläufe viel wirksamer und rationeller einzuführen und zu gestalten.

Mit Beginn der siebziger Jahre erschienen die ersten Veröffentlichungen zur Logistik in der Bundesrepublik Deutschland.

Kennzeichen innovativer Logistik-Konzepte

„Innovation" aus dem lateinischen abgeleitet, bedeutet neben Neuerung, Entdeckung, und Erfindung auch Erneuerung. Wird „Erneuerung" übertragen auf das logistische Betätigungsfeld, bedeutet das zum einen Besinnung auf bewährte Logistiklösungen in der Praxis, deren konsequente Anwendung, und zum anderen eine Anpassung dieser

Logistikbestandteile an aktuelle Erfordernisse in einem drastisch veränderten Wettbewerbsumfeld. Ein innovatives Logistikkonzept das auf diesen beiden Standbeinen steht, kann seinen Aufgabenstellungen gerecht werden.

Was zeichnet nun innovative Logistikkonzepte Ende der 90er Jahre aus und sind sie tragfähig für das nächste Jahrzehnt? Ganzheitlichkeit ist eine aktuelle Anforderung und absolute Notwendigkeit für innovative Konzepte. Das gilt vor allen Dingen für innovative Logistikkonzepte, die immer den logistischen Gesamtprozeß zu berücksichtigen haben. Ausgehend von einer Analyse des Gesamtprozesses hat eine Abgrenzung in Teilprozeßschritte zu erfolgen. Das Management innovativer Logistik tangiert in seiner Querschnittswirkung eine Vielzahl von Funktionen: die technische Dokumentation, die Qualitätsdokumentation, Prüfverfahren, Prüfmittel, die Bedarfserkennung und Bedarfserfassung, die Bedarfserrechnung bzw. Verbrauchsbestimmung, die Disposition bzw. Auftragsverfolgung, die Distribution, die Bestandsüberwachung und Bedarfsfortschreibung, und die Transportfunktion. Ferner sind zum Tätigkeitsfeld innovativer Logistik zu zählen das "Warehousing", als eine spezielle Form der Lagerung, die innerbetriebliche Materialbewegung und Materialverteilung, die Materialbereitstellung, das Auspacken, Umpacken und Einpacken, die Fehlteile- und Falschteileberichtigung, der Rückwaren- und Leergutversand, das Ersatzteilmanagement und die CKD-Abwicklung.

Eingebettet sind alle diese Funktionen von der physischen, d.h. materiellen, und der steuernden, d.h. informatorischen Ebene. Als dritte Ebene ist das Logistik-Controlling zu verstehen, das über die Kostenstruktur der Logistikabläufe Auskunft gibt.

- Die physische Logistik beschreibt den Distributionsablauf bzw. Produktionsablauf, und den materiellen Materialfluß.

- Die steuernde Logistik umfaßt dispositive und informatorische Abläufe/Ströme, die sich mit der Bestandserfassung, Analyse, Planung und Kontrolle von Ist-Abläufen befassen. Zu nennen wären beispielsweise die Lagerhaltung, das Handling (heben, nehmen, senken) oder die Transportüberwachung als Elemente der steuernden Logistik.

- Das Logistik-Controlling beschäftigt sich mit der Kostenseite der logistischen Vorgänge. Bis Anfang der neunziger Jahre waren Logistikkosten von untergeordneter Bedeutung. Die Stückkostenrelevanz der Logistik war nicht groß. Kostenerhöhungen in der Logistik konnten an den Kunden weitergegeben werden. Danach wurden auch Logistikkosten kritischer gesehen. Die Reduzierung von Logistikkosten (pro Fahrzeug kann das ein Betrag zwischen 500 bis 1 500 DM sein) rückte in den Fokus logistischer Optimierungsbemühungen. Dabei sind vorrangig Systemkosten zu betrachten, weniger die Einzelkosten.

Integrative und damit zugleich auch innovative Logistikkonzepte berücksichtigen und bedienen sich umfassender Informations- und Steuerungssysteme, die Bestandsgrößen (z. B. Material, Ladungsträger und Logistikflächen) zu optimieren helfen. Hinzu kommen flexible Transportformen, die auf eine Vermeidung von Störgrößen (z.B. Ausschuß) hinwirken. Schließlich müssen adäquate Planungs- und Umsetzungskonzepte zur ständigen Optimierung der logistischen Teilprozesse gefunden, aufeinander abgestimmt, und in einen Gesamtzusammenhang gebracht werden.
Die Integration unterschiedlicher Konzeptbestandteile zu einem durchgängigen Gesamtkonzept entlang der logistischen Funktionskette steht u.a. vor dem Problem, eine klare Abgrenzung der Konzeptbestandteile zu definieren. Starke komplementäre und überlappende Beziehungsrelationen charakterisieren Logistikkonzepte, wie es z. B. bei der Kaizen-Planungsmethodik und der Just-in-Time Belieferung der Fall ist.

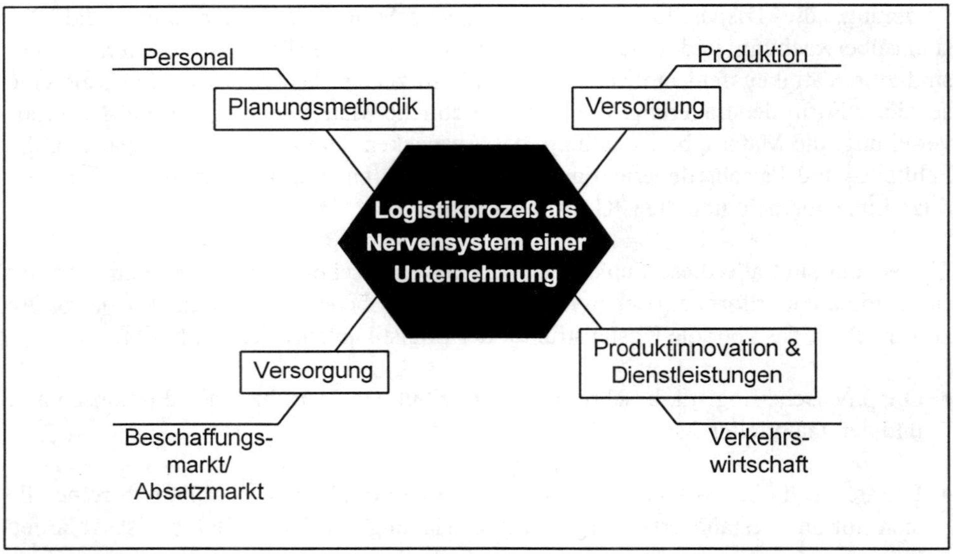

Abb. 1: Wirkung der Logistik

Der Logistikprozeß als die Summe aller logistischen Funktionen tangiert eine Reihe von Bereichen, die von strategischer Reichweite für eine Unternehmung sind (Abb. 1). Neben der Erfüllung des Versorgungsauftrages beeinflußt der Logistikprozeß Produktinnovationen und Dienstleistungen, beispielsweise bei Transportmittelkonzeptionen. Seine Planungsmethodik verlangt nach der Erschließung des Human capitals aller Logistikmitarbeiter.

Ohne eine konsequente Anwendung und Realisierung der Prinzipien „Ganzheitlichkeit“ und „Integration“ wäre jedes Logistikkonzept isoliert. Für die betriebliche Querschnittsfunktion Logistik würde das bedeuten, daß sie nicht mehr funktional wäre.

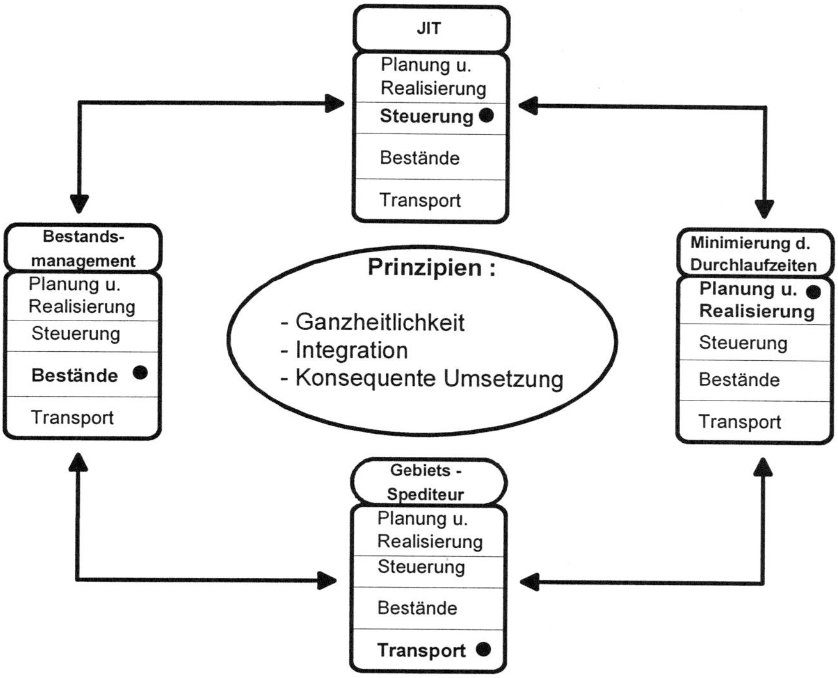

Abb. 2: Innovative Logistikkonzepte - auf dem Weg zu Kybernetik-Regelkreisen

Die im folgenden vorgestellten Konzepte „Bestandsmanagement“ und „Just-in-Time (JIT)“, „Minimierung der Durchlaufzeiten“ und „Gebietsspediteur“ bestehen aus Elementen, die allen Konzepten gemeinsam sind: der Planung und Realisierung, der Steuerung, der Bestände- und Transportoptimierung. Die Elemente tangieren die Konzepte in einer unterschiedlichen Intensität. In der Betrachtung wird jeweils ein Element schwerpunktmäßig behandelt, ohne daß die Rolle der anderen dabei negiert wird: Bestände sind das Betrachtungsobjekt in Fragen des „Bestandsmanagements“, die Steuerung steht im Mittelpunkt bei „JIT“, die Planungs- und Realisierungsprinzipien werden behandelt in der Frage einer „Minimierung der Durchlaufzeiten“ und schließlich spielt die Transportoptimierung eine entscheidende Rolle im Zusammenhang mit dem „Gebiets-Spediteur Konzept“.

Unternehmensinterne und externe Rahmenbedingungen, wie Beschäftigungssituation, verkehrs- und umweltpolitische Gegebenheiten und die Gesamtunternehmensstrategie wirken auf die Konzeption und operative Umsetzung ein. Logistikkonzepte werden häufig verwandt, um eine Kostenreduktion zur Stärkung der Wettbewerbsfähigkeit zu erreichen. Die finanzielle Mittelfreisetzung aus der Erschließung logistischer Potentiale stellt eine unternehmensinterne Möglichkeit dar, benötigte Liquiditätsreserven zu stärken. Aus diesem Spannungsfeld unternehmensinterner und externer Ansprüche ergibt sich ein Dilemma, dem z. B. Belieferungskonzepte ausgesetzt sind: auf der einen Seite etwa eine restriktive Verkehrspolitik, die den LKW-Verkehr gänzlich auf die Schiene verlagert sehen möchte, ohne jedoch gleichzeitig die notwendigen infrastrukturellen Voraussetzungen dafür zu schaffen, und auf der anderen Seite die Möglichkeit durch Belieferungsformen wie JIT eine Bestandsreduzierung des Fertigungsmaterials zu erreichen (Fließprinzip).

Voraussetzungen für innovative Logistikkonzepte:

- Bestehen zum einen in der Übermittlung und dem Transport von Informationen und Material in einem möglichst geschlossenem Kreislauf.
- Eine weitgehende Synchronisation der Fertigungs- und Logistikprozesse bei Hersteller und Lieferant wird angestrebt.
- Umfassende Prozeßsicherheit auf Seiten des Lieferanten (z. B. Null-Fehler Qualität), trägt zu einer Produktivitätssteigerung auf Seiten des Herstellers bei.
- Eine umfassende Qualitätskontrolle im Rahmen des Total Quality Managements, des Quality Function Deployment, oder der Produktivitätskontrolle (Total Productivity Maintenance), erleichtert die Produktivitätssteigerung.

1.1 Dynamische Marktausrichtung

Kostensenkungspotentiale allgemeiner Art und im Logistikbereich

Kostensenkungspotentiale machen noch keine tatsächliche Kostensenkung aus. Die Frage drängt sich auf, ob eine Kostensenkung zugleich auch immer gewinnbringend ist. Auf den ersten Blick scheint das eine banale Frage zu sein, jedoch ist die Unterscheidung in kurzfristige, mittelfristige und langfristige Orientierungsfelder zu beachten. Eine Kostensenkung kann negative Entwicklungen auslösen, wenn dadurch Motivationsanreize für Mitarbeiter wegfallen. Kostensenkung sollte deshalb nicht als Angriff auf die betriebliche Substanz, ausschließlich zur Gewinnsteigerung (Shareholder Value), als betriebliche Zukunftssicherung oder als kurzfristiger Reparaturbetrieb (Notmaßnahme) verstanden werden.

Beiträge zur Kostensenkung in der Logistik können von optimierten Bereichsstrategien, Anliefer- und Transportkonzepten (optimierte Lademittel, Verpackung, oder Rollcontainer) kommen oder durch die stärkere Betonung der Steuerungselemente in der Logistik.
Die Logistik steht auch in dieser Hinsicht vor einem gewissen Dilemma. Auf der einen Seite wird eine Kostensenkung in der Logistik angestrebt, auf der anderen Seite ergibt sich ein vergrößertes Anforderungsprofil, bedingt durch den erweiterten Aktionsraum im Rahmen verstärkter Globalisierungskonzepte. Wenn Kosten in der Lo-

gistik gesenkt werden entstehen eventuell an anderer Stelle zusätzliche Kosten, so daß es immer auf die saldierte Betrachtung und Ausgewogenheit ankommt.

Eine nachhaltige Verbesserung der Kostenposition eines Unternehmens wird in elementarer Weise durch die Beschreibung der Geschäftsprozesse (Modellierung) und die Logistikstrategie mitbestimmt. Kostensenkungspotentiale lassen sich in anderen betrieblichen Funktionsbereichen eventuell nur mit einem höheren Aufwand lokalisieren und realisieren.
Nachhaltigkeit als Forderung impliziert das umgehende Erkennen von Veränderungen und eine gewisse Stabilität in der Umsetzung von Maßnahmen. Ein Konzept weist Nachhaltigkeit auf, wenn eine Weichenstellung erfolgt, die grundlegender Natur ist und Akzentuierungen jederzeit ermöglicht. Die Erneuerung bzw. der Selbsterhalt der eingesetzten betrieblichen Ressourcen wird dadurch ermöglicht.
Eine nachhaltige Kostensenkung ist deshalb mit strukturellen Veränderungen verbunden. Die Hauptkostenarten Personal, Material, Technologie (z.B. in der Logistik: Lademittel, Ladungsträger, Fördereinrichtungen) lassen nur in einem begrenzten Umfang Kostensenkungspotentiale zu. Eine Ablaufoptimierung ist mit Reduzierungen im Bereich der Gemeinkosten verbunden. Da Umstrukturierungsmaßnahmen nach weitverbreitendem Verständnis mit Personalreduzierungen gleichgesetzt werden, wird es auch immer verhältnismäßig schwer sein Strukturveränderungen innerbetrieblich durchzusetzen.

Vom Kundenauftrag zum Bedarf

Auf einem Markt der durch harten Wettbewerb gekennzeichnet ist gehört die Kundenorientierung zu einer für die Überlebensfähigkeit eines Unternehmens entscheidenden Sichtweise. Die Kundenorientierung eines Unternehmens als Aufgabe Kundenwünsche zu berücksichtigen, spiegelt sich in der Produktkonzeption wieder. Ausgehend von der Produktkonzeption werden bestimmte Anforderungen an die Logistik gestellt, der sie sich zu stellen hat. Aus den Erfahrungen heraus, die mit einem realisierten Logistikkonzept gewonnen werden können, ergeben sich Forderungen der Logistik an eine logistikgerechte Produktkonzeption. Aus Sicht der Logistik kann es nicht sinnvoll sein, wenn logistische Rahmenbedingungen nicht auch teilweise durch die Logistik miterarbeitet werden können.

Zum einen ist die Lieferantenstruktur auf die Produktkonzeption hin auszurichten. Desgleichen ist eine Modulbildung hilfreich, die dazu beiträgt Teile-Sachnummern einzusparen. Aggregate- und Komponentenbildungen, die bei Systemlieferanten durchgeführt werden, helfen mit die Vielzahl der Kundenwünsche zu befriedigen, ohne daß der logistische Steuerungsaufwand überhand nimmt. Der Markt verlangt nach Produktinnovationen, die im weltweiten Wettbewerb nur über Produktivitätsfortschritte kundengerecht, d.h. kostengünstig, abgesetzt werden können.

Verstärkt seit 1995 sind infolge dieser Rahmenbedingungen charakteristische Strategierichtungen festzustellen: Als Bestandteil der Globalisierungsoffensive ist die Produktivitätsoffensive zu sehen. Beide Ansätze stehen wiederum im enger Abstimmung mit der Produktoffensive. Ausgangspunkt für alle drei genannten Ansätze ist die Prozeßorientierung.

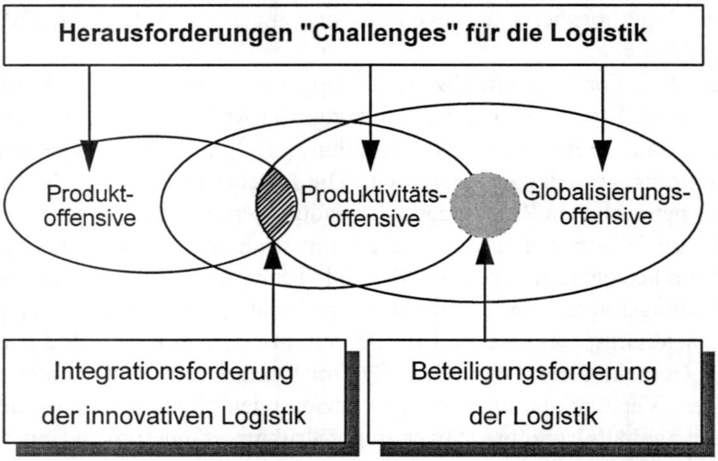

Abb. 3: Herausforderungen und Forderungen der Logistik

Bedeutung der Währungsunion für Lieferanten und Hersteller im Logistikbereich

Im Zusammenhang mit der geplanten Währungsunion lassen sich eine Reihe von Vorteilen für die Unternehmen nennen: Nationale Regierungen werden „diszipliniert“, d.h. wettbewerbsverzerrende nationale Gesetze und Verordnungen fallen tendenziell weg. Auch wird sich die Abhängigkeit gegenüber Schwankungen einer Auf- bzw. Abwertung des US Dollars verringern.
Die währungspolitische Einigung ist als Vorstufe für eine politische Union zu verstehen, die den Außenhandel innerhalb der European Monetary Union (EMU) erleichtern würde. Für das Außenfeld der EMU tritt eine flexiblere, weil einheitlichere, Exportabwicklung in Kraft.

Verschiedene betriebliche Funktionen von Lieferanten und Herstellern werden durch den Euro betroffen sein. Dazu gehören das Auslandsgeschäft und der Zahlungsverkehr. Durch den einheitlichen Währungsraum werden währungskursbedingte Schwankungen zwischen den Mitgliedsländern vermieden und der Zahlungsverkehr vereinheitlicht. Kurssicherungsgeschäfte sind dann nicht mehr notwendig. Transaktionskosten im Zahlungsverkehr lassen sich somit reduzieren. Ein direkter Preisvergleich läßt Preisrisiken und Preischancen transparenter werden. Durch stabilere Planungsgrundlagen lassen sich Investitionsrisiken eingrenzen, da das Wechselkursrisiko nicht weiter besteht.

Die Aufgabe der stabilen DM Währung bedeutet natürlich auch ein gewisses Risiko. Das Vertrauenspotential auf Seiten der Bevölkerung und Industrie in eine neue Währung muß erst aufgebaut werden. Ein Strukturumbruch ist damit auf jeden Fall vorgegeben, der für zumindest kurzfristige Irritationen sorgen wird.
Im Vorfeld der Währungsunion sind die Aspiranten auf eine Mitgliedschaft bemüht, über eine restriktive öffentliche Haushaltspolitik die Maastrichter Kriterien zu erreichen. Aufgrund beispielsweise reduzierter Auftragsvergaben der öffentlichen Hand führt das auch zu einem Kapazitätsabbau und damit in Konsequenz auch zu einem Personalabbau bei privaten Unternehmen. Eine restriktive Haushaltspolitik beeinflußt die Erwartungen der Wirtschaftssubjekte über die zukünftige wirtschaftliche Entwicklung. Wird in einer solchen Phase der Euro nicht unmittelbar zu einem Erfolgsfaktor, kann das zu rezessiven Tendenzen führen. Öffentliche Auftragsvergabeverfahren mit internationaler Ausrichtung werden jedoch zunehmen, die Vereinheitlichung der Vergabeverfahren erscheint deshalb zwangsläufig zu sein.

Für die Industrie in der Bundesrepublik könnte die Währungsunion eine Konvergenz der bislang divergierenden Faktorkosten für Kapital, Arbeit und Material bewirken. Zu beachten ist jedoch, daß eine Arbeitskräftemobilität oder eine Lohnflexibilität nach unten nur bedingt vorliegen oder sich wirtschaftspolitisch umsetzen lassen. Ungleichgewichte können auch eine notwendige Seite haben: denn es lassen sich Fehler (Dysfunktionen) der Ablaufprozesse leichter erkennen und gezielter angehen. Tendenziell wird es zu einer Angleichung der Gehalts- und Lohnstrukturen kommen.

Markt- und Wettbewerbsveränderungen ebenso wie Investitionsaufwendungen im Bereich der Datenverarbeitung und des Controllings gehören zu den unvermeidlichen Auswirkungen einer Währungsunion. Mittelständische Unternehmen fürchten die Kosten einer Umstellung: Vorteile, die mit einer europäischen Währung erzielbar wären, könnten kompensiert werden. Großunternehmen sind gleichermaßen betroffen, beispielsweise bei der Beschaffung von Software für das Rechnungswesen. Gesehen werden jedoch die Nachteile, die mit dem Beibehalten des Status quo verbunden sind. Mercedes-Benz hat beispielsweise 1995 währungskursbedingte Verluste im Zusammenhang mit den europäischen Währungen von ca. 600 Millionen DM hinnehmen müssen (Starke Lobby für den Euro, Der Spiegel, 27/1996, S. 80). Schätzungen sprechen von ca. 40 Mrd. DM Kosten pro Jahr, die die europäischen Volkswirtschaften und Unternehmen aufgrund der Währungsvielfalt zu tragen haben.
Für Lieferanten und Hersteller würden Verlagerungen von Produktionskapazitäten in den Euro-Währungsraum leichter werden. Die wachsende Mobilitätsanforderung an Arbeitskräfte wird speziell für hochqualifizierte Arbeitskräfte steigen. Der weiterwachsende Wettbewerb macht mehr grenzenübergreifende Kooperationen zwischen den Unternehmen erforderlich, z.B. in den Feldern Beschaffung oder Distribution.

Die Zahl der Systemlieferanten und Hersteller wird zunehmen, die Zahl der Zulieferanten insgesamt abnehmen. Durch Innovationskraft zu wettbewerbsgerechten Bedingungen haben Lieferanten die Chance sich zu einem Systemlieferanten weiterzuentwickeln.

Die neue Währung Euro könnte den US-Dollar als Weltleitwährung ersetzen, wenn die Akzeptanz des Euro gegeben ist und ein entsprechendes Volumen erreicht werden kann.
Der DM als Leitwährung mangelt es an Volumen, um als eine Welt-Leitwährung fungieren zu können. Bei einer starken Euro Währung würde sich auch das vergrößerte Gewicht Europas an den Finanzmärkten in der Welt widerspiegeln.

Der Materialeinkauf vieler Unternehmen erfolgt in Dollar-Währung. Wenn der Euro den US Dollar als Leitwährung ablösen kann, stehen zwei prinzipielle Verhaltensweisen an: Der Wechselkurs des Euro gegenüber dem Dollar kann zum einen hoch sein. In diesem Fall würde der Export in das Außenfeld der EU erschwert werden. Der Einkauf bzw. die Beschaffung jedoch aus diesem Währungsraum erleichtert werden. Umgekehrt könnte der Fall eines schwachen Wechselkurses eintreten. Exporte ließen sich dann erleichtern. Der Einkauf würde sich hingegen tendenziell verteuern.

Die „local content“ Bestimmungen auf den ausländischen Absatzmärkten außerhalb des EMU-Währungsraumes werden in dem Maße zunehmen, wie der EMU-Währungsraum zu einer noch stärkeren wirtschaftlichen und politischen Verflechtung der europäischen Staaten führen wird. Staaten außerhalb des EMU-Währungsraumes könnten ihrerseits versucht sein als Reaktion auf den wirtschaftlichen Druck mit einer Staaten-Blockbildung ein wirtschaftliches Gegengewicht zu schaffen.

Für Lieferanten, Hersteller und Spediteure ist zusammenfassend durch einen einheitlichen europäischen Währungsraum eine Wettbewerbszunahme zu erwarten. Günstigere Faktorkosten, stabilere Planungsgrundlagen für Investitionen, schnellere Transportleistungen und transparentere Leistungsvergleiche werden die länderübergreifende Logistik begünstigen. Lokale Logistikdienstleister werden aus Wettbewerbsgründen ihr Leistungsspektrum erweitern. Für die Hersteller erleichtert sich die Verlagerung von logistischen Geschäftsprozessen.

1.2 Methodische Verknüpfung der logistischen Geschäftsprozesse

Rahmenbedingungen aus den Funktionsbereichen der Logistik

Die Beschaffenheit des Fertigungsbereiches bietet Ansatzpunkte von strategischer Reichweite. Je nachdem ob eine Fertigungssegmentierung, eine Prozeßorientierung bei der Produktherstellung, oder eine Geschäftsprozeßorientierung für indirekte Bereiche, d.h. nicht unmittelbar mit dem Produktionsprozeß befaßte Bereiche vorliegen, die Logistik kann nur Teil der gesamten Unternehmensstrategie sein. Dem Systemansatz wird dann Rechnung getragen. Die unternehmenspolitischen Gesamtentscheidungen werden als durch die Logistik nicht beeinflußbare Größen behandelt.

Die Darstellung der logistischen Konzepte ist im Zusammenhang mit der historischen Entwicklung der Logistik in den letzten acht Jahren zu sehen, die eine Reihe von Lerneffekten mit sich brachte. Beispielsweise wurde aus einem Industriepark-Konzept mit sequentieller Belieferung im Laufe der Zeit ein Industriepark-Konzept mit sequentieller Belieferung und Fertigung. Oder im Zusammenhang mit den Belieferungsformen sind ca. 20 bis 30 verschiedene Belieferungsformen und Varianten denkbar, die in einem Top-Down Versuch der Machbarkeitsprüfung im Benchmarking-Rahmen auf fünf realistische Belieferungsformen reduziert werden konnten. Dabei gilt die Grundannahme einer „Perlenkette“ als Produktionsreihenfolge, die als notwendige Bedingung für die fünf Belieferungsformen, aber noch keineswegs als hinreichende Bedingung zu werten ist. Das Prinzip der Perlenkette ist jedoch eine hinreichende Bedingung für die Prozeßstabilität der logistischen Abläufe.

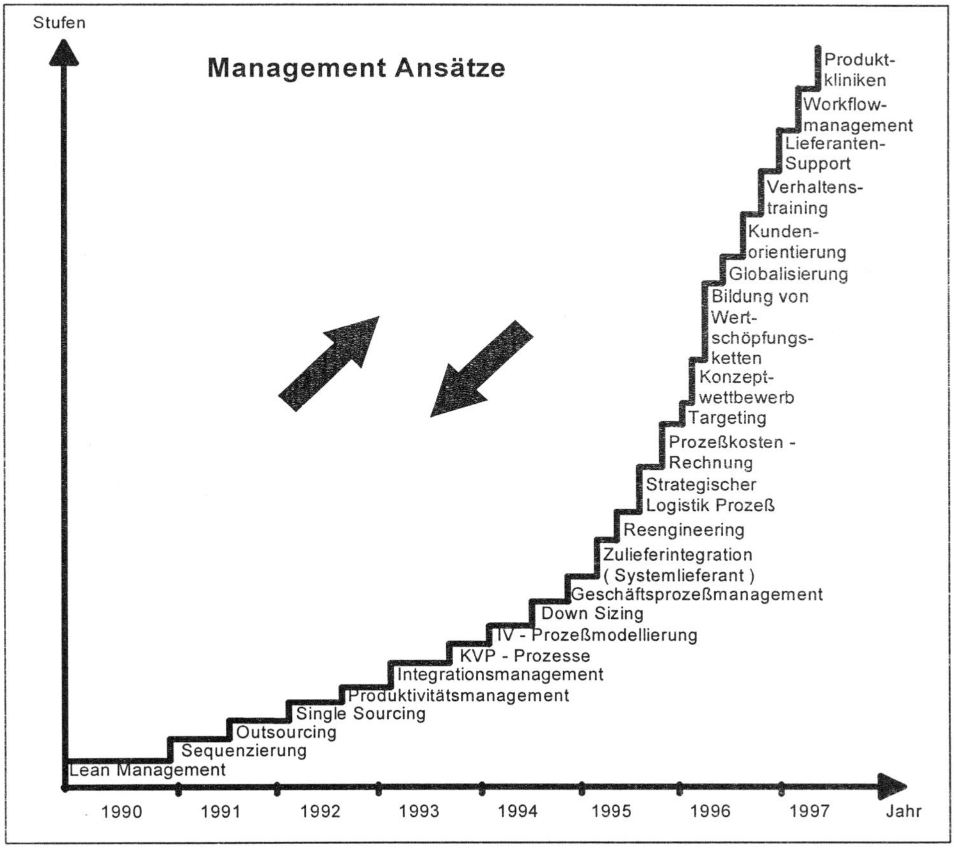

Abb. 4: Entwicklung logistikrelevanter Managementansätze

Informations- und Entscheidungsträger in den Planungs- und Controlling Bereichen der Logistik haben sich eine Analysekette für Prozeßfunktionen permanent vor Augen zu führen. Fragen die dabei gestellt werden, sind: Woher kommt der gegenwärtige Ist-Zustand? Was sind die Charakteristika eines Prozesses? Wie kann ein idealer Soll-Zustand aussehen? Welche Ziele sind daraus abzuleiten? Und wie können Wege zu einer effizienten Zielerreichung ausgewiesen und identifiziert werden? Nur aus einer bereichsübergreifenden Zusammenarbeit heraus, die aufbauorganisatorische Grenzen überwindet, sind optimale Ergebnisse bei der Beantwortung der Fragen zu erwarten.

Bei der Analyse bestehender und der Konzeption optimaler logistischer Abläufe lassen sich eine Reihe von unterschiedlichen methodischen Ansätzen ausmachen.

- Der „*pragmatische Ansatz*" orientiert sich intuitiv und/oder durch Beobachtung an der Entstehungsquelle von Problemen. Der Ausgangspunkt für logistische Verbesserungen kann dann in den dringlichsten, nicht notwendigerweise aber auch in den wichtigsten logistischen Ansatzpunkten bestehen. Das Motto könnte lauten: was ist zu tun, was wird nicht gekonnt (Wie gelingt die Beherrschung der Prozesse?) ?

- Der „*Stabilitäts Ansatz*" hat als Zielstellung die Erzeugung eines möglichst stabilen logistischen Ablaufes, der Ausdruck einer Risikominimierung in den Versorgungsfunktionen ist. Doppel- oder Notstrategien zur Risikominimierung können jedoch nicht ein gewisses Maß an Restrisiko verhindern. Das „Perlenketten" Konzept, also das Festhalten an einer einmal festgelegten Produktionsreihenfolge in den Montagebereichen, kann zur Erfüllung des Stabilitäts-Ansatzes beitragen, indem von vornherein mittelfristig kalkulierbare Standardabläufe geschaffen werden. Jedoch bleibt der Entscheidungsspielraum für Ansatzpunkte der logistischen Optimierung hier ebenfalls bestehen, da das Verhältnis von Aufwendungen der Risikobegrenzung zu Kosten des Restrisikos permanent zu prüfen ist.

- Das logistische Gesamtsystem steht beim „*System Ansatz*" im Vordergrund. Wo bisher „Insellösungen" als teiloptimierte Abläufe im Raum standen, beschreitet die informatorische Steuerung neue, erweiterte Wege. Bestand beispielsweise eine Trennung in eine Liefer- und ein Versand-Avis, oder erfolgte eine Anpassung bestehender Systeme, wie im Fall von Odette, meistens handelte es sich um ursprünglich bilateral zwischen Hersteller und Lieferant entwickelte spezifische Problemlösungen ohne Interesse für eine flächendeckende und erweiterte Nutzung durch Dritte. Die Forderung nach einer notwendigen Weiterentwicklung in Richtung Systemgrenzen steht im Raum, die dazu beiträgt statische Informationserstellung und Nutzung zu überwinden. Traditionelle additive Lösungen, wie beispielsweise im Fall der Teilebedarfsrechnung, sind im Interesse einer systemorientierten informatorischen Steuerung aufzugeben.

- Der „*Richtungsansatz*" weist hin auf die organisatorische Stoßrichtung „Top-Down" oder „Bottom-up" in der Strukturierung von Abläufen.

- Die Kundenorientierung kommt im *„Kunden Ansatz (customer care)“* zum Ausdruck. In einem externen Verhältnis werden reale und unmittelbare Kundenaufträge aus dem Absatzmarkt zu vordringlichen Eckdaten der Logistik für das Verhältnis zu den Lieferanten. Aber auch der Lieferant wird als Kunde verstanden, der als realer oder potentieller Kunde des Herstellers auftreten kann. Demgegenüber gehört in einem internen Verhältnis ein fachfremder betrieblicher Funktionsbereich auch zu den „Kunden“. Mit gleicher Servicequalität und Verbindlichkeit ist den Bedürfnissen dieser Bereiche zu begegnen, wie es im Außenfeld eines Unternehmens praktiziert wird. Eine gelungene Kombination von interner und externer Kundenorientierung ist das Beispiel des Laptop Einsatzes im Vertriebsbereich von Toyota. Dort werden Kundenaufträge über die Laptops der Verkäufer direkt in das PPS-System der Herstellerwerke von Toyota eingespeist. Damit kann der Käufer sicher sein, daß seine Kundenwünsche unmittelbar und schnell berücksichtigt werden, und der interne Kunde Montagebereich erfährt direkte dispositive Steuerungsabläufe.

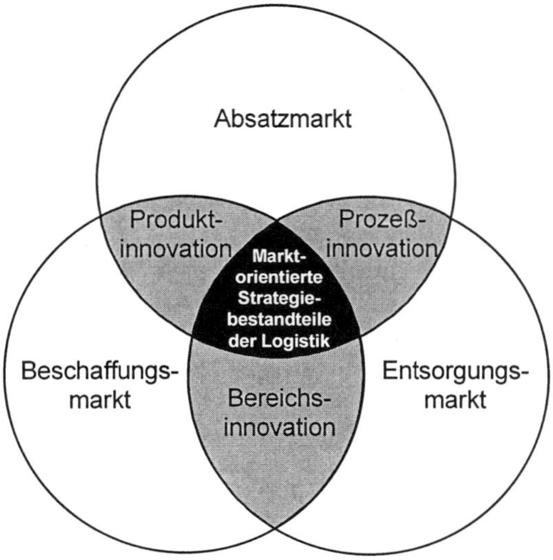

Abb. 5: Marktorientierte Strategiebestandteile der Logistik

- Die Umgangsweise mit der begrenzten menschlichen Rationalität bildet beim *„Motivations-Ansatz“* den Schwerpunkt. Neben der eingeschränkten Lernfähigkeit von Mitarbeitern und Führungskräften stehen auch die organisatorischen Widerstände gegen logistische Prozeßnotwendigkeiten, die aus organisatorischem Bereichsdenken und Eigennutz heraus entstehen, die eine Umsetzung von Erkenntnissen erschweren. Chandler hat dieses alte Phänomen des Veränderungsmanagements mit „resistance to change“ treffend gekennzeichnet. Wie eine Überwindung der mangelnden Beteiligung gelingen kann ist Erkenntnisgegenstand des Motivations-Ansatzes im Rahmen der Logistik.

Aus den genannten Ansätzen ergibt sich eine Grundanforderung. Ein methodischer Ansatz zur Optimierung logistischer Abläufe muß demnach problemorientiert, richtungsweisend, und ganzheitlich in einen konsolidierten, von den Mitarbeitern getragenem Rahmen, erfolgen. Jedes innovative logistische Konzept muß sich dieser Herausforderung als Grundlage stellen. Auch sind durch die Logistik Ansätze zu berücksichtigen, die sich generell mit der Reorganisation von Abläufen beschäftigen, wie beispielsweise das „Industrial Engineering“ mit der Betonung auf dem Produktionsbereich, oder das „Simultaneous Engineering“, das besonders das Zeitkriterium durch parallele Vorgehensweisen betont. Das „Reverse Engineering“ mit seinem Hauptgewicht auf dem Marktkunden, ließe sich in diesem Kontext ebenfalls nennen. Funktionsbereiche, die sich mit Prozeßstrukturen befassen, sind beispielsweise die Betriebsmittelplanung und die Betriebsmittelerstellung. Auch die Fertigungsplanung und die Fertigungssteuerung gehören dazu.

Planungskonzeptionen, beispielsweise für eine Just-in-Time Belieferung, kennen darüberhinaus bestimmte Analyseelemente oder Analyseobjekte. Zur Auswahl geeigneter Teilefamilien bezieht sich die JIT-Planung im Zusammenhang mit der Produktpolitik auf die Großvolumigkeit, den hohen Wert der Lieferteile, und die hohe Variantenvielfalt bei bestimmten Lieferteilen. Ein ausreichender Zeithaushalt steht bei Anlieferungen mit kurzen Bestandsreichweiten im Vordergrund der Betrachtung. Geachtet wird auch auf die Lieferantenbefähigung zur informatorischen Steuerung und seine räumliche Nähe zum Verbrauchsort des Herstellers.

Auch die Analyse des eigentlichen Belieferungsvorganges kennt bestimmte Analyseschritte, wie die Darstellung des Handlingsablaufes, die Erfassung der Teiledaten oder der Ladungsträgerdaten. An die Ablaufbeschreibung der Wareneingangskontrolle schließt sich die Ermittlung des Flächenbedarfes je nach Belieferungsvariante an. Die Abstimmung der informatorischen Abrufformen im Kontext des Zeithaushaltes ist ebenso vorzunehmen, wie die Quantifizierung des Volumenstromes pro Transportmittel (Lkw) und Arbeitstag.

Die Bestandspolitik betrachtet Durchlaufzeit und Umschlagshäufigkeit des Materials. Qualität und Volumen unterliegen einer erhöhten Aufmerksamkeit und Kontrolle. Der „Bestand“ kann als untergeordnetes Kriterium betrachtet werden, jedoch ist eine Bestandsfunktion erstrebenswert, die Auskunft geben kann über die „physische Verfügbarkeit“ (Reichweite), nicht zuletzt aufgrund der damit verbundenen Kapitalbindung. Komplementär zur Bestandspolitik verhält sich die Lieferantenstruktur, wenn beispielsweise über Systemlieferanten in einem Industriepark in Werksnähe des Herstellers eine sequentielle Fertigung und Belieferung möglich wird.

1.3 Logistikziele: unterschiedliche Gewichtung in Logistikkonzepten

Die klassische Zieldefinition der Materialwirtschaft hat ihre Gültigkeit für die Logistik bis heute behalten: das benötigte Material, zum optimalen Zeitpunkt an der richtigen Stelle, in der gewünschten Qualität und Menge, zu günstigen Kosten bereitzustellen. Schwierigkeiten treten auf, wenn diese Zielelemente im Rahmen der unterschiedlichen logistischen Konzepte quantifiziert werden sollen. Was heißt „optimal", „richtig" und „gewünscht" in bezug auf Zielgrößen?
Die gleichzeitige optimale Integration der Zielelemente Qualität, Menge (Bestand), Zeit, Kosten und Ort ist ein Idealzustand, die mit keinem logistischen Konzept hundertprozentig erreicht werden wird. Ein ständiges Bemühen um den Soll/Ist-Vergleich ist jedoch unabdingbar. Grundziele strategischer Logistikkonzepte werden in dem Bemühen und Zielverständnis zusammengefaßt, Kosten, Zeit und Qualität entlang der Prozeßkette simultan zu optimieren.
Die unterschiedliche Zielgewichtung in logistischen Konzepten ist bei jeder Maßnahmenumsetzung in einer anderen Konstellation zu beobachten. Das Risiko einer untergeordneten Zielsetzung kann über Notstrategien eingegrenzt werden. Auch ist eine dynamische Betrachtungsweise erforderlich, die geänderte Rahmenbedingungen berücksichtigt. In den logistischen Funktionsbereichen Disposition, Transport, Kommissionierung, Lagerhaltung stellt sich im Zeitablauf das Anforderungsprofil verändert da: Gestaltungsparameter, Grenzen und Möglichkeiten von Konzeptionen, der strategische oder operative Bezug, wandeln sich.

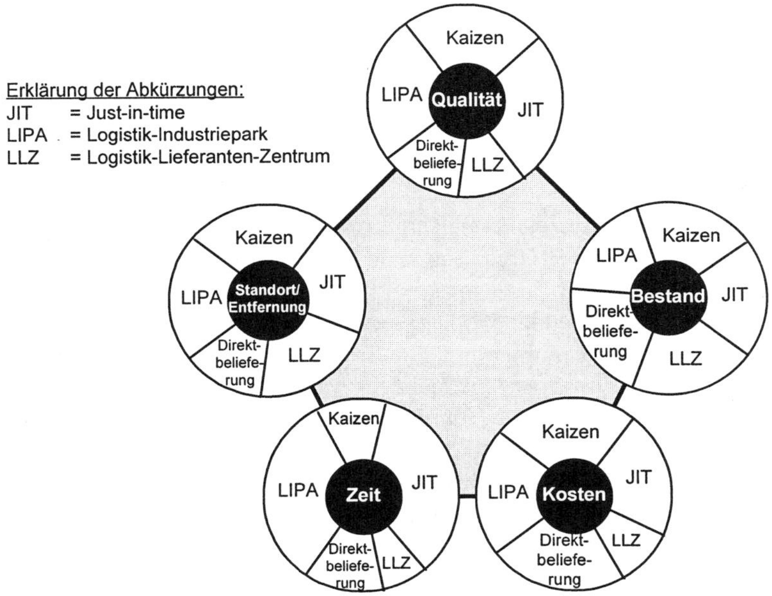

Abb. 6: Relative Gewichtungsanteile von Logistikkonzepten am Ziel-Pentagon der Logistik

Beispielsweise die Erreichung eines optimalen Variantensprunges, d.h. die Erzeugung von Varianten zum letztmöglichen Zeitpunkt im Rahmen der Produktpolitik, ist ein wichtiger Bestandteil des Zielelementes Qualität (zero-defect), das im Industriepark Konzept verfolgt wird. Erst an zweiter und dritter Stelle der Wichtigkeit stehen das Kosten- und das Zeitelement.
Die Just-in-Time (JIT) Belieferung hat als oberstes Ziel die Versorgungssicherheit und die Vermeidung von Fehlteilen. Bestandsminimierung und verbesserte Flächennutzung sind nachgeordnet, aber ebenso wichtige Zielsetzungen, die verfolgt werden. Bei der Überprüfung der Eignungskriterien von Teilefamilien spielen Qualität (z.B. hohe Variantenvielfalt), Zeit (ausreichender Zeithaushalt für die Anlieferung), oder Ort (räumliche Nähe des Lieferanten), wie bereits erwähnt, eine entscheidende Rolle.

Das Verhältnis innovativer Logistikkonzepte zu Reengineering und Time Based Management

Unter „Reengineering" versteht man allgemein eine Umgestaltung der wichtigsten Geschäftsabläufe. Die Idee, die dahinter steht, geht jedoch weiter. Nicht nur Abläufe, sondern auch der Aufbau von Organisationen ist davon betroffen. Flache Hierarchien, die in Maximalforderungen im Sinne einer völligen Abkehr und Ablehnung von stark geprägten Organisationsformen umgestaltet werden sollen, stehen in der Diskussion um das Reengineering im Mittelpunkt. Eine Analyse von Aufbaustrukturen und Ablaufprozessen ist durch einen dynamischen Charakter geprägt und kann nicht, wenn sie einmal durchgeführt wurde für alle Zeit Gültigkeit beanspruchen. Wenn Reengineering für die Notwendigkeit stehen soll, Strukturen und Prozesse aufgrund der aktuellen Randbedingungen zu modifizieren, ist es sicherlich eine nützliche Managementmethode.
Die sich schnell ändernden Rahmenbedingungen des Marktes, die u.a. gekennzeichnet sind durch die zunehmende Globalisierung der Märkte, kurze Produktzyklen und starken Preiswettbewerb, bestimmen in zunehmenden Maße die Strategieüberlegungen der Unternehmen.
Aber nicht nur strategische Zielprojektionen sind zu überdenken und neu zu konzipieren, sondern gerade die operative Organisationsbasis der Prozeßabläufe und Strukturen, bedarf einer Überarbeitung.
Eine Optimierung ist immer dann sinnvoll, wenn der erwartete Ertrag aus einer Umstrukturierung die Kosten der Optimierung, gemessen in Form des Ressourcenbedarfs an Personal, Kapital und Know-how, übersteigt. Auch sollte sie einen mittelfristigen Zeitvorteil für Unternehmen bewirken, die das Wagnis einer Abkehr von tradierten Strukturen und Prozessen auf sich nehmen.
Inhalte des Reengineering betreffen logistische Sachverhalte. Die Prozeßorientierung und -optimierung, der modulare Aufbau, das Überwinden von hierarchischen Aufbaugrenzen, eine Arbeitsanreicherung in Form des job enrichment oder die Teamarbeit kommen bei innovativen Logistikkonzepten gleichzeitig zum Einsatz. Eine erfolgreich umgesetzte Optimierung äußert sich in einer Vereinfachung der Abläufe, verkürzten Wertschöpfungsketten und dezentralisierten Organisationseinheiten.

Eine Prozeß- und Strukturoptimierung ist immer nur so gut , wie die richtige Auswahl eines Teiloptimierungsprojektes getroffen wird. Ein aus dem Gesamtzusammenhang herausgelöstes logistisches Reengineering, wird sicher an einer falschen Stelle begonnen, wo z.B. der Widerstand am größten ist oder komplexe Querschnittsverbindungen vorliegen, die eine Klassifizierung in Teilprojekte erschweren. Der Erfolg eines solchen Logistikkonzeptes ist in Frage zu stellen.

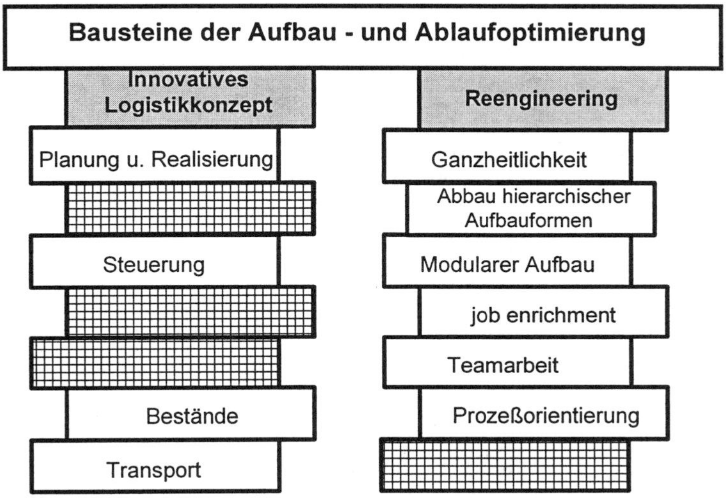

Abb. 7: Wechselspiel von Reengineering und innovativen Logistikkonzepten

Die Einbettung in die Gesamtunternehmensstrategie vermeidet Widersprüchlichkeiten unterschiedlicher Bereichskonzepte. Entscheidend ist dabei, daß eine Einbindung aller Führungskräften erfolgt, die hinter dem Anliegen des Reengineering stehen müssen, um eine erfolgreiche Implementierung des Optimierungsgedankens zu garantieren.
Der Implementierungserfolg bedarf auch einer Know-how Basis von Analysemethoden, Planungstechniken, Projektmanagement und Controlling-Instrumenten.

Der Bruch mit traditionellen Regeln, wie er z.B. von Hammer und Champy in ihrem Buch „Business Reengineering“ für optimierende Unternehmen konstatiert wird, bedeutet für ein Unternehmen die Modifikation der eigenen Unternehmenskultur, was bis zu einem Bruch mit der eigenen Unternehmenstradition führen kann, aber sicherlich nicht führen sollte.

Das Reengineering in der Logistik findet seinen Ausdruck in der Konzeption des innovativen Logistikkonzeptes. Das Produkt „logistische Dienstleistung“ ist in seinem Ablauf zu analysieren und permanent zu optimieren. Eine statische Betrachtungsweise wird den sich ständig ändernden unternehmensinternen und unternehmensexternen Rahmenbedingungen nicht gerecht.

Das Reengineering in der Logistik lebt von der Unterstützung der Unternehmensleitung. Erfolgreich kann eine Prozeßveränderung aber nur umgesetzt werden, wenn die Führungskräfte auf allen Managementstufen hinter dem Anliegen stehen.
Zu überlegen ist, ob Reengineering in der Logistik als ein einmaliger oder permanenter Prozeß zu verstehen ist. Mit der Kaizen-Planungsmethodik wird, wie noch gezeigt werden wird, die kontinuierliche Verbesserung der Abläufe angestrebt. Reegineering als ein top-down Ansatz trägt die Elemente der Aufbau- und Ablaufaspekte in sich. Daher ist die Kaizenplanungsmethodik in dem Spannungsfeld zwischen einer top-down und einer bottom-up Orientierung anzusiedeln.

Welche Rolle die Zeit spielt wird deutlich, wenn immer wieder von Theoretikern und Praktikern gleichermaßen betont wird, daß der Wettbewerb gesicherte Zeitvorsprünge für ein einzelnes Unternehmen nicht mehr gewährt. Der „first“ und der „follower“, lassen sich nicht mehr trennen, wenn eine erfolgreiche Marktbehauptung angestrebt wird. Das strategische Ziel einer Unternehmung kann es überhaupt nur sein der „first“ zu werden. Alles andere bedeutet, daß das Überleben eines Unternehmens auf dem Markt mittelfristig nicht mehr gewährleistet ist.

Ein Zeitmanagement (time based management), wie es aus dem Bereich der Forschung und Entwicklung bekannt ist, gilt auch für die innovative Logistik: In der Logistik setzt die Reduzierung von Zeiten eine Umstukturierung der betroffenen Ablaufprozesse voraus. Reengineering und Zeitmanagement ergänzen sich deshalb gegenseitig. Logistisches Reengineering ist jedoch umfassender zu sehen als das Zeitmanagement, das den Zeitfaktor in den Aufbau- und Ablaufprozessen untersucht.
Die Reduzierung logistischer Durchlaufzeiten z.B. erfordert eine Vorgehensweise, die den Kriterien Bedarfsort, Teilequalität, Teileverfügbarkeit, Personal- und Sachmittelbedarf in den informatorischen und physischen Logistikabläufen gleichermaßen gerecht wird.

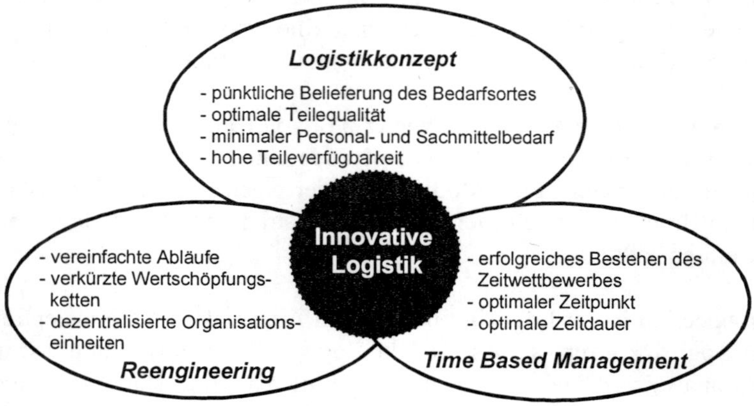

Abb. 8: Gemeinsamkeiten eines Reengineering, Time based Managements und Logistikkonzeptes

Zeitverzögerungen in der Bereitstellung der Teile am Bedarfsort treten auf, wenn Störungen in den vorgeschalteten Abläufen auftreten. Im Extremfall kommt es zu einem absoluten Stillstand der nachgeschalteten Prozesse, z. B. der Montage. Ausfallkosten in beträchtlichem Umfang können die Folge sein, die die Wirtschaftlichkeit des gesamten Montage- bzw. Produktionsprozesses in Frage stellen.
Zeitdauerbetrachtungen in der Logistik beschäftigen sich vornehmlich mit der logistischen Durchlaufzeit. Die logistische Durchlaufzeit läßt sich unterteilen in die Teilzeiten Transportzeit, eine Lager- oder Liegezeit, eine Umschlagszeit und eine Impulssammelzeit, die eine herausragende Rolle bei der Bemessung der genannten Teilzeiträume für den Transport, die Lager- oder Liegefunktion und die Umschlagsfunktion spielt.

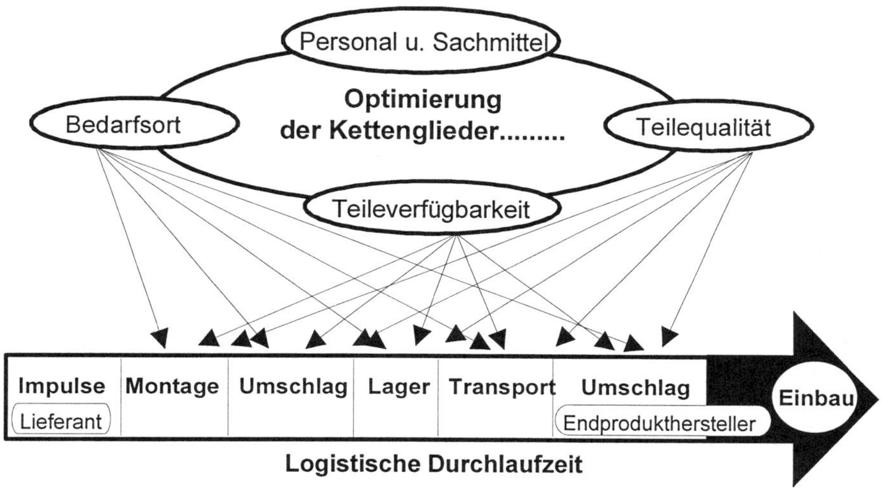

Abb. 9: Beeinflussung der logistischen Durchlaufzeit durch Zielsetzungen

Je länger die logistische Durchlaufzeit ausfällt, desto größer wird die daraus resultierende Kostenbelastung, die nicht mit einer wertschöpfenden produktiven Arbeitsleistung verbunden ist. Zusätzlich erhöht sich der Komplexitätsgrad. Kommt es durch einen Lieferausfall bedingt, in der Folgezeit zu einer generellen Bestandserhöhung, zieht das unter Umständen eine höhere Ressourcenbeanspruchung nach sich. Hohe Bestände erfordern eine weitreichende Lagerfunktion. Diese wiederum zieht einen vergrößerten Personal- und Sachmittelbedarf nach sich.

Eine zeitliche Flexibilisierung in der Logistik bedeutet, daß Dispositionsvorgänge in puncto Lieferfrequenz und Liefermenge anforderungsgerecht, gemäß des vorgegebenen Zeithaushaltes, der Produktionsplanung bewältigt werden können.
Der logistische Grundauftrag ist nicht einmalig: die Versorgung der Montage oder Produktion mit den benötigten Teilen in der festgelegten Qualität erfolgt permanent.

Die Terminplanung und Überwachung der Teilelieferungen obliegt der Dispositionsabteilung des Logistikbereiches. Sie ist dabei angewiesen auf ihre inner- und außerbetrieblichen Ansprechpartner. Die Produktion bzw. Montage des eigenen Unternehmens gibt die logistische Bedarfsanforderung ab.
Die Erhöhung einer logistischen Teilzeit der logistischen Durchlaufzeit darf nicht zu höheren Kostenbelastungen führen. Eine angestrebte Verkürzung der Durchlaufzeit durch eine Reduzierung der Transportzeit beispielsweise, sollte nicht zu einer Erhöhung der Bestandshöhe führen, die die Kostenbelastung weiter nach oben treibt. Das Ergebnis wäre eine kostenmäßige Kompensation der Zeitersparnis.
Bestimmte Zeiträume lassen sich darüberhinaus nicht beliebig kürzen. Der Zeitraum für den Transport beispielsweise ist gebunden an die Entfernung, den gewählten Verkehrsträger und den Verkehrsfluß. Damit entzieht er sich der kurzfristigen Einflußnahmemöglichkeit durch die Disponenten.
Mittel- und langfristig kann die gesamte logistische Durchlaufzeit durch die Verlagerung logistischer Teilumfänge an Dritte insgesamt verringert werden. Diese Überlegung wird jedoch im Zusammenhang mit der strategischen Grundausrichtung eines Unternehmens bezüglich der Eigen- oder Fremdherstellung (Make or Buy) logistischer Leistungsumfänge angestellt werden müssen.

Der Lieferzeitpunkt wird zwischen den Entscheidungsträgern des beschaffenden Unternehmens und des Zulieferanten abgestimmt. Für den Fall von Störungen sind Kapazitäten bereitzuhalten, die Abhilfe leisten können. Planungsunsicherheiten sind im Vorfeld einer Ablaufrealisierung zu berücksichtigen. Dennoch können bei Störungen des Ablaufes unvorhergesehenen Ereignisse eintreten. So kann beispielsweise ein Stau auf der Autobahn, der bei einer Just-in-Time Anbindung zu einer Verzögerung der Belieferung führt, nur bedingt planerisch vorweggenommen werden.

1.4 Kommunikationsanforderungen im Produktionsverbund

Als Produktionsverbund sollen die räumlich und fachlich getrennt liegenden Produktionsstätten von Lieferanten und Hersteller als dem Abnehmer von Leistungen verstanden werden, die in produktionstechnischer Abhängigkeit und Lieferbeziehung stehen.
Die Vernetzung der Datenstrukturen zwischen Lieferant und Hersteller ist Bestandteil einer Informationskette. Die Bedarfsermittlung im Verhältnis zwischen Lieferant und Hersteller, die sich auf den Ort, Zeit und Menge der benötigten Teileumfänge (Teile, Komponenten, Module, Aggregate) bezieht, ist das Kernstück für jede weitere logistische Tätigkeit. Daran anschließend kommt es zu einer Auslösung von Bestellvorgängen und der Betätigung von Lieferabrufen sowie deren Erfüllung.
Zum besseren Verständnis ist an dieser Stelle anzumerken, daß eine bedarfsgesteuerte, deterministische Planung vorliegt, die von konkret vorliegenden Kundenaufträgen ausgeht. Bei einer stochastischen Bedarfsplanung, die im Gegensatz dazu

verbrauchsgesteuert ist, werden Verbrauchswerte der Vergangenheit auf die Zukunft mittels statistischer Prognoseverfahren (z.B. Extrapolation) hochgerechnet.
Voraussetzung bei einer Anlieferung über große Distanzen ist die Beherrschung der DV-technischen Steuerung auf Seiten des Lieferanten und des abnehmenden Automobilherstellers. Grundsätzlich muß bei einer Planung der Eignungsgrad der Abrufformen für eine Belieferung beispielsweise JIT, geprüft werden. Kommt eine tagesgenau oder Fertigungsimpuls gesteuerte Abrufform in Frage? Für eine adäquate Entscheidung ist eine Überprüfung des Zeithaushalts erforderlich, die vor allem festhalten soll, wann der Lieferant nach Erhalt des Abrufes frühestens anliefern kann.

Die Beherrschung und Umsetzung folgender Verein der deutschen Automobilindustrie (VDA) Formate kann für die Datenfernübertragung (DFÜ) Bedingung sein: VDA 4905 und 4913 bei einem Standard-Lieferabruf, VDA 4915 und 4913 bei einem Feinabruf, VDA 4916 und 4913 bei einem produktionssynchronen Abruf. Die in der Automobilindustrie genutzten Formate VDA (deutsche Norm) und Odette (europäische Norm) machen ca. 60 % aller in der deutschen Industrie genutzten Kommunikationsnormen aus.

Eine JIT gesteuerte Anlieferung, gemessen an den absoluten Entfernungen muß nicht größere Risiken in sich bergen, als eine nicht JIT gesteuerte Anlieferung, wenn die Kommunikation reibungslos verläuft. Die unternehmensübergreifende Kommunikation wird weiter an Bedeutung zunehmen. Die Datenfernübertragung über öffentliche Netze bekommt in stärkerem Maße Konkurrenz durch EDI (Electronic Data Interchange). Die Einheitlichkeit der gesamten Formate ermöglicht eine direkte Weiterverarbeitung der Informationen beim Sender und Empfänger von Informationen. Zu den Vorteilen von EDI werden u.a. eine Aufwandsverringerung bei der Datenerfassung, und die Reduzierung von Erfassungsfehlern gezählt. Für den Einsatz von EDI gibt es internationale Protokollvereinbarungen.

Ausgangsbasis für jede Art von Kommunikation ist das Bedürfnis sich mitzuteilen, das eigene Anliegen darzustellen und verständlich zu vermitteln. Eine Durchlaufzeitenreduzierung in den physischen Abläufen hat nur eine eingeschränkte Bedeutung, wenn sie den Entscheidungsträgern nicht unmittelbar kommuniziert werden kann. Dazu sind nicht immer aufwendige DV-Einrichtungen notwendig. Im Sinne der Kaizenplanung kommt es gerade darauf an Mitarbeiter unmittelbar in den Informationsaustausch einzubeziehen. Entscheidend dabei ist, daß ein sorgfältiger Umgang mit den Informationen betrieben wird. Disziplin bei der Datenpflege und der Datenauswertung sind unabhängig von der Art der verwendeten DV-Systeme zu sehen. Vielmehr ist hier das persönliche Engagement eines jeden Mitarbeiters gefordert, daß er mit den ihm zur Verfügung stehenden Informationen sorgfältig und zuverlässig umgeht.

In der Produktentwicklungsphase, wie auch während der Serienfertigung, hat der Online-Datenaustausch zwischen Zulieferer und Hersteller (Abnehmer) eine große

Bedeutung. Zur Übertragung technologischer Informationen in der Produktentwicklungsphase genügen Papierdokumente immer weniger. Zukünftig ist vermehrt mit dem Datenaustausch von CAD/CAM-Informationen zwischen Abnehmer und Lieferanten zu rechnen (Zeitmoment).
Aus der Zusammenarbeit über Fertigungsaufträge und Entwicklungspartnerschaften, ergeben sich unterschiedliche Anforderungen an den Informationsaustausch. Bei Fertigungsaufträgen, als einfacherem Fall, entwickelt der Automobilhersteller das Produkt auf seinem CAD-System zur Serienreife und stellt dem Zulieferer den CAD-Datensatz auf einem Datenträger zur Verfügung. Auf Grundlage dieses Datensatzes hat der Zulieferer das gewünschte Erzeugnis zu fertigen. Die Vorteile dieses Vorgehens bestehen in der genaueren Beschreibung der Produkte und einer kürzeren Durchlaufzeit, wenn der Lieferant aus den übermittelten Daten direkt seine Fertigungsunterlagen ableiten kann.
Eine etwas schwierigere Abwicklung besteht bei Entwicklungslieferanten und Konstruktionsbüros. Der CAD-Datenaustausch erfolgt hier in zwei Richtungen, nämlich vom Hersteller zum Entwicklungslieferanten und zurück, und wird aufgrund notwendiger Änderungen iterativ durchlaufen. Für den Datentransport müssen, falls nicht die gleichen CAD-Systeme verwendet werden, die Daten über eine geeignete Schnittstelle konvertiert werden. Aus Kostengründen erfolgt die Datenübertragung meist nicht über Datenfernübertragung, sondern über Datenträger. Bei den Datenformaten existieren für die genormten Formate jedoch noch viele Probleme, da die Lieferanten mit vielen Kunden kommunizieren und fast alle unterschiedliche Hard- und Software einsetzen.
Während der Serienfertigung werden Daten wie Versandpapiere, Rechnungen, Lieferdaten u.ä. per DFÜ-Verbindungen (Datenfernübertragung) vermehrt zwischen Abnehmer und Lieferant übertragen. Durch die Normbestrebungen der Datenformate beim VDA wird eine Anbindung für immer mehr Lieferanten möglich.

Charakteristika der Kommunikationsbeziehungen zwischen Herstellern und Lieferanten

Der logistische Geschäftsprozeß im Automobilbau erstreckt sich vom Preßwerk, Rohbau, Lackierung, Montage, Finish, Qualitätssicherung bis hin zur Vertriebsseite, die die Disposition der fertigen Fahrzeuge an die Kunden übernimmt. Weitere Logistikkettenglieder sind das Ersatzteilwesen und der Versand.
Über diesem logistischen Geschäftsprozeß liegt ein permanenter Informationsbedarf zwischen den Beteiligten im Geschäftsprozeß. Die Einheit von physischen und informatorischen Abläufen erstreckt sich über die gesamte logistische Kette. Angefangen bei den Bestellungen bis hin zum Leergut- und Rückwarenversand und betrieblicher Entsorgung sind die unterschiedlichsten Datenverarbeitungssysteme gefordert, die untereinander jedoch miteinander verbunden sein sollten.

Der Informationsbedarf innerhalb von Belieferungsformen ist nicht homogen. Bei einem Vergleich von Direktbelieferungsformen zwischen Lieferant und Abnehmer

zeigt sich, daß der Informationsbedarf hinsichtlich der Lieferumfänge bei bedarfsgesteuerten Materialabrufen stark ins Gewicht fällt, die z.B. aus der Lieferantenproduktion oder Lieferantenlagern vorgenommen werden. Davon sind gleichermaßen kommissionierte und nicht kommissionierte Umfänge betroffen.
Als Faustformel aus der Praxis gilt: je geringer die Materialreichweiten und je größer der Produktionsverbund mit den Zulieferanten ist, desto mehr besteht ein Informationsbedarf und eine Kommunikationsnotwendigkeit.

Der Informationsprozeß in der Logistik besteht aus den weiteren Komponenten Datenerfassung, Teilen der Datenübertragung an das Datenverarbeitungssystem, der Transportauftrags- und Materialflußoptimierung, die daraus folgende Datenübertragung an das Datenausgabesystem, und die anschließende Weitergabe der Daten an die physischen Logistikbereiche.
Ausgehend von der Quelle des Informationsflusses bedient sich das Materialfluß- und Transportsteuerungssystem der aufgeführten Komponenten, um der Senke des Informationsflusses, d. h. den Informationsempfängern, die benötigten Informationen zu übermitteln.

Der Abruf kann in unterschiedlicher Weise erfolgen. Dabei werden die Datenidentifikation und -verknüpfung direkt in der Produktionsplanung und Produktionssteuerung des Zulieferanten ermöglicht. Daten des Herstellers erreichen den Lieferanten, der seine Fertigung, die LKW-Beladung und den Transport zum Hersteller darauf einstellt.
Der Automobilhersteller seinerseits verarbeitet die Daten die er von Lieferanten oder dazwischen geschalteten Frachtführern nach VDA Normen erhält. Die Einspeisung der erhaltenen Daten in die werksinternen Abläufe des Herstellers erfolgt und er kann dann bis zur Leergutentsorgung und -steuerung die logistische Kette steuern und zwar bis zum Lieferanten zurücksteuern.

Die Datenidentifikation ist eine wichtige Größe im Steuerungsprozeß der Logistik, denn die Datenarten sind unterschiedlicher Natur. Die Komplexität der Datenidentifikation ergibt sich aber nicht vorrangig aus der Anzahl unterschiedlicher Datenarten, sondern aus dem Datenvolumen insgesamt und dem Vernetzungsgrad logistischer Abläufe.
Die verwendeten Arten an Identifikationssystemen bestehen aus der manuellen Dateneingabe, der elektronischen Identifikation und der automatisierten Datenübernahme bei der Datenerfassung.
Die manuelle Eingabe der Materialflußdaten läßt am Beispiel eines Transportsteuerungssystems folgende Elemente erkennen: Terminals (stationär oder mobil), Datenfunk- und Sprechfunkgeräte, Datentelefone, Telefone und Spracheingabegeräte.
Terminals kommt eine besondere Bedeutung zu. Dabei spielt es keine Rolle ob sie mobil auf einem Flurförderzeug positioniert sind oder als stationäre Workstations vorgesehen sind. In jedem Fall sollte auf ergonomische Gesichtspunkte bei der Anordnung und Ausgestaltung geachtet werden. Denn es gehört auch zu einer stö-

rungsfreien Kommunikation, daß die Bedürfnisse des Kommunikators Mensch beachtet werden.
Mobile Terminals kommunizieren über zwei grundsätzliche Wege mit dem Zentralrechner: die „offline“ Verbindung sieht eine Speicherung der Daten vor, die über dezentrale Stationen an den Rechner weitergegeben werden. Die „online“ Verbindung hingegen bedient sich einer drahtlosen Datenübertragungseinrichtung, die eine permanente Datenübertragung an den Rechner leistet.
Eine Datenerfassung, die einen hohen Personalaufwand voraussetzt, ist möglichst zu vermeiden, da Fehler, die beispielsweise bei der Eingabe entstehen können, später nur mit beträchtlichem Aufwand beseitigt werden können. Eine Personalintensität bei der Handhabung und die Möglichkeit von Fehlern in der Eingabe treten bei Datenfunkgeräten nicht auf. Die Eingabe über eine Tastatur, die Zwischenspeicherung oder der „online“ Betrieb mit einem Zentralrechner sind bei Datenfunkgeräten relativ problemlos möglich.
Der Gebrauch von Datentelefonen ermöglicht es über die Telefonleitung mit dem Zentralrechner zu kommunizieren, was bei der Ermangelung eines eigenen Netzwerkes von Vorteil ist.
Systeme, wie Strichcode (Lesestift, Abstandsleser, Laserscanner, Strichcodekamera) und Lesesysteme kommen im Zusammenhang mit programmierbaren Datenträgern zum Einsatz.

Die Anwendungsbreite von Identifikationssystemen wird an unterschiedlichen Beispielen für potentielle Einsatzmöglichkeiten deutlich: Die Ultraschallidentifikation kann zur Diebstahlüberwachung, sowie zur Zählkontrolle innerhalb des Wareneingangs genutzt werden. Eine Fahrzeugidentifikation anhand von Satellitennavigation erleichtert die Auswertung und Darstellung der europaweit fahrenden LKWs im Transportverkehr zwischen Zulieferant und Automobilhersteller. Die Satellitenkommunikation hat ab 1990 verstärkt Einzug in die Transportsteuerung gehalten. Dies gilt auch für Überseeverkehre.
Ziel muß es sein, eine durchgängige Nutzung von Identifikationssystemen in der Logistik zu erreichen, das heißt, der Informationsfluß vom Zulieferer bis zum Hersteller ist durchgängig zu gestalten.

Die Logistik hat, wie bereits dargestellt auch die Funktion Informationen in der richtigen Menge, zur richtigen Zeit, am richtigen Ort, in der richtigen Qualität zu abgewogenen Kosten bereitzustellen.
Logistik bedeutet auch, den inner- und außerbetrieblichen Informations- und Materialfluß zu systematisieren und im Hinblick auf eine Kostenreduzierung zu optimieren (Schnittstellenreduzierung, Transparenz, Einfachheit etc.).
Zur Unterstützung des physischen Ablaufs im Rahmen eines innovativen Logistikkonzeptes sollte ein zukunftsorientiertes Informations- und Kommunikationsmanagement eingesetzt werden. Denn parallel zum Materialfluß müssen begleitende DV-Systeme etabliert werden, die den Informationsfluß und die Kommunikation zwischen den betroffenen Bereichen sicherstellen.

Komponenten der innerbetrieblichen und der außerbetrieblichen Materialfluß- und Transportsteuerungssysteme, wie Datenerfassungs-, Datenübertragungs-, Datenverarbeitungs- und Datenausgabesysteme haben ein gemeinsames Anliegen: die Basis sollte stets ein einheitliches Datenübertragungssystem mit einheitlicher Datenstruktur sein, mit dem Ziel die Minimierung des Erfassungsaufwandes bei vertretbarer Datengüte zu erreichen.
Ein automatischer Ablauf der Datenidentifikation ist erwünscht, aber auf die Berücksichtigung und Einbeziehung bestehender Informationsquellen (Transport, Ladehilfsmittel, Transportmittel, Personal, vorgelagerte DV-Systeme) und der Informationssenken (Empfänger) sollte immer geachtet werden.

Eine Voraussetzung für den inner- wie den außerbetrieblichen Informationsfluß sind Vereinbarungen mit den Kommunikationspartnern bezüglich Datensatzaufbau und Dateiformat. Die Kommunikationslinie zwischen den Kommunikationspartnern Hersteller und Zulieferer sollte dabei durch eine möglichst hohe Variabilität gekennzeichnet sein.

Die Datenfernübertragung bei Realisierung eines Gebietsspediteur-Konzeptes

Für das Gebietsspediteur-Konzept wurden beispielsweise bei Mercedes-Benz werksübergreifende Standards entwickelt, die auch Sonderabläufe für werksspezifische Besonderheiten ermöglichen.
Die Kommunikation zwischen Lieferant, Spediteur und Abnehmer läuft über standardisierte Datenstrukturen, die Anforderungen der Frachtoptimierung, Transportsteuerung oder Verweildaueroptimierung berücksichtigen.
Der Abnehmer verwendet das VDA Format 4905, um dem Lieferanten seinen Lieferabruf zu übermitteln und empfängt mittels VDA 4913 Lieferschein und Transportdaten vom Lieferanten. Automobilhersteller und Lieferant verwenden somit einem gängigen Standard-Lieferabruf bei der Kontaktaufnahme.
Der Lieferant sendet seine Auftragsdaten an den Spediteur über VDA 4920. Der Spediteur wiederum kommuniziert mit dem Abnehmer über seine Anlieferungsdaten. In einer Überbrückungsphase wird das Format VDA 4922, das die Auftragsdaten des Speditionsauftrags enthält, verwendet. Transport-Verfolgungsdaten vom Spediteur an den Automobilhersteller haben das Ziel eine zügige Übermittlung der Transportdaten zu erreichen und den Kunden vor Eintreffen der Ladung über notwendige Dispositionen zu informieren. Dabei kommt es zu einer erhöhten Transparenz des Materialflusses, und einer Erleichterung der Datenerfassung. Die Abwicklung des Wareneingangs auf Seiten des Herstellers profitiert davon.

Frachtoptimierung und Kommunikation

Zielkonflikte können auftreten bei einer Fracht- und gleichzeitigen Verweildaueroptimierung im Werk des Abnehmers, da ein Gebietsspediteur aufgrund der Zusammensetzung seiner Ladung mehr Abladestellen anzufahren hat, als bei einer konven-

tionellen LKW-Anlieferung. Unter Umständen entstehen Standgeldforderungen der Gebietsspediteure.
Ein ausgewogenes Verhältnis zwischen Frachtoptimierung und der Verweildaueroptimierung in einer informatorischen Vernetzung zu berücksichtigen, stellt hohe Anforderungen.. Es ist dabei grundsätzlich zu überlegen, ob die Kommunikationslinien „Frachtoptimierung“ und „Verweildaueroptimierung“ getrennt geführt werden oder eine frühzeitige Vernetzung empfehlenswert erscheint.
Auch beim Aspekt der „Fremdbeiladungen“ ist zu beachten, daß eine informatorische Verfolgung des Materialstroms aus Sicht des Automobilherstellers grundsätzlich möglich ist. Aus Sicht der einzelnen Lieferanten ist es aber nur eingeschränkt sinnvoll, da die eigenen Zulieferungen durch den einzelnen Lieferanten dann nicht mehr unmittelbar verfolgt werden können. Er ist in diesem Fall auf die Dispositions- und Kommunikationskompetenz des Spediteurs angewiesen.

Empfehlungen für den Einsatz von Informations- und Kommunikationstechnologien aus Sicht innovativer Logistikkonzepte

Die DV-mäßige Kommunikationsvernetzung ist nur insoweit sinnvoll, als eine umfassende Datenpflege und Datenverarbeitung gewährleistet ist. Die konsequente Umsetzung der im Logistikprozeß gewonnenen Erkenntnisse stellt für die Kommunikationsträger eine Art feedback dar, inwieweit ihre Bemühungen berücksichtigt wurden. Eine positives Ergebnis entscheidet mit darüber, wie zukünftig eine Datenpflege und Datenverarbeitung durch die Kommunikationsträger gehandhabt wird.

Die Kommunikation zwischen Datenquelle und Datensenke lebt von der Wechselseitigkeit. Inner- und außerbetriebliche Kommunikationswege zwischen Lieferant und Hersteller sind in zunehmendem Maße auf einen reibungslosen Austausch der benötigten Daten auszurichten. Dabei müssen die Kosten einer Kommunikationstechnologie in einem positiven Verhältnis zu den Einsparungen stehen. Ein Kommunikationssystem, das sich in bestehende Systeme ohne einen hohen technischen und finanziellen Aufwand integrieren läßt, ist deshalb wünschenswert.
Planungen von logistischen Abläufen durch Simulationssysteme, eine permanente Steuerungsfunktion der logistischen Abläufe, und speziell die Bestandskontrolle sollten ermöglicht werden.

1.5 Ganzheitliche Betrachtung der Zuliefer-Hersteller-Beziehung

1991 ergab eine Analyse der Hauptkostentreiber der Logistik, im Vergleich zweier Produkte, stark zunehmende prognostizierte Werte für 1995. Nach der Prognose sollte das Ladungsträgerumschlagsvolumen um 80 %, die Sachnummern-Entwicklung um 90 %, der Arbeitskräftebedarf um 70 %, und der Flächenbedarf um 70 % steigen. Dieser Trend hat sich in den einzelnen Kategorien bis 1997 nicht bestätigt. Beispielsweise im Bereich der Arbeitskräfte- und des Flächenbedarfs ist die Entwicklung eindeutig rückläufig. Auch die Entwicklung der Ladungsträger und der Sachnummern weist, bedingt durch den verstärkten Einsatz von Systemlieferanten, eine umgekehrte Tendenz auf. Ursache dafür sind neue Produktkonzeptionen, eine direktere logistische Anbindung der Lieferanten, generelle Optimierungen und Produktivitätssteigerungen in allen produktionsrelevanten Abläufen.

Der Trend vom Teilelieferanten hin zum Komponenten- bzw. Systemlieferanten wird sich in den kommenden Jahren fortsetzen. Insgesamt wird sich die durchschnittliche Anzahl Lieferanten reduzieren. Die Notwendigkeit ist deshalb für den einzelnen Lieferanten vorhanden sich über seine zukünftige Rolle und Struktur verstärkt Gedanken zu machen. Als herausragendes Strukturmerkmal wird die Systempartnerschaft zwischen Lieferant und Hersteller an Bedeutung gewinnen.
Ein Systemlieferant muß in der Lage sein, professionelle Problemlösungen für seine Abnehmer zu erarbeiten. Dazu gehört auch die Verantwortung des Systemlieferanten für die Integrationsfähigkeit des gelieferten Aggregates mit anderen Teilen oder Komponenten im Endprodukt. Dieses Know-how war weitgehend bisher nur bei Automobilherstellern vorhanden. Diese sind bestrebt, Innovationen und Diversifikationen zu steigern und Entwicklungszeiten zu verkürzen. Auf die Entwicklungs- und Systemlieferanten kommt eine größere Beteiligung zu.
Die auf Systemlieferanten übertragenen umfassenden Funktionen erhöhen die Eigenverantwortlichkeit, Kompetenz und Zuständigkeit dieser Lieferanten erheblich. Kosteneinsparungen sind durch eine Reduzierung der Komplexität von Lieferbeziehungen zu erzielen. Durch die Ausnutzung von Lohn- und Standortvorteilen der unterschiedlichen Tarifverbänden angehörenden Lieferanten können Kosteneinsparungen erzielt werden. Die überwiegend mittelständischen Lieferanten besitzen darüberhinaus Gemeinkostenvorteile durch geringere organisatorische Aufbauformen. Bei der Festlegung von Systemlieferanten ist auf eine wirtschaftliche Betriebsgröße zu achten. Die Organisation eines Systemlieferanten sollte produktorientiert aufgebaut sein und eine flache Hierarchiestruktur aufweisen.
Für Lieferanten auf dem Weg zu Systemlieferanten ergibt sich die Notwendigkeit umfangreiches Konstruktions-Know-how und gleichzeitig auch logistisches Know-how aufzubauen. Hersteller wünschen die Möglichkeit von einer Einzelteilbestellung zu einer Systembestellung („first tier“) in einem Produktionszentrum des Lieferanten. Dessen Fähigkeiten und Kapazitäten sollten eine notwendige Weiterentwicklung zu Technologiezentren grundsätzlich erlauben.

Unter „Supply Management“ wird der Weg verstanden, der bei dynamischen Beschaffungsstrategien die Versorgungsumgebung optimiert bzw. die gesamte Versorgungskette von Lieferungen und Leistungen dauerhaft garantiert.
Supply Management, als Ausdruck des Bemühens des Herstellers um seine Lieferanten (Lieferantenförderung) und die Anforderungen an die Beschaffungsquellen, bedürfen einer grundlegenen Positionierung im Zusammenhang der gesamten Unternehmensstrategie. Das Wechselspiel zwischen Gesamtstrategie und Supply Manage-

ment ist zu klären. Die Berücksichtigung von Lieferantenzielen trägt dazu bei die Lieferantenbereitschaft zu einer optimalen Zusammenarbeit zu steigern.

1.6 Verkehrs- und umweltpolitische Herausforderungen

Neben den wettbewerbsbedingten Anforderungen, denen ein Unternehmen ausgesetzt ist, kommen in zunehmendem Maße Veränderungen aus dem Bereich der Verkehrs- und Umweltpolitik auf die Logistik zu, denen sie sich nicht entziehen kann.
Fragen beispielsweise einer Auslastung der Verkehrsträger, der entsorgungsfreundlichen Produktkonzeption, des Recyclings im Speziellen, oder Veränderungen des Distributionssystems, die von der Verpackungsverordnung herrühren, sind in der aktuellen Diskussion um eine Neuorientierung der Logistik.

Das zunehmende Umweltbewußtsein in der Gesellschaft hat seinen Ausdruck auch in einer strengeren Umweltgesetzgebung gefunden. Beispielsweise die Festsetzung von Emissionsgrenzwerten oder das Kreislaufwirtschaft- und Abfallgesetz mit seiner Aufforderung für eine stärkere Produktverantwortung der Produzenten, geben den umweltpolitischen Spielraum für die Logistik vor. In Fragen der Entsorgungslogistik, aber auch in der Vermeidung von Leerfahrten oder unzureichender Laderaumnutzung, und in der teilweisen Verlagerung von der Straße auf die Schiene, besteht ein unmittelbarer Handlungsbedarf für die Logistik.

Die Verkehrsentwicklung

Eine Verlaufsschilderung des Verkehrsaufkommens führt zu dem Einwand, man müsse ja gerade wegen der stetigen Zunahme in der Vergangenheit dafür sorgen, daß in der Gegenwart und Zukunft diese Entwicklung durch einen Ausstieg aus dem Verkehrsträger LKW durchbrochen wird. Der Einwand hat eine gewisse Berechtigung, doch muß auch klar werden worin die Macht des Faktischen besteht, die nicht negiert werden kann. Tatsache ist, daß sich das Güterverkehrsaufkommen von 1950 bis 1992 mehr als verfünffacht hat; diese Steigung kommt im wesentlichen aus der Wiedervereinigung und der Öffnung der Ostgrenzen (Fragen und Antworten rund ums Automobil, Verkehr und Umwelt, 9/94, S.5). Der Straßengüterverkehr weist einen Anteil von 84 % auf, der allerdings den Nah- und Fernbereich gleichermaßen einschließt. Interessant ist, daß der Fernverkehr im Rahmen dieser Entwicklung um das 15-fache gestiegen ist. Die Tonnenkilometer als Güterverkehrsleistung nahmen um mehr als das vierfache zu . Der Schienenverkehr steigerte sich um das dreifache, gleichzeitig nahm der Fernverkehr über die Straße um das 20-fache zu. Mit dem LKW werden mehr als 80 % des Güterumsatzes bewegt. Der überproportionale Zuwachs des Güterverkehrs via Straße hat natürlich eine große Breitenwirkung auf alle Bereiche der Industrie.

Mit einer weiteren Verkehrszunahme wird für den Zeitraum bis 2010 gerechnet. Laut Bundesverkehrswegeplanes von 1992, wird der Straßenverkehr um 95 %, der Schienenverkehr um 56 % und die Binnenschiffahrt um 84 % zunehmen. Ursache dafür ist die Entwicklung des Transitverkehrs im West-Ost Handel und eine weitere Zunahme der weltweiten Handelsverflechtungen.
Der West-Ost Handel bedient sich weitgehend des LKWs als Transportmittel; der 1990 bei 30 % liegende LKW Anteil am Güterverkehr wird sich bis zum Jahr 2005 auf über 60 % erhöht haben (Verkehrsnachrichten der Industrie und Handelskammer Region Stuttgart, 2/95, S.6). In Westeuropa versucht man im Modal Split eine Reduzierung des LKW-Anteils zu erreichen. Der Anteil der Bahn im West-Ost Verkehr wird voraussichtlich von derzeit 55 % auf 11 % fallen.

Kombination der Verkehrsträger (Modal Split): die Bahn als Alternative oder komplementärer Verkehrsträger?

Bereits 1992 wurden beispielsweise rund 54 % des Transportvolumens des Mercedes-Benz Werkes in Sindelfingen von 3363 Lademeter/Tag durch den Schienenverkehr über Entfernungen größer 200 km abgewickelt (Verkehrskonzept, Werk Sindelfingen, IV.2/17).

Die Schieneninfrastruktur entspricht jedoch nicht immer den Anforderungen, die für eine umfangreiche Verlagerung des zu erwarteten Gütervolumens von der Straße auf die Schiene notwendig wäre. Für eine wesentlich verstärkte Nutzung der Bahn, für den Lieferantenverkehr, ist eine Voraussetzung die räumliche Nähe der Schienenanlieferung zu einer Hauptstrecke (Intercargo).
Auch stellen sich Bahnpreise aus Sicht der Kunden als widersprüchlich dar zu den Absichtserklärungen einer Förderung des Schienenverkehrs. Der Wegfall eines Großabnehmerrabattes, unveränderte Trassenpreise je Zugkilometer, oder teure Hauptschienenverbindungen und Fahrzeiten erschweren den kombinierten Güterfernverkehr.

Der kombinierte Verkehr (Container- und Huckepack-Verkehr) erfuhr seit 1970 eine Verzehnfachung. Millionen Lkw-Fahrten können dadurch pro Jahr eingespart werden. Ein weitere Zuwachs des kombinierten Verkehrs kann nur erreicht werden mit einem weiteren Ausbau der Straßeninfrastruktur, beispielsweise im Bereich der Container-Bahnhöfe. In Verkehrsspitzenzeiten entstehen jedoch an solchen Knotenpunkten lange Wartezeiten und starke Emissionsbelastungen.

Eine betriebswirtschaftliche Entscheidung über einen geeigneten Verkehrsträger (Bahn, Straße, Flugzeug oder Schiff) orientiert sich letztendlich an der Transportbilanz der Verkehrsträger (Transportkapazität, Transportzeit, Transportsicherheit, etc.) und den Transportkosten.

Für die Realisierung diverser Verkehrsprojekte im Rahmen des Bundesverkehrswegeplans bestehen Finanzierungsdefizite. Private Investoren, Vignetten, Kraftfahrzeug- und Mineralölerhöhungen - das diskutierte Spektrum der Finanzierungskonzepte ist breit.
Dem Straßenverkehr, speziell dem Güterfernverkehr, wird unterstellt, daß er nicht für die „ökologischen Kosten“ aufkommt. Ökologische Kosten entstehen durch Umweltschäden, beispielsweise in Form der Luftbelastung oder der Waldschäden. Kosten, die einem Verursacher nicht direkt zugeordnet werden können, speziell die aus einer Beeinträchtigung der natürlichen Umweltgüter (Wasser, Boden, Luft) resultieren, werden als externe Kosten bezeichnet. Die Öko-Steuer wird von ihren Befürwortern als eine Möglichkeit gesehen externe Kosten zu internalisieren.
Als Verursacher externer Kosten treten private Haushalte, Industrie, Kraftwerke und der Straßenverkehr, gleichermaßen auf. Dabei werden sie mit unterschiedlichen Berechnungen externer Kosten konfrontiert. Bei einem Vergleich der Verkehrsträger Bahn und Straße hinsichtlich ihrer Beteiligung an den externen Kosten wird deutlich, daß der Bahnanteil an den externen Kosten steigen würde (wegen Landschaftsverbrauch, Energieverbrauch etc.), wenn eine vergleichbare Verästelung des Bahnstrekkennetzes, wie das des Straßenverkehrs zugrunde gelegt würde.

Straßenbenutzungsgebühren (Road Pricing) sollen ab 1998/99 bei erfolgreichem Abschluß von Pilotprojekten eingeführt werden. Eine Vignettenlösung kann dann entfallen. Der technischen Realisierungsmöglichkeit in Form der Telematik kommt dabei eine entscheidende Rolle zu. Für den Güterfernverkehr sind Vorteile damit verbunden, denn die Belastung des Verkehrsteilnehmers erfolgt nach Strecke, Tageszeit und Verkehrsaufkommen. Der Transitverkehr ist davon nicht ausgenommen und wird entsprechend der Inanspruchnahme der Verkehrsinfrastruktur mit Kosten beaufschlagt.
Nachteile entstehen dann, wenn eine Zweckbindung der Einnahmen zur Finanzierung von Verkehrswegen nicht garantiert werden kann.
Der Verkehrsstrom sucht sich darüberhinaus auch mit einiger Wahrscheinlichkeit alternative Wege über Bundesstraßen, was zumindest bei Kurzstrecken bis zu 100 km der Fall sein dürfte. Die Installierung eines flächendeckenden Road Pricings bedarf deshalb einer gründlichen Abwägung ihrer Vor- und Nachteile.

Die Kraftfahrzeugsteuer hat den Vorteil, daß sie für umweltpolitische Zwecke eingesetzt werden kann, unter der Voraussetzung, daß eine Zweckbindung eindeutig gewährleistet ist. Ein Nachteil besteht in der nicht gegebenen Koppelung an die tatsächliche Nutzung der Infrastruktur durch den Verkehrsteilnehmer. Auch kann vom Transitverkehr kein finanzieller Beitrag erhoben werden. Die Einführung einer Straßennutzungsgebühr müßte an die Aufgabe der Kraftfahrzeugsteuer gebunden sein. Die Mineralölsteuer wiederum ist gekoppelt an den aktuellen Verbrauch des individuellen Verkehrsträgers, hat aber bei einem Steueranteil von ca. 80 % des Kraftstoffpreises nur eine eingeschränkte Wirkung als Knappheitssignal des Rohstoffes Öl

LKW Verweilzeiten im Produktionswerk des Herstellers haben einen retrograden Einfluß auf den Güterfernverkehr. Projektuntersuchungen als Grundlage für eine Verkehrsplanung in Werksnähe lassen sich mit der Zielsetzung einer Reduzierung der Verkehrsbelastung durchführen. Die internen Verkehrsströme können dabei unter dem Gesichtspunkt untersucht werden, wie groß die durchschnittliche Verkehrsbelastung, gemessen als Fahrzeuge pro Stunde, an den einzelnen Knotenpunkten der Verkehrsströme ist. Die dabei gewonnenen Informationen sind für die LKW Abfertigung im Wareneingang von Interesse. Die interne Aufenthaltsdauer eines LKW beeinflußt die Planung von Staumöglichkeiten vor den Werkstoren. Ist eine LKW Abfertigung nicht reibungslos möglich, führt das zu einem Rückstau auf den Strecken des Nahbereiches um das Werk und damit auch zu einer Beeinträchtigung für den ankommenden Güterfernverkehr.

Mit der fortschreitenden Entwicklung des europäischen Binnenmarktes stellen sich geänderte Rahmenbedingungen für die Logistik. Durch den Wegfall oder teilweise Lockerung von Grenzen, ergeben sich Kostenvorteile durch wegfallende administrative Tätigkeiten an den Grenzen. Die Transportzeit verkürzt sich und damit wird der Lieferservice optimiert.

Mit der Liberalisierung der Verkehrsmärkte (Deregulierung), die mit der Einführung einer uneingeschränkten Kabotage ab 1.1.1998 einen vorläufigen Höhepunkt findet, wird es den Spediteuren möglich sein, außerhalb ihres einheimischen Staatsgebietes Güter zu laden und zu transportieren. Transportleistungen können damit uneingeschränkt durch alle europäischen Spediteure erbracht werden. Die Niederlassungsfreiheit in Europa wird zu einem netzwerkartigen Aufbau von Niederlassungen führen. Ein europaweit einheitliches Transportwesen kann sich etablieren. Direktbelieferungsumfänge dürften zunehmen. Eine Intensivierung des Wettbewerbs zwischen den europäischen Logistikdienstleistern erscheint zwangsläufig zu sein.
Die europaweite Harmonisierung technischer Normen und Standards führt tendenziell zu einer Nivellierung der nationalen gesetzlichen Regelungen.

Um eine weitgehende Gleichstellung der Wettbewerber im europäischen Rahmen zu gewährleisten sind eine Reihe von Hindernissen zu beseitigen, die die Wettbewerbsfähigkeit der deutschen Unternehmen im Logistikbereich einschränken.
Eine Gebührenerfassung wäre wünschenswert, die bezogen wird auf die Fahrleistung. LKW-Vignetten könnten dann vermieden werden. Die Einführung einheitlicher Umwelt- und Sicherheitsstandards ist vordringlich. Auch sind die Kraftfahrzeugsteuersätze zu harmonisieren. Technische Kontrollen und Prüfvorschriften sind mit europaweiter Gültigkeit zu realisieren.
Die Anzahl der Produktionsstandorte ist unter dem Gesichtspunkt der Transportkosteneffizienz zu untersuchen. Das gleiche gilt für die europaweite Anzahl der Lager eines Unternehmens. Die Transportkosten von inländischen Bezugsquellen zu ausländischen Empfängern sind zu hoch, Zielsetzung einer Optimierung ist u.a. eine verbesserte Bündelung der Transportvolumina.

Das Bestandsmanagement verlangt nach europaweit einheitlicheren Produkten, um die Typen- und Varianten-Vielfalt unter logistischen Gesichtspunkt besser handhaben zu können. Ein einheitliches Dispositionssystem für Europa existiert bislang noch nicht und ist deshalb aufzubauen. Alle eingehenden Aufträge bzw. Bestellungen oder Abrufe von den einzelnen Kunden (Werke) müssen zuerst auf das eigene DV-System kompatibel gemacht werden. Eine Fremdvergabe von Logistikleistungen, speziell von Transport- und Lagerleistungen, sollte bei deutschen Unternehmen stärker betrieben werden. Physische Distributionsstrukturen, der Übernahme von logistischen Leistungen, der Etablierung von Planungs- und Steuerungssystemen und die operative Umsetzung können unter Zeitdruck im Alleingang nur bedingt bewältigt werden. Die Liberalisierung des Transportmarktes betrifft nationale und innergemeinschaftliche Fernverkehre gleichermaßen: Mittelständische Spediteure kooperieren, um nationale Verteilernetze aufzubauen. Dabei wird häufig eine Konzentration des Warenverkehrs bei gleichzeitiger Verkehrsentlastung angestrebt. Die Struktur der Speditionsbetriebe zeigt aber eher tendenziell eine deutliche Zunahme der Subspediteure. Große Speditionen sind zum Teil auch Dipositionszentralen, d. h. Frachtagenturen.

Entsorgungskonzept

Entsorgungsfragen die Logistik betreffend sind vornehmlich auf zwei Ebenen angesiedelt. Da ist zum einen die Leerguthandhabung und zum anderen der Umweltschutzaspekt, der sich im Bereich der Verpackungspolitik oder Verkehrspolitik abzeichnet.

Zum ersten Aspekt der Leergut-Entsorgung werden zwei grundlegene Linien verfolgt. Ein eins zu eins Tausch von Voll- zu Leergut am Verbau bzw. Pufferort ist vor allen Dingen bei Teilefamilien möglich die im Direktverkehr über JIT, bei sequentieller Fertigung und aus Industrieparks angeliefert werden.

Kleinladungsträger (KLT) und Universalladungsträger (ULT) können über einen Anwender - Pool genützt werden. Generell ist bei der Planung von Ladungsträgern auf eine Klappbarkeit zu achten, um eine konsequente Frachtraumoptimierung beim Rücktransport der Ladungsträger durchführen zu können. Zusammenlegbare Ladungsträgern führen zu einer bis zu vierzigprozentigen Reduzierung des Frachtraumvolumens bei Rücktransporten leerer Ladungsträger.

Dem Umweltaspekt wird bei der Konstruktion und Handhabung von Ladungsträgern in unterschiedlicher Weise Rechnung getragen. Die Verwendung von recyclingfähigen Materialien wird präferiert und bei Spezialladungsträgern sollten flexible Einsatzmöglichkeiten hinzukommen. Universalladungsträger werden mit Zwischenlagen versehen, Tiefziehfolien oder Gefache kommen zum Tragen in Spezialladungsträgern. Nur recyclingfähige und leichte Werkstoffe sind zur Verwendung in der Ladungsträgerkonstruktion geeignet.

Die Verwendung von Mehrwegverpackungen hilft generell Verpackungsmaterial einzusparen und damit die Mülldeponien zu entlasten.

2. Belieferungsformen und Versorgungsstrategien

Im Rahmen der Transportoptimierung werden neben dem Gebietsspediteur (GS)-Konzept weitere grundlegene Arten von Belieferungen unterschieden : Direktvergabespediteure (DS) für Komplettladungen, Lieferanten-Werkverkehre (WV), d.h. Verkehre im Werkslieferverbund, der die vernetzten Produktionswerke eines Herstellers umfaßt, JIT-Verkehre und Sonderfahrten.

Das jeweilige Belieferungskonzept ist orientiert an den Charakteristika einer Teilefamilie zu sehen. Für A- und B-Teile ist grundsätzlich eine weitgehende Direktbelieferung anzupeilen, um den Materialfluß möglichst ohne Haltepunkte gestalten zu können. Jeder Haltepunkt ist eine Quelle der Verwechslungen.
Externe Dienstleister sollten bei Kommissionierumfängen möglichst nicht beauftragt werden, vielmehr sind die Teilelieferanten selbst aufgefordert Kommissionierungen zu übernehmen, um einen weitgehend direkten Materialfluß zu erhalten.
Fragen der Qualitätssicherung einschließlich materieller Garantien und der Produkt- bzw. Produzentenhaftung sind mit den Lieferanten zu klären. Eine Festlegung auf einen Lieferanten pro Teilefamilie, also die konsequente Umsetzung einer Single Sourcing Strategie vereinfacht die Dispositionstätigkeit auf Seiten des Herstellers.
Das Prinzip einer räumlichen Nähe des Lieferanten zu der beschaffenden Unternehmung sollte, speziell bei varianten-, volumen- und umschlagsintensiven Teilefamilien in Werksnähe oder auf dem Werksgelände umgesetzt werden.

2.1 Direktbelieferung

Unter einer Direktbelieferung ist der direkte Weg von der Quelle des Materials zur Senke zu verstehen (= ungebrochener Verkehr).

Gebietsspeditions-Konzept

Bei weit verteilten Beschaffungsquellen sieht das Gebietsspediteur-Konzept die Bündelung der Liefermengen der unterschiedlichen Lieferanten eines Herstellers in einem festgelegten Gebiet vor (Milkway-Running-System). Die geographische Ausweitung des Gebietsspediteur-Konzeptes ist denkbar und möglich, steht aber in Abhängigkeit vom Transportaufkommen und der Abholfrequenz. Ein beauftragter Spediteur stellt die Komplettladungen unter der Zielsetzung einer Frachtoptimierung zusammen.
Ökonomische Vorteile dieser Art von Sammeltransporten liegen in der administrativen Ablauferleichterung durch Vereinheitlichung der Transportdokumente und Vertragsmodalitäten. Hinzu kommt die Frachtkostenreduzierung die Lieferanten und Hersteller gleichermaßen zugute kommt. Eine Entlastung des Güterverkehrs tritt dadurch ein. Der innerbetriebliche Versorgungsverkehr der Abladestellen beim Hersteller wird ebenfalls durch die Komplettladungen entlastet, die bereits abladestel-

lenbezogen zusammengestellt sind. Dadurch lassen sich auch Standzeiten der LKW für Be- und Entladung begrenzen. Durch eine gleichmäßigere Verteilung der LKW Ankunftszeiten im Wareneingang des Herstellers lassen sich Stoßzeiten durch eine antizyklische Routen- bzw. Verkehrsplanung reduzieren.

Eine Analyse der Belieferungsumfänge von Lieferanten der Daimler-Benz AG zeigte einen Materialstrom bei 5 % der Zulieferanten von 100 t/Monat und bei 86 % der Zulieferanten eine Belieferungsmenge von weniger als 20 t/Monat. Bei Speditionsunternehmen lag eine spiegelbildliche Entwicklung vor: nicht mehr als 10 % der Spediteure transportierten 500 t/Monat, jedoch beförderten ca 60 % der Spediteure weniger als 50 t/Monat. Am gesamten Transportvolumen waren auch kleine Spediteure beteiligt, die für gelegentliche Fahrten oder Sondertransporte als Subcontractors eingesetzt wurden. Vor Einführung der Gebietsspediteure ergab sich eine durchschnittliche LKW Auslastung von 50 %. Dies ist unwirtschaftlich und aus Umweltgründen nicht vertretbar. Erfahrungsgemäß können ca. 1/3 des gesamten Transportaufkommens für einen Hersteller durch das Gebietsspediteur - Konzept abgewickelt werden.

Werden Sonderfahrten zur Sicherstellung der Produktionsversorgung des Herstellers notwendig, sind dafür nach Möglichkeit ebenfalls die Gebietsspediteure zu beauftragen. Der Verursacher hat in diesem Fall die Kosten zu tragen. Bei einer Sonderfahrt zu Lasten des Lieferanten wird es ihm in der Regel freigestellt, ob er den zuständigen Spediteur damit beauftragt. Der zuständige Gebietsspediteur kann immer dann beauftragt werden, solange nicht eine gesonderte Eilanlieferung vordringlicher ist.
Ein direkter Werkverkehr vom Lieferanten zum Hersteller mit eigenen Transportfahrzeugen des Lieferanten ist ebenso möglich. Der Gebietsspediteur informiert den Hersteller über den direkten Werkverkehr durch den Lieferanten.
Über Direktvergabespediteure, z.B. für JIT-Lieferungen, wird der Gebietsspediteur informiert. Der Gebietsspediteur ist hauptsächlich zuständig für Stückgut und Teilpartien. Der Lieferant übernimmt selbst die Abstimmung mit dem Gebietsspediteur.

Zielkonflikte können auftreten bei einer gleichzeitigen Fracht- und Verweildaueroptimierung im Werk des Abnehmers, denn ein Gebietsspediteur hat aufgrund der unterschiedlichen Zusammensetzung seiner Ladung mehr Abladestellen anzufahren als bei einer Direktbelieferung durch einen Direktvergabespediteur. Unter Umständen sind deshalb auch Standgeldforderungen der Gebietsspediteure zu berücksichtigen. Standgeldforderungen entstehen wenn sich die Verweildauer eines Speditions LKWs für die Entladung über mehrere Stunden am Zielort erstreckt. Fremdbeiladungen für Dritte sollten nach Möglichkeit vermieden werden. Kommt es dennoch dazu ist auf eine Einhaltung der Anlieferzeit und den Vorrang für den Hauptempfänger zu achten. Die deutliche und separate Kennbarmachung des Ladevolumens erleichtert den Belieferungsvorgang.

Bei der Ausplanung und der operativen Umsetzung können Probleme bei der Erstellung der Wirtschaftlichkeitsrechnung auftreten, wenn die Beteiligten ihre Kalkulation offen legen sollen. Eine optimale Ladereihenfolge bei Waren verschiedener Lieferanten, eine mit dem Spediteur und den betroffenen Bereichen des Abnehmerwerkes abgestimmte LKW-Standzeitoptimierung und die Organisation der Frachtenprüfung können zu Störungen führen, wenn nicht alle Interessen ausgewogen berücksichtigt werden.

2.2 Just-in-Time

Eine Verlagerung der Bestände vom Hersteller auf den Lieferanten im Rahmen einer Just-in-Time Lieferbeziehung wird in beiderseitigem Interesse vermieden. Häufig ist dieser Vorwurf der „rollenden Lager" jedoch zu hören. Für den Einsatz von JIT gilt das Gebot auf eine Wirtschaftlichkeit und die Vermeidung zusätzlicher Umweltbelastungen zu achten. Über weite Distanzen wird durch den zunehmenden Verkehr eine JIT Belieferung weniger kalkulierbar. Eine JIT Steuerung und Belieferung über große Distanzen ist eher selten. Verstärkt greifen in Werksnähe des Herstellers angesiedelte Lieferanten darauf zurück. „Rollende Lager" rechnen sich nicht. Bei einem Vergleich von Bahnwaggon, LKW und Lagerstätten in Produktionsgebäuden oder Außenlagern ergibt sich ein Quadratmeterkostensatz der gegen Waggons oder LKWs als Lagerstätten spricht. Eine Verlagerung der Lager auf die Straße ist zu teuer, als daß Unternehmen eine „Lagerhaltung auf der Straße" wünschen würden oder sollten.

Just-In-Time wurde oftmals totgesagt und erfährt dennoch immer wieder aufs neue seine Bestätigung. Was ist JIT? Die Automobilhersteller haben sich weitgehend auf eine Just-in-Time (JIT)-Definition geeinigt, die sich auch in der vorliegenden widerspiegeln dürfte. Sicherlich ist im Einzelfall eine spezielle Form, zugeschnitten auf die betrieblichen Anforderungen denkbar. Nach einer weiten Definition fallen alle Anlieferformen mit reduzierter Bestandsreichweite darunter. Im Rahmen einer engen Definition sind darunter zu verstehen :die mit dem Bedarf des Abnehmers synchrone Lieferantenfertigung, d.h. der Lieferant vermeidet weitgehend auf Bestand zu produzieren. Eine Sequenzierung liegt vor. Die impulsgesteuerte Produktionsreihenfolge der Vorlieferanten, trifft zusammen mit einer Direktbelieferung ohne Zwischenpufferung und sofortiger Bereitstellung am Bedarfsort des Herstellers mit präziser, impulsgesteuerter Anlieferreihenfolge. Impulsgesteuert heißt eine im Produktionsbereich taktgesteuerte Abfolge von Montage- bzw. Produktionsschritten, die an bestimmten Meßstationen durch Datenkommunikation eingeleitet werden. Steuerungstechnisch kommen dabei grundsätzlich drei Verfahren der Datenfernübertragung zwischen Lieferant und Hersteller zum Tragen. Der tagesgenaue Abruf, die Feinsteuerung und ein nach dem Inneneinbau-Impuls gesteuerte Abruf.

JIT-Arbeitsdefinition		
Weite Definition		*Enge Definition*
Alle Anlieferformen mit reduzierter Reichweite	←→	Synchrone Lieferantenfertigung Sequenzierung Impulsgesteuerte Produktionsreihenfolge der Vorlieferanten Direktbelieferung ohne Zwischenpufferung und sofortige Bereitstellung am Bedarfsort mit präziser, impulsgesteuerter Anlieferreihenfolge

Abb. 10: JIT - Arbeitsdefinition

Forderungen an Lieferanten im Zusammenhang mit der Befähigung zu einer JIT Belieferung, sind neben der technischen Fähigkeit auch eine hohe betriebliche Flexibilität bei Produktionsumstellungen und Produktveränderungen.
Günstig wirkt die geographische Nähe zum Werk des Abnehmers. Investitionsbereitschaft für infrastrukturelle Einrichtungen muß vorhanden sein, wenn sie z.B. im Zusammenhang mit Fördertechnik, Transporthilfsmitteln usw. notwendig sein sollte.

Der Ausbau der Kommunikationskompetenz, d.h. der schnellen, umfassenden und sicheren Datenübermittlung und Verarbeitung, wird auch als eine Grundlage für Sicherheit in den Ablaufprozessen angesehen. Der Lieferant erstellt selbstständige logistische Planungsleistungen, und zeigt Verantwortungsbereitschaft beim Aufbau einer Qualitätsprüfung. Das Streben nach hundertprozentiger Qualität für die gelieferten Teileumfänge wird vom Hersteller erwartet.
Erfahrungsgemäß können die Just-in-Time Umfänge durchschnittlich zwischen 5 bis 10 % der Mengenpositionen des gesamten Belieferungsspektrums eines Herstellers und zwischen 15 bis 20 % des Wertvolumens des gesamten Teilespektrums ausmachen. Durch JIT werden die genannten logistischen Optimalziele am direktesten erreicht. Die Bereitstellung des richtigen Materials, in der richtigen Menge, in der geplanten Reihenfolge, am richtigen Ort, in einer geeigneten Belieferungsform, zu insgesamt wirtschaftlichen Bedingungen, gehört zum Versorgungsauftrag der Logistik. JIT ist einem stetigen Materialfluß verpflichtet, der zu einem kontinuierlichen Wertschöpfungsprozeß ohne unnötige Verweilzeiten führt.

Grenzen für eine Just-in-Time Belieferung bestehen eindeutig dort, wo keine sicheren Montage- und Versorgungsprozesse mit einer bestimmten Produktionsreihenfolge vorliegen. Verkehrsbelastungen und Verkehrsstaus im Güterfernverkehr können den Einsatz von JIT in Frage stellt.

Die durch JIT realisierten Ziele äußern sich in einer Senkung der Materialbestände, einer Verringerung der Durchlaufzeiten, dem Nullfehlerziel in der Qualitätssicherung, der Vermeidung von Fehlteilen, einer Steigerung der Arbeitsproduktivität und Flexibilität, der Begründung einer Wertschöpfungspartnerschaft mit Lieferanten und einer eindeutigen Ablaufübersicht. Diese Ergebnisse entsprechen dem ganzheitlichen Charakter eines Logistikkonzeptes in hervorragender Weise.
Zum besseren Verständnis ist in der folgenden Abbildung die Zeitplanung eines durchgeführten Planungsvorhabens beschrieben. Die Durchlaufzeit des Produktionsprozesses und der Fertigstellung im Warenversand beim Lieferanten muß geringer sein als die Durchlaufzeit auf Seiten des Herstellers, da noch die Transportzeit hinzu kommt.

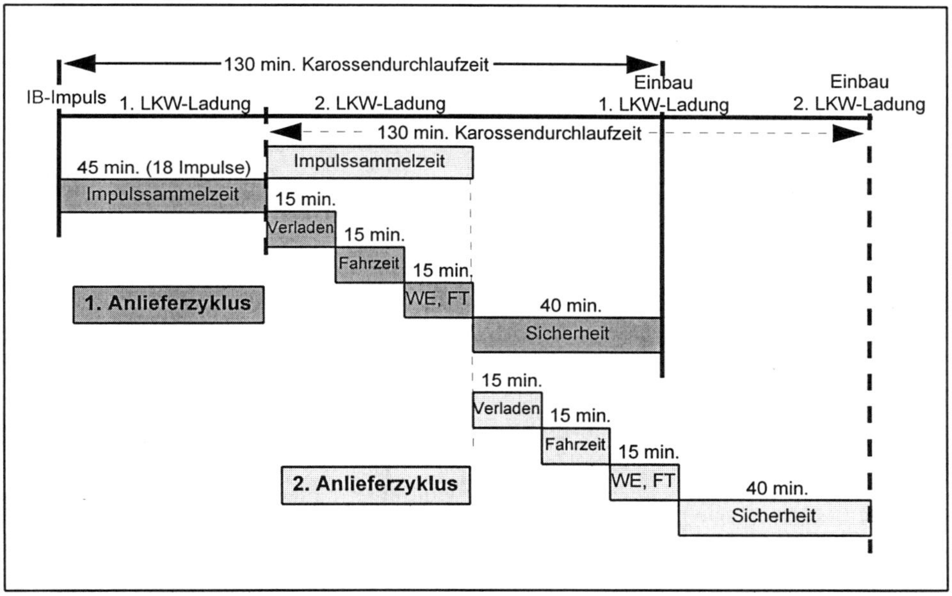

Abb. 11: Zeithaushalt für eine Just-in-Time Belieferung

Beispielsweise bei ca. 20 Lieferanten des Lieferteiles Türbelag für die Produktreihe C-Klasse von Mercedes-Benz befand sich der Lieferant im Durchschnitt ca. 430 km entfernt vom Produktionswerk in Sindelfingen. Die durchschnittliche Anlieferfrequenz betrug 2 x die Woche. Die beteiligten Lieferanten bedienten sich teilweise der JIT Belieferung.
JIT-Lieferanten zeigten ein anderes Bild: durchschnittlich 240 km betrug die Entfernung zwischen Lieferant und Hersteller. Die Anlieferfrequenz umfaßte bis zu 5 LKW pro Tag, wobei die Frequenz von einmal täglich bis zu zwanzigmal pro Arbeitstag reichte. Eine JIT gesteuerte Anlieferung muß , gemessen an den absoluten Entfernungen nicht größere Risiken in sich bergen, als eine nicht JIT gesteuerte Anlieferung. Da bei der Auswahl der Teilefamilien die für eine JIT Steuerung in Frage kommen,

wie bereits erwähnt neben den Kriterien Großvolumigkeit, hoher Wert, hohe Variantenvielfalt, Vorliegen eines ausreichenden Zeithaushaltes für die Anlieferung mit kurzen Bestandsreichweiten und die Erfüllung DV-technischer Anforderungen, auch eine räumliche Nähe des Lieferanten angestrebt wird, sind von vornherein Transportrisiken der Lieferstrecke besser kalkulierbar.

Die Art der Risiken, die bei einer Belieferung über große Distanzen entstehen können, unterscheiden sich nicht wesentlich von der Beschaffenheit der Risiken, die im Nahverkehr auftreten. Unterschiedlich sind jedoch die Störfallauswirkungen. Bei einem Transportausfall bei einer großen Distanz sind sie in jedem Fall gravierender, da der Zeitaufwand für Wiederbeschaffung größer ist. Häufige Störursachen sind die Verschiebungen des Zeithaushaltes, bedingt durch Verkehrsstörungen auf dem Transportweg und ein Lieferverzug auf Seiten des Lieferanten. Für eine exakte Einhaltung des Zeithaushaltes ist eine genaue Fahrplanabstimmung für die Liefer-LKW, vom Warenausgang des Lieferanten bis zum Wareneingang des Abnehmers, erforderlich. Mögliche Störungen können beim Lieferanten, dem Transport, im Zwischenlager oder beim Abnehmer auftreten. Speziell auf Seiten des Abnehmers gibt es verschiedene Störursachen, wie z. B. LKW-Ausfall, Störung der Auftragsteilebedarfsrechnung, nicht funktionierende Datenfernübertragung, u. a. Optimierungsprojekte eines Herstellers mit ausgesuchten Partnern aus der Zulieferindustrie haben auch zum Ziel, mögliche Risiken des Belieferungsvorgangs zu minimieren. Dabei wird Wert gelegt auf eine umfassende Eignungsprüfung der Abrufarten und der Notstrategien: Ein Beispiel für eine Notstrategie ist, bei Stromausfall für eine Batterieüberbrückung zu sorgen, solange bis Notmaßnahmen durchgeführt werden können. Bei Ausfall der Datenfernübertragung ist die Fernwartung durch den Betreiber, und eine Telefaxübermittlung der Inneneinbau-Impulse zu veranlassen. Für den Fall eines Rechnerausfalles sind eine redundante Datenspeicherung, spezielle Wartungsverträge, oder ein Rechnerwechsel einzuplanen. Bei Softwarefehlern bietet sich die Fernwartung durch eine Softwarefirma an.

2.3 Warehousing (Logistik-Lieferanten-Zentrum, LLZ)

Für Artikel, die sich aus unterschiedlichen Gesichtspunkten der JIT Belieferungsform entziehen, bietet sich das Prinzip „*Warehousing*" an. Die Grundidee ist dabei die Garantie der absoluten Belieferungsfähigkeit aus vertretbarer Entfernung, die bei Betrachtung einzelner Teilenummern nicht möglich ist. Das Warehousing-System geht von einem Lagergebäude aus, in dem eine Vielzahl von Positionen untergebracht ist. Diese Positionen werden aus unterschiedlich großer Entfernung und in unregelmäßiger Frequenz angeliefert. Zusätzlich kann ein geringer Bedarf an diesen Positionen bestehen. Die Anlieferfrequenz an das Warehouse und die Lieferfrequenz aus dem Warehouse sind unabhängig voneinander gesteuert. Die besondere Eignung des „*Warehousing*" Systems ist gegeben für sogenannte C-Teile und Lieferanten, die ihre Produktion nach optimalen Losgrößen organisiert haben.

Für diesen Fall wird entweder direkt für den Versand produziert oder aber für das Logistik-Lieferanten-Zentrum (LLZ), das in seinem Kern aus einem Konsignationslager besteht. Die Berechnung des Materials erfolgt entsprechend des Abrufverhaltens des Kunden.

Mehrere Lieferanten liefern in ein LLZ, das darüber hinaus keine produktive Wertschöpfung aufweist. Betreiber des LLZ ist in der Regel ein Logistikdienstleister („Logistikprovider"), z. B. ein Speditionsunternehmen. Dieses Vorgehen ist in Japan sehr stark verbreitet. In Deutschland ist die Umsetzung begrenzt, da zum einen aufgrund mangelnder Wertschöpfung keine ausreichende Wirtschaftlichkeit besteht, und zum anderen in der Öffentlichkeit Widerstände oder zu lange Genehmigungsverfahren wegen des damit verbundenen Flächenverbrauchs oder einer Verkehrszunahme bestehen.

Ein Lösungsansatz kann das LLZ nur sein, wenn es gelingt, den physischen und den steuernden Bereich zusammenzufassen. Ein Schwerpunkt des Integrationsbemühens liegt auf der Informationstechnologie, was auch am Begriff des „Data Warehouse" widergespiegelt wird. Die Verknüpfung physischer und informatorischer Beschaffungsströme unterschiedlicher Lieferanten wird in einigen Ländern auch als Konsolidierung bezeichnet. Ein LLZ ist dann Synonym für ein Konsolidierungslager.

Gateway-Konzept

Das Gateway-Konzept ist in Bezug auf die Distribution eine Unterform eines Lieferanten-Logistik-Zentrums (LLZ). Einem LLZ ist in einer gewissen Entfernung ein Transitterminal (Sendungsverfolgung) nachgeschaltet. Dies ist vorstellbar z. B. bei Überseetransporten oder wenn Reifezeiten der Waren vorgeschrieben sind, aber auch bei sehr unterschiedlichem Verbrauchsverhalten der Kunden, insbesondere bei Kleinstmengenabnahmen. Das Gateway-Konzept ist teuer, kann aber bei ganz speziellen Ausprägungen notwendig sein.

Mit der Hinwendung zu globalen Beschaffungsvorgängen wird die Einrichtung eines LLZ mit Ausgleichsfunktionen für die unterschiedlichen Belieferungszeiträume von weltweiten Beschaffungsquellen unumgänglich.

2.4 Vom „Customer Care" zum „Global Sourcing" bei weltweiten Beschaffungsquellen

Ein Fremdbezug liegt vor, wenn eine Unternehmung Materialien und Dienstleistungen vom Beschaffungsmarkt bezieht, um die geplanten Inputfaktoren für den produktiven Transformationsprozeß bereitstellen zu können.

Der Beschaffungsvorgang umfaßt die Disposition, geht aber noch viel weiter: Die Lieferantenwahl, Lieferantenfreigabe und die idealerweise permanente Lieferantenbewertung durch den Entwicklungs- und Einkaufsbereich des Hersteller, stehen gleichermaßen im Mittelpunkt. Zielsetzungen der Beschaffung finden ihren Ausdruck in den Beschaffungsstrategien.

Als *wichtige Ziele* wären beispielsweise zu nennen die Lieferzuverlässigkeit, oder die Vermeidung einer zu großen Abhängigkeit des Herstellers von einem Lieferanten. Die Umsetzung des Regalservice-Verfahrens, das einem Lieferanten weitgehende Verantwortung für die Belieferung, Bestückung, und Bestandspflege von Regalanlagen überträgt, könnte als Beispiel für eine konkrete Ausgestaltung eines untergeordneten Beschaffungszieles dienen.

Zwischenbetriebliche Kooperationsformen, angefangen von Lizenzverträgen, über Joint Ventures und Netzwerke, bis zu Konsortien kommen bei der Umsetzung von Globalisierungsprojekten zum Einsatz. Joint ventures in bilateralen Kooperationsverhältnissen werden sich in diesem Kontext zu Netzwerkarrangements weiter entwikkeln.

Das Konzept der Globalisierung ist differenziert zu betrachten. Handelt es sich dabei um unterschiedliche geographische Zonen, strategische Maßnahmen, Währungs-, Handelsräume oder Zollunionen? Wobei bestimmte Güter und Dienstleistungen nach dem Verständnis der Globalisierung an weltweiten Produktionsstandorten erstellt werden können, ohne ausschließliche Bevorzugung eines bestimmten Produktionsstandortes.
Für die Logistik umschreibt Globalisierung letztendlich die vielfältige räumliche und sachliche Diversifizierung auf den Gebieten des Einkaufs, der Forschung und Entwicklung, und der Kundenorientierung. Globalisierung bezieht sich konsequenterweise eben nicht nur auf den Produktionsbereich, sondern auf alle vor- und nachgelagerten betriebliche Funktionsbereiche.

Globalisierungsprojekte werden teilweise begründet mit Kostenvorteilen ausländischer Standorte, generellen Standortvorteilen einer Nähe zum Absatzmarkt oder mit Standortnachteilen des heimischen Produktionsstandortes. Ein erleichterter Marktzugang unter Erfüllung von „local content“ Bestimmungen wird möglich. Das Antizipieren bzw. Neutralisieren von Währungskursschwankungen und das Begründen einer gewissen politischen Stabilität durch Gegengeschäfte und gemeinsame Industrieprojekte, gehören zum Umfeld der Globalisierung.

Vorteile der Globalisierung liegen in der Realisierung von Zeitvorteilen durch die Nähe zum Absatzmarkt und einem Zugewinn an Kompetenz im Umgang mit weltweiten Produktionsstrukturen. Die Generierung von Innovationen und der Erreichung einer Kostenführerschaft durch Faktorkostenvorteile sind in diesem Zusammenhang ebenso möglich. Ein höherer Logistikaufwand und höhere Versorgungsrisiken sind jedoch zu berücksichtigen.

Unterschiedliche Kulturen, Konfliktlösungsmechanismen und Verhaltensweisen im Kontext der Globalisierung sind als als Chance zu verstehen die strategische Ausrichtung der eigenen Geschäftsprozesse zu optimieren.
Die Wahrnehmung von Veränderungen ist unabdingbar für das erfolgreiche Bestehen am Markt. Der ausländischen Konkurrenz ist mit Achtung zu begegnen. Verurteilung, Ablehnung, und Ausschließung von Produkten bzw. Serviceleistungen, die nicht im Inland entwickelt und produziert wurden, ist abzulehnen. Die Devise „not invented here" ist abzulehnen, da sie als Ausdruck der Ignoranz von Marktentwicklungen zu werten ist.

Die Buy-Entscheidung im Zusammenhang mit Sourcing-Strategien

Eine Beschaffungspolitik ist global ausgerichtet, wenn sie diese weltweiten Produktionspotentiale und Bezugsmöglichkeiten berücksichtigt. Global Sourcing bezeichnet einen Beschaffungsvorgang von Material und Dienstleistungen bei weltweiten Bezugsquellen. Das beschaffende Unternehmen legt Nachdruck auf einen langfristigen effizienten Bezug von Material und Dienstleistungen, d.h. zu günstigen Kostenstrukturen und Schnelligkeit. Die Entscheidung über ein „Make or Buy" ist bereits gefallen, wenn die Festlegung auf eine geeignete Sourcing Strategie erfolgt. Jedoch ist eine Überprüfung der Vorteilhaftigkeit einer Eigenerstellung oder Fremdbezugs von Zeit zu Zeit angebracht. Andere Sourcing Strategien könnten sich daraus ergeben.

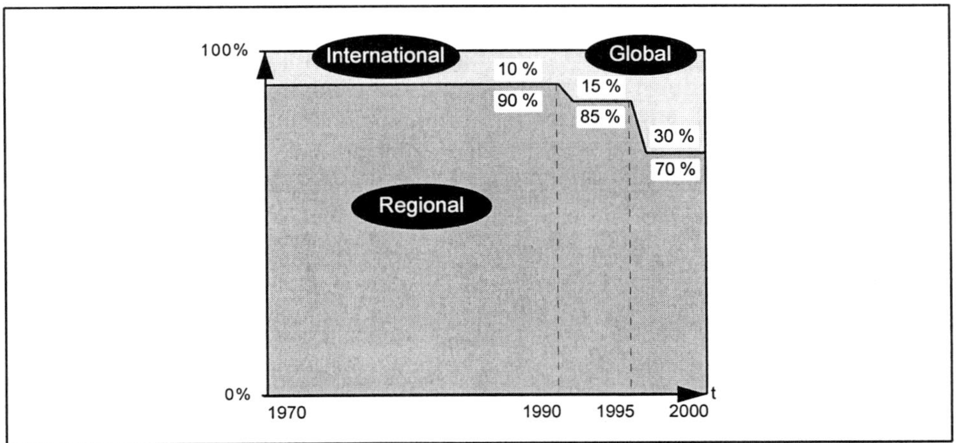

Abb. 12: Strategisch veränderter Beschaffungsrahmen

Die Aufgabe einer Unternehmungsstrategie ist es, die Existenz durch wettbewerbsfähige Produkte und Dienstleistungen langfristig zu sichern. Die Veränderung politischer (z.B. EG-Binnenmarkt/Osteuropa), technologischer, und marktlicher (Käufer- und Wettbewerbsverhalten) Rahmenbedingungen zwingt die Unternehmensführung zu einer Neuformulierung oder Anpassung bestehender Strategien.
Bei der Betrachtung von Sourcing-Strategien gilt es sich vor allem drei Aspekte vor Augen zu führen: die Zahl der Zulieferer wird sinken, absolut und pro Lieferteil, die gegenseitige Abhängigkeit zwischen Lieferant und Abnehmer steigt und Abschlüsse langfristiger Lieferverträge werden verstärkt auftreten. Die weltweite Beschaffung von Lieferteilen für den heimischen Produktionsstandort zeichnet sich zunehmend ab. Abhängigkeiten bauen sich auf.

Die Verlagerung von Fertigungsumfängen des Herstellers zum Lieferanten bewirkt auch eine Verlagerung von Entwicklungskapazität, Innovations- und Serviceanforderungen (z.B. in bezug auf die Lieferzeit), und Qualitätsverantwortung auf den Lieferanten. Eine räumliche Nähe der Lieferanten wäre aus logistischen Gründen wünschenswert, ist in Ballungszentren aber weder räumlich, strukturpolitisch, noch wirtschaftlich realisierbar und wünschenswert. Bei Just-In-Time Anlieferungen beispielsweise führt das zu einer Anmietung kleiner Außenstellen durch Lieferanten in Nähe zum Abnehmerwerk um eine kommissionierte Anlieferung garantieren zu können. Es wird damit eine räumlich nahe liegende Zwischenlagerstätte geschaffen mit steigendem Logistikaufwand.
Lieferanten und Automobilhersteller streben den Aufbau einer strategischen Qualitätspartnerschaft an, die sich in langfristigen Rahmenverträgen auswirkt. Damit lassen sich Vertrauen, Transparenz und kalkulierbare Liefervolumina erreichen. Planungssicherheit führt zu Qualitätsverbesserungen. Lieferanten die innovative Produktsystemfähigkeit unter Beweis stellen, können sich langfristiger Bindungen an den Hersteller sicher sein.

Anforderungen des Fertigungsprozesses, wie Flexibilität, oder eine Zeitpunkt orientierte Anlieferung mit Bestandsoptimierung, verlangen differenzierte Beschaffungsstrategien. Beispielsweise ist zu prüfen, mit welcher Sourcing Strategie eine Just-in-Time Belieferung verknüpft werden kann. In diesem Zusammenhang wird deutlich, wie wichtig die logistischen Fähigkeiten eines Anbieters sind. Eine Beschaffungsstrategie muß die logistische Kompetenz eines Lieferanten berücksichtigen. Reine Transporteure (Spediteure) werden auf einem durch starken Wettbewerb gekennzeichneten Transportmarkt nur bei eindeutiger Kostenführerschaft bestehen können. Hersteller die Produktmodule beziehen und denen es auf eine Kommissionierung durch den Lieferanten ankommt, werden auf die logistische Kompetenz ihrer Lieferanten achten.

Strategische Erfolgsfaktoren wie Schnelligkeit, Kostenführerschaft und Qualität sollten unmittelbar in jede Beschaffungsstrategie Eingang finden, um eine effiziente Umsetzung des Beschaffungsvorgangs zu bewirken.

Jede Beschaffungsstrategie ist bestimmten Einflußfaktoren unterworfen und konkreten Zielvorstellungen verpflichtet. Zielgrößen können sich beziehen auf Bestände, Produktionsflexibilität, Transparenz, Produktqualität, Lieferservice, Durchlaufzeit, und Eigenfertigungsanteil (Automobilproduktion, 11/88, S. 53).

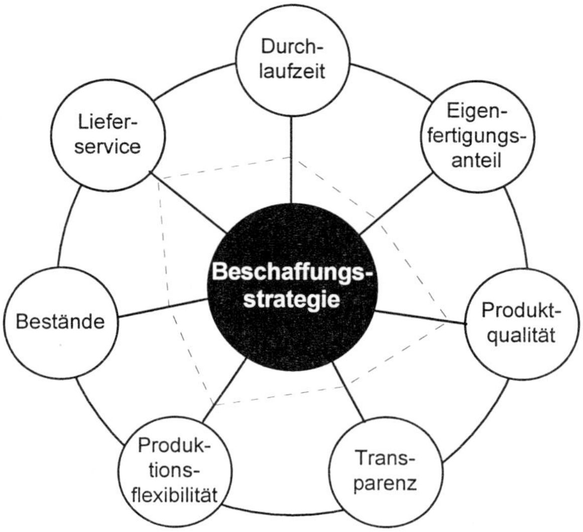

Abb. 13: Zielgrößenbezug der Beschaffungsstrategie (Strategische Umfeldpositionierung)

In Anlehnung an diese Kriterien gestaltet sich die Suche nach optimalen Beschaffungslosen durch die Beschaffungsstrategie. Einflußfaktoren auf die Beschaffungslose bestehen in den Nettobedarfen, Lagerkosten, einer Rabattstaffelung oder den Transportkosten.

Störgrößen die auf einen Auftragsdurchlauf einwirken können sind beispielsweise Veränderungen in der Termintreue oder dem Qualitätsniveau des Lieferanten. Der Hersteller selbst hat eventuell mit Schwierigkeiten der Wareneingangspüfung, der Materialbereitstellung oder der Ausschußrate seiner Produktion, zu tun. Mögliche Abrufänderungen bei den Liefermengen können die Folge sein.

Die strategische Beschaffungsplanung

In Anlehnung an entscheidungsorientierte Ansätze der Betriebswirtschaftslehre erfolgt die Realisierung der strategischen Beschaffungsplanung zur Durchführung des Beschaffungsvorganges gemäß bestimmter Schritte. Rahmenbedingungen und Daten für die beschaffende Unternehmung sind darzustellen und zu analysieren. Die Festlegung strategischer Ziele mit langfristiger Reichweite geht einher mit der Formulierung von Umsetzungsmaßnahmen. Eine Zielrealisierung bedient sich der Sourcing Strategien.

Die strategische Beschaffungsplanung orientiert sich an Daten des wirtschaftlichen Umfeldes. Eine flexible Anpassung an sich verändernde Rahmendaten ist wünschenswert. Von der Änderungsstruktur der Rahmenbedingungen hängt es ab, ob eine gewählte Sourcing Strategie ihre Berechtigung behält oder neu formuliert werden muß.
Um zu einer Bewertung der eigenen Unternehmensposition in der Frage einer Festlegung der Beschaffungsstrategie zu kommen, müssen zuvor die Problemfelder für die beschaffende Unternehmung analysiert werden. Als aktuelle Problemfelder für eine beschaffende Unternehmung in der Automobilindustrie ergeben sich beispielsweise eine geringe Kunden- und Kostenorientierung bei Neuplanungsumfängen. Lange Entwicklungszeiten, geringe Flexibilität und lange Lieferzeiten sind auf Lieferanten wie auf der Hersteller Seite zu beobachten. Hinzu kommt eine hohe Lieferantenzahl, hervorgerufen durch eine hohe Teilevielfalt und Spezifikation. Die Lieferantenspezialisierung kann sich in höheren Einkaufspreisen niederschlagen (Aufbau von Oligopolen).

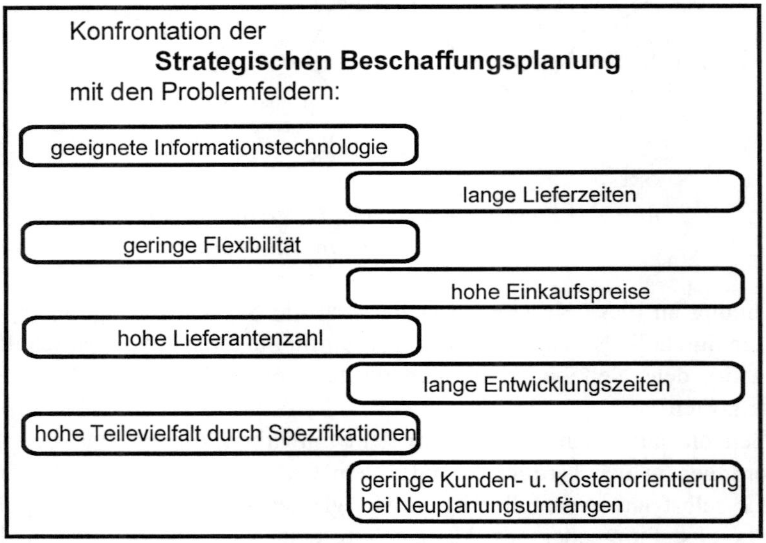

Abb. 14: Problemfelder der strategischen Beschaffungsplanung

Die Positionsanalyse des eigenen Unternehmens in Beschaffungsfragen bezieht sich vornehmlich auf drei Sachverhalte (vgl. Stark 1980, S.82 ff). Erstens kann eine Stärken-/Schwächenanalyse der Beschaffungssituation, insbesondere der Versorgungssicherheit, durchgeführt werden. Eine Bewertung des Beschaffungsmarktes kann sich daran anschließen. Die Untersuchung des Kräfteverhältnisses zwischen Unternehmung und Marktwettbewerber schließlich führt zu einer Festlegung notwendiger Aktivitäten. Auf einer derartigen Positionsbestimmung der Unternehmung läßt sich eine geeignete Beschaffungsstrategie aufbauen.

Abgrenzung der Sourcing-Strategien

Sourcing Strategien lassen sich inhaltlich abgrenzen. Die Fremdvergabe von Dienstleistungen wird auch als *Outsourcing* bezeichnet. In diesem Zusammenhang werden Sachverhalte diskutiert, wie Entscheidungen über Ersatz- oder Erweiterungsinvestitionen, die Bewertung von Technologien, oder die Festlegung auf strategische Kerngeschäftsfelder. *Single* und *Global Sourcing* bestehen quasi als extreme Ausprägungen potentiell möglicher Beschaffungsstrategien. Im ersten Fall wird die Anzahl der Beschaffungsquellen gleichsam auf ein Minimum beschränkt. Im zweiten Fall steht die räumliche Distanz des Lieferanten im Mittelpunkt der Beschaffungsstrategie. Das *Modular Sourcing* stellt vornehmlich den Aspekt der Systemkompetenz des Lieferanten in den Vordergund.

Outsourcing:	Bezugsartumstellung von Eigenfertigung auf Fremdfertigung
Insourcing:	Bezugsartumstellung von Fremdfertigung auf Eigenfertigung
Integration:	Nutzung freier Flächen- und Personalkapazitäten durch Lieferanten auf der Werksfläche des Herstellers

	Eigene Wertschöpfungstiefe	Gemeinkosten	Materialkosten
Insourcing	↑	↑	↑↓
Outsourcing	↓	↓	↓↑
Integration	—	↓	—

Abb. 15: Begriffsabgrenzungen im Kontext der Bezugsstrategien

Single Sourcing ist die Konzentration aller Varianten eines Lieferteiles auf einen Lieferanten Vorteilhafterweise hat der Abnehmer nur noch einen Ansprechpartner pro Teil für die Entwicklung, Produktion und Logistik. Je Teil wird prinzipiell nur noch ein Werkzeug benötigt. Die gegenseitige Abhängigkeit von Abnehmer und Lieferanten wird zunehmen.

Vor die Notwendigkeit gestellt, kurzfristig Lieferteile von einem anderen Lieferanten beziehen zu müssen, kann diese Option verbaut sein. Nur schwer kann ein anderer Lieferant in der Kürze der Zeit gefunden werden, der den Qualitätsstandards der beschaffenden Unternehmung entspricht, und zudem preisgünstig anbietet. Eine einmal getroffene Festlegung nach der Single Sourcing Strategie auf einen Lieferanten als Bezugsquelle bedeutet letztendlich, daß erst mittel- bis langfristig eine Ausweitung der als Bezugsquelle in Frage kommenden Lieferanten möglich wird.

Bestandteile globaler Wettbewerbskonzepte von multinationalen Unternehmen (global player) sind die international ausgerichteten Beschaffungsstrategien in Form des *Global Sourcing*. Ziel des Global Sourcing ist zum einen die effiziente Gestaltung der Wertschöpfungskette zur Reduzierung der Beschaffungskosten. Zum anderen wird versucht durch die Nutzung eines internationalen Beschaffungsmarktes eine Erlössteigerung zu erreichen. Das Global Sourcing kann auch der Bearbeitung noch abgeschotteter Märkte für den Vetriebsbereich der beschaffenden Unternehmung dienen, wenn Gegengeschäfte durchgeführt werden. Um Bündelungseffekte ausnutzen zu können, hat beispielsweise Daimler-Benz Beschaffungsbüros (Purchasing Office) eröffnet. Eine Aufgabe der Büros ist es die jeweiligen Beschaffungsmärkte zu erforschen. Auch dienen sie dem inländischen Einkauf des jeweiligen Konzernbereiches als Koordinierungs- und Dienstleistungsfunktion.

Die Global Sourcing Strategie bezieht sich nicht allein auf die räumliche Ausdehnung der Beschaffungsmärkte, sondern muß als Folgestrategie aus den Unternehmensstrategien abgeleitet werden und zu diesen konform sein (zumindest langfristig). Eine Grundlage für Beschaffungsmarktstrategien ist die Analyse des Materialbedarfs und der Bedarfsdeckungsstruktur, um bei Konzernverflechtungen auch Bündelungseffekte erkennen zu können.

Grenzen des Global Sourcing ergeben sich aus den Logistikkosten und den Koordinationskosten (Transaktionskosten) zwischen den Bedarfsorten und den Lieferquellen. Multiple Sourcing und Single Sourcing als Leitfaden einer Beschaffungspolitik stehen dem JIT-Gedanken nicht konträr gegenüber. Eine Teilefamilie kann sowohl von mehreren als auch nur von einem Lieferanten bezogen werden, ohne daß die Belieferungsform davon entscheidend tangiert wäre. Beim Global sourcing hingegen sprechen prinzipiell die weiten Entfernungen, die bei einem weltweiten Beschaffungsvorgang ja grundsätzlich vorliegen, gegen JIT als Anlieferkonzept. Es wäre schlechthin unmöglich aus technischen und vor allem ökonomischen Gründen, Materialtransporte mit hoher Anlieferfrequenz pro Tag über Kontinente hinweg durchzuführen. Die physischen Transportrisiken eines weltweiten Bezuges lassen sich nur schwer quantifizieren, und werden deshalb häufig in den Überlegungen, die zu einer Festlegung der Beschaffungsstrategie führen, hintan gestellt.
Um eine weitgehende Beschaffungssicherheit gewährleisten zu können, bietet es sich grundsätzlich nicht an, Global Sourcing mit Single Sourcing zu verknüpfen. Mit mehr als einer Beschaffungsquelle könnte einem gewissen Ausfallrisiko begegnet werden.

Zusätzlich ist der Aufbau eines Sicherheitsbestandes denkbar, der jedoch nur zu vertretbaren Bestandskosten möglich ist. Die Bestandsreichweite müßte so bemessen sein, um im Bedarfsfall Zeit zur Erschließung neuer Beschaffungsquellen zu haben. Das weltweite Verkehrsaufkommen wächst im Zuge einer verstärkten Umsetzung des Global Sourcing.

Zulieferer haben aufgrund der Global Sourcing Strategie der Hersteller mit der Verlagerung von Produktionsstätten in das Ausland begonnen, meist um dem heimischen Kostenniveau zu entgehen. Insbesondere Low-Tech-Produkte, die weniger lohn-, aber mehr fertigungsintensiv (low cost facilities) sind, werden in europäischen Niedriglohn Ländern wie Spanien, Portugal oder Irland produziert.
Japanische Zulieferer der Automobilindustrie beispielsweise kennen die Tendenzen in Forschung und Entwicklung der Abnehmer auf dem heimischen Markt sehr gut und sind teilweise auf Spezialgebieten besser als die Hersteller selbst (sie entwickeln noch mehr in die Tiefe als die Hersteller). Diese Lieferanten sind frühzeitig und intensiv in die Entwicklung der Hersteller eingebunden.

Eine Voraussetzung für ein leistungsfähiges Global Sourcing ist das Zugrundeliegen eines leistungsmäßig vergleichbaren ausländischen Angebotes mit deutlichem Preisunterschied zum Inlandspreis. Der weltweite Einkauf soll eine Senkung der Einkaufskosten erbringen und die Erschließung neuer Technologien und Produkte ermöglichen. Die Entwicklung bei den Produktentwicklungskosten in der Automobilindustrie führt auch zum Einkauf von Produktentwicklungskapazitäten durch Global Sourcing. Die bei einer globalen Beschaffung zu bedenkenden Logistikkosten entfallen bei einer ausländischen Produktentwicklung weitgehend.

Modular Sourcing bzw. System Sourcing

Um Durchlaufzeiten und den Flächenbedarf bei Automobilherstellern senken zu können, werden beim *Modular Sourcing* bzw. *System Sourcing-Konzept* nicht mehr nur Einzelteile vermehrt fremdbezogen, sondern auch ganze Baugruppen und Komponenten.
Kürzere Produktlebenszyklen, umfangreiche Fertigungsinhalte und eine höhere Produktvielfalt (mehr Varianten in vielen Ausstattungsfarben) führen zu einer neuen Entwicklung in der unternehmensübergreifenden Arbeitsteilung. Die komplexen Auswirkungen der Teilevielfalt auf die Versorgungsprozesse sind zu begrenzen, ohne aber auf die Befriedigung individueller Kundenwünsche verzichten zu müssen. Neben der Standardisierung von Teilen und der Zusammenfassung von Komponenten durch neue Technologien, werden vermehrt modularisierte Funktionseinheiten beschafft.

Die Montage lohnkostenintensiver Baugruppen, wie z.B. Armaturenbretter (Cockpit), Sitzgarnituren, kann durch Modular Sourcing vom Automobilhersteller zum Lieferanten verlagert werden. Der Automobilhersteller montiert dann weniger, aber komplexere Teile. Eine objekt- und prozeßbezogene Arbeitsteilung erfolgt, da nicht mehr nur einfache Einsatzgüter fremdbezogen werden, sondern auch Dienstleistungen wie Montage, Komplettierleistungen, und Kommissionierungsumfänge. Leistungen, wie Forschung und Entwicklung, Einkauf, Disposition, Wareneingang, Bestandsführung, Inventur bis zur Qualitätssicherung werden zunehmend auf die Lieferanten übertragen. Die Lieferantenstruktur ändert sich: Lieferanten können zukünftig in die Kategorien Rohmateriallieferant, Teilelieferant, Lieferant für Komponenten oder Aggregate und Systemlieferant eingeteilt werden. Die Zusammenarbeit erstreckt sich auf Lieferanten der vorgelagerten oder nachgelagerten Wertschöpfungsstufen (vertikale Zusammenarbeit) oder anderer Geschäftsbereiche (diagonale Zusammenarbeit).

Multiple Sourcing bezeichnet die klassische Beschaffung eines Lieferteiles von mehreren Lieferanten. Das *Double Sourcing* hingegen begrenzt die Beschaffung auf zwei Lieferanten. Ein Vorteil daraus ist die Reduzierung der Ansprechpartner bei den Lieferanten, die eine Schnittstellenverringerung durch Reduzierung des Koordinationsaufwands in der Materialdisposition bewirkt.

Durch die konsequente Einführung eines Beschaffungsmarketings kann eine langfristige Absicherung bestehender und die Erschließung neuer Beschaffungsquellen erfolgen.

Methodische Charakterisierung der Beschaffungsstrategien

Die Auswahl einer Sourcing Strategie erfolgt optimal, wenn die Vorgehensweise sich eines systematischen und methodisch fundierten Ablaufs bedient. Jede Art von Sourcing Strategie weist bestimmte Merkmale, eine Mehrstufigkeit und Funktionalität auf. Merkmalsausprägungen, Mehrstufigkeit und Funktionalität einer Sourcing Strategie müssen sich gegenseitig ergänzen, wenn die optimale Auswahl einer geeigneten Sourcing Strategie erreicht werden soll. Dabei wird deutlich, daß der Entschluß zu einer bestimmten Sourcing Strategie keine statische Angelegenheit sein kann, sondern vielmehr von dynamischer Beschaffenheit ist.
Gemeinsames Merkmal aller Sourcing Strategien ist der Bezug zur Wertschöpfungstiefe. Unter dem Kostengesichtspunkt wird die Fertigungstiefe der beschaffenden Unternehmung geprüft. Eine Unternehmung mit geringer eigener Fertigungstiefe wird tendenziell weit mehr Module von außen beziehen als eine Unternehmung mit hoher eigener Wertschöpfungstiefe. Die Langfristigkeit beschaffungspolitischer Entscheidungen ist ein weiteres gemeinsames Merkmal der Sourcing Strategien. Es wird besonders auf dem Sektor der Beschaffung von Maschinen und Anlagen deutlich. Die Langfristigkeit der Sourcing Entscheidung zeigt sich bei der Kapitalbindung und einer langen Nutzungsdauer.
Eine Sourcing Strategie ist generell mit einem strategischen Ziel verknüpft. Die strategische Zielsetzung ist Ausdruck der individuellen unternehmerischen Vorgehensweise und variiert deshalb von Unternehmung zu Unternehmung. Dennoch lassen sich im Zusammenhang mit Sourcing Strategien allgemeingültige strategische

Zielsetzungen ableiten (Stark, 1980), beispielsweise die Sicherung der Beschaffungsmarktposition, des Qualitätsniveaus und der Versorgung.
Die Mehrstufigkeit der Sourcing Strategien ergibt sich aus der unterschiedlichen logistischen Fertigungstiefe von Lieferanten und Hersteller. Eine mehrstufige Beschaffungsstrategie berücksichtigt auch andere Unternehmensziele, z.B. den Absatzmarkt betreffend, und bewegt sich iterativ gemäß einer Schrittfolge. Sourcing Strategien bilden nur einem Bestandteil im Rahmen der Unternehmensstrategie. Strategien der Produktentwicklung, z. B. das Target Costing, stehen im Zusammenhang mit Strategien zur Optimierung der Werkstruktur, der Optimierung der Wertschöpfungstiefe oder im Zusammenhang mit der Optimierung der Lieferantenstruktur. Sourcing Strategien befinden sich auch in einem engen Zusammenhang zu Kooperationsstrategien. Ein Unternehmen das Kooperationsbereitschaft aufweist, und über Konstruktions Know-how und logistisches Know-how verfügt, bietet sich als Lieferant für ein Global oder Single Sourcing an.
Der Aufbau einer partnerschaftlichen Beziehung ist elementar wenn es darum geht, Wettbewerbspositionen zu vertreten. Vertrauen bringt Stetigkeit in die wirtschaftlichen Beziehungen. Eine Sourcing Strategie hat vor diesem Hintergrund zugleich immer den gemeinsamen Interessen von Lieferant und Hersteller zu dienen. Die Komplexität der Beschaffungsumfänge und die logistische Standortkonzeption des Herstellers erlauben eine modellhafte Vorgehensweise. Die Weiterentwicklung einer Beschaffungsstrategie muß sich nicht zwangsläufig in dieser Schrittfolge bewegen, sondern sie dient vielmehr als Orientierungsmaßstab: Die Belieferung erfolgt zuerst durch nationale und regionale Zulieferer, die möglichst in Nähe des Abnehmers liegen. In Frage kommen dafür als Sourcing Strategien gleichermaßen das Single -, Modular -, Multiple - oder Double Sourcing, wenn keine entscheidende Lieferantenabhängigkeit vorliegt. Die Beschaffung über ein Lieferantenlager zur produktionsnahen Versorgung des Herstellers erfolgt vorzugsweise über das Multiple- und Double Sourcing, um durch die Lieferantenvielzahl eine Kapazitätsauslastung des gemeinsamen Lagers zu erreichen. Bei einer Kommissionierung von bestimmten Teilesortimenten in Produktionsreihenfolge, bietet sich vornehmlich ein Modular Sourcing an, da es hier vor allem auf die Systemkompetenz des Lieferanten ankommt. Das Global Sourcing kann schließlich auch durch externe Logistikdienstleister („Logistics integraters“) erfolgen. Voraussetzung dafür ist allerdings eine weltweite Infrastruktur für den Informationstransfer und Materialfluß.

Funktionalität kennzeichnet gleichsam die operative Arbeitsebene der Beschaffungsstrategie. Eignungsgrad und die Anpassungsfähigkeit der Sourcing Parameter an sich ändernde Rahmenbedingungen sind darunter zu verstehen. Funktionalität stellt den Zusammenhang zwischen Rahmenbedingungen und den Stellgrößen einer Beschaffungsstrategie her. Eine funktionale Beschaffungsstrategie orientiert sich beispielsweise an Planungsbedingungen, wie dem vorgegebenen Investitionsrahmen oder der Beschaffenheit der Planungssysteme und der ausführenden Feinplanung. Andere Rahmenbedingungen einer Beschaffungsstrategie liegen beispielsweise in den Bereichen Qualitäts- und Fertigungsprogrammpolitik, Produktlinienpolitik, Innovationspotential und Marktstellung des Lieferanten. Die Vertragskonditionen, die Dispositionspolitik und die Anbindungsmöglichkeit an ein geeignetes Kommunikationsnetz bestimmen mit über die Einbindungsmöglichkeit einer Beschaffungsstrategie in das Logistikkonzept des Herstellers.

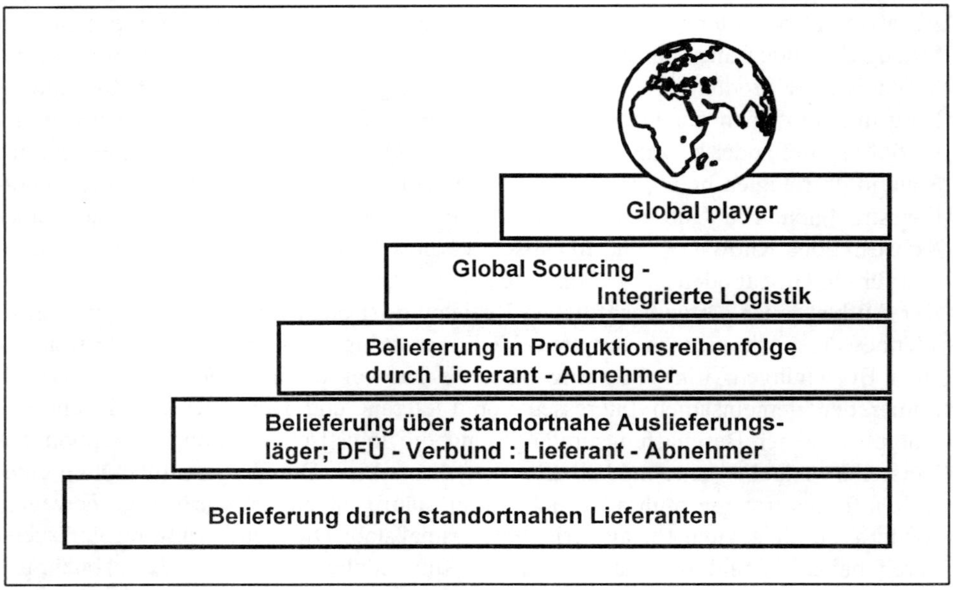

Abb. 16: Mehrstufige Beschaffungsstrategien

Alle Sourcing Strategien sind auf diese Rahmenbedingungen zu untersuchen. Die endgültige Wahl einer bestimmten Sourcing Strategie muß sich daran messen lassen, inwieweit eine umfassende Berücksichtigung der Rahmenbedingungen gelingt und eine effiziente Umsetzung möglich wird.

2.5 Chancen durch Telematik

Belieferungskonzepte und ihre Auswirkung auf den Güterfernverkehr

Grundsätzlich gilt es im Fernverkehr, den Lkw besser zu nutzen. Die herkömmliche Kapazitätsauslastung bei LKWs ist, gemessen in Gewichtsgrößen, bei rund 50 % anzusiedeln. Der Anteil der Leerfahrten kann bei ca. 30 % liegen. Bei Werksverkehren sind Anteile bis zu 50 % zu beobachten (Vgl. Fragen und Antworten rund ums Auto, 9/94, S. 15). Bereits eine Steigerung des Auslastungsgrades von 10 % bewirkt eine Reduzierung der Fahrleistung um 3 bis 5 %. Die Obergrenze des Kapazitätsnutzungsgrades liegt erfahrungsgemäß bei einer achtzigprozentigen Dauerauslastung.

Ein Projekt das sich die Verbesserung der Kapazitätsauslastung zum Ziel gesetzt hatte ist PROMETHEUS. Es steht für PROgramM für ein Europäisches Transportwesen mit Höchster Effizienz und bisher Unerreichter Sicherheit. Grundlage dabei war die Konzeption einer effizienten Kommunikationstechnologie, die über terrestrische und satellitengestützte Funksysteme, in der Lage ist den Standort eines Lkws zu lokalisieren und eine Auftragsübermittlung zur verbesserten Kapazitätsauslastung zu übermitteln. Der Abruf von Informationen, beispielsweise über Tarife, ungenützte Transportkapazitäten oder die Verkehrssituation ist dabei über eine Datenbank jederzeit möglich.

Mit STORM (Stuttgart Transport Operation by Regional Management) wurde ein gemeinschaftliches Verkehrsmanagement Projekt im Stuttgarter Raum begründet, das getragen wurde von Automobilherstellern und regionalen Behörden. Ein Bestandteil des Projektes war z.B. die Abgabe von Fahrtroutenempfehlungen für Gefahrguttransporte. Die Einspeisung von Routenplänen und Daten der Verkehrssituation führt zu einer Mobilkommunikation mit dem jeweiligen LKW. STORM umfaßt (Daimler-Benz High TechReport 3/1995) die Bereitstellung von Reiseinformationen, und ist als individuelles Leitsystem zu verstehen. Dynamische Park & Ride Informationen ergänzen sich mit der Bereitstellung von Verkehrsanschlußinformationen. Eine Kopplung an ein Notrufsystem ist ebenso möglich, wie das generelle Flottenmanagement.

Grundbestandteil eines jeden Flottenmanagements ist die technische Überwachung und Kontrolle (Fragen und Antworten rund ums Auto, 9/94, S.17). Mit dem Flexible Service System (FSS) beispielsweise ist ein System gegeben, das permanent über den technischen Zustand eines Fahrzeugs Auskunft gibt und diesen in einem Bordrechner speichert. Wartungszeiten können damit optimal eingeplant und potentielle Ausfallzeiten vermieden werden. Der LKW bzw. Nutzfahrzeug steht über eine Satellitenverbindung in Kontakt mit der Dispositionszentrale. Die genaue Lage der LKWs, Auftragsänderungen und Routenempfehlungen können quasi on-line gegeben werden. Eine Reduktion von Fahrten läßt sich damit erreichen.

Im Zusammenhang mit einer „Citylogistik“ als der umfassenden Beschreibung aller Transport-, Lager- und Umschlagsvorgänge, in und um eine Stadt, kommt dem Güterfernverkehr die Aufgabe zu, eine interregionale Vernetzung zu fördern. Güterverteilzentren (GVZ) als Umladepunkte für den Fernverkehr haben einen logistischen Nachteil: die direkte logistische Kette vom Lieferant zum Abnehmer wird unterbrochen. Die notwendige räumliche Nähe von GVZ zu Bahn-, Schiff- oder Flugzeuganlieferungsstellen bedingt einen weiteren Ausbau von Stadtrandzonen oder industriellen Ballungsräumen. Verkehrstechnisch führt das zu weiteren Konzentrationen. Eine Voraussetzung für die erfolgreiche Betreibung von GVZ ist die kommunikative Vernetzung von Speditions-und Güterbahnhöfen und Häfen (Vgl. Fragen und Antworten rund ums Auto, 9/94, S.10).

Ein Pendelverkehr im Nahbereich zwischen Außenlagern und dem Werk des Abnehmers tangiert auch den Fernverkehr. Bleibt der Pendelverkehr bestehen, verkürzt sich meist die Fernstrecke um die Distanz im Nahbereich. Umgekehrt gilt die Zunahme der Ferndistanz wenn durch einen Wegfall des Pendelverkehrs in der Nahdistanz, eine Direktanlieferung um die Nahdistanz verlängert wird.
Die Erfassung der Emissionsbelastung ist im Güternahverkehr im Gegensatz zu dem Güterfernverkehr umfassender möglich. Generell ist in der geführten Diskussion um eine CO_2 Reduzierung ist zu beachten, daß nur ein Teil des weltweit vorhandenen CO_2 Bestandes durch den Menschen überhaupt beeinflußbar ist. Der Güterstraßenverkehr, speziell der Güterfernverkehr kann dann nicht hauptsächlich für die Zunahme von CO_2 verantwortlich gemacht werden. Für die zukünftige Entwicklung ergeben sich eine Reihe von Schlußfolgerungen.

Einige Ausgangsthesen zum Verkehr - der LKW als logistischer Einsatzfaktor

Ein Szenario läßt eine weitere Zunahme des Verkehrs wahrscheinlich erscheinen. Finanzierungsprobleme beim Ausbau der Verkehrswege werden durch eine private Finanzierung (Road Pricing) begrenzbar bleiben. Versuche, den Straßenverkehr einzudämmen werden über höhere Steuern, höhere Kraftstoffpreise, und bauliche Maßnahmen (z. B. Fahrbahnverengungen) unternommen werden.
Nur an den Schnittstellen zwischen den Verkehrsträgern ist, im Interesse des Systemgedankens, an eine Quersubventionierung der unterschiedlichen Verkehrsträger zu denken.
Aus Sicht eines „modal split" ist die Verbilligung der Bahnpreise, ohne gleichzeitige Verteuerung des Straßenfernverkehrs wünschenswert. Eine preisliche Kompensation im Bereich eines Verkehrsträgers auf Kosten des anderen würde zu einer Stagnation im Ausbau des kombinierten Verkehrs führen. Zwischen den Produktionswerken eines Herstellers stehen nicht genug Bahnnetzkapazitäten hinsichtlich Verlademöglichkeiten oder Frachtvolumen zur Verfügung.
Eine künstliche Verknappung von Straßenraum bewirkt ein potentielles Ansteigen der Stauhäufigkeit. Technische Innovationen die Betriebsstoffeinsparungen mit sich bringen, werden bei einem Stau jedoch ad absurdum geführt.

Vor diesem Hintergrund steht der LKW im Güterfernverkehr auch bei einem Masseneinsatz ohne gleichwertige Alternative dar. Im Nahstreckenbereich des Güterverkehrs, also z.B. auf dem Weg vom Güterverteilzentrum zum Empfänger, wird auf den LKW zurückgegriffen. Lediglich im Fernverkehrsbereich des Güterverkehrs erscheint ein stärkerer Einsatz der Bahn denkbar zu sein. Luft- und Schiffahrtswege sind keine tragfähige Alternativen. Der Luftverkehr ist für größere Transportumfänge ökonomisch zu teurer und ökologisch unvertretbar. Der Schiffsverkehr hingegen ist zu langsam und die Erschließung und Nutzung des Verkehrsweges bleibt eingeschränkt. Der weitere Ausbau von Binnenschiffahrtswegen ist aus ökologischen Gründen nicht ratsam.

Im kombinierten Verkehr kann deshalb ein Lösungsansatz für die Bewältigung des zunehmenden Gütervolumens liegen. Voraussetzungen für einen effizienten LKW Güterfernverkehr liegen in der Etablierung eines Verkehrsmanagementsystems das Auskunft geben kann über optimale Fahrtrouten zu einem ganz bestimmten Zeitpunkt. Aus der Anwendung der Telekommunikations-Technik und der Informatik heraus trägt die Telematik zum Ziel einer Realisierung optimaler Verkehrsorganisationsformen bei.
Die Ausstattung der LKW im Güterfernverkehr mit elektronischer Abstands- und Fahrspurregelung ist wünschenswert. Elektronische Begleitpapiere, die jederzeit im Verlauf eines Transportes abgerufen werden können, erleichtern die Disposition des Fernverkehrs. Zusätzlich ist die permanente Funkverbindung mit einer Leitzentrale mittels Bündelfunk oder D-Netz eine unerläßliche kommunikative Einrichtung. Die Einrichtung eines Datennetzes sieht u. a. ergänzende Informationen über die Verkehrssituation in den Bereichen des Straßen-, Bahn- und Flugverkehrs vor.

In bestimmten Nischenfunktionen sind alternative Verkehrsträger sinnvoll, aber immer in Kombination mit dem LKW. Dieser ist jedoch als Transportmittel den Anforderungen gemäß zu konzipieren. Ein Ziel dabei ist das weitgehend emmissionsfreie und geräuschlose Gefährt mit großen Zulademöglichkeiten. Für seinen Betrieb sollte es über ein unter ökologischen und ökonomischen Aspekten optimales Infrastrukturnetzwerk verfügen.
Innovative Produktkonzeptionen von LKWs berücksichtigen eine Veränderung der Fahrzeuggrößen, neue Be- und Entladekonzepte und mobile Kommunikationstechnologien. Beispielsweise ist hier an eine gabelstaplerfreie Entladung (durch Einführung von roll on - roll off Behälterelementen) zu denken. Absenkbare Ladeflächen und modulare Behältersysteme mit Eignung für Gleitschienenregale erhöhen die logistische Systemfähigkeit von LKWs. Wie weit die Telematik in die Produktentwicklung von Nutzfahrzeugen und Bussen eingreift, zeigt die Bedeutung integrierter Fahrzeugelektroniksystemen, die quasi als übergeordnete Steuerungselemete für die Fahrzeugkomponenten fungieren. Diese Produkteinheit dient als Bezugsbasis für die Kopplung des Fahrzeugs in die Transportkette.

Nach unterschiedlichen Schätzungen und Berechnungen geht der Investitionsbedarf für eine flächendeckende Verkehrsleittechnik in der Bundesrepublik Deutschland weit auseinander. Generell sind von den Investitionskosten eines Straßenneubaus ungefähr zwischen ein und zwei Prozent für die Verkehrsleittechnik zu veranschlagen. Definitive Aussagen über den zukünftigen Investitionsbedarf und die tatsächliche Investitionshöhe in den Hard- und Software Bereichen für eine flächendeckende Umsetzung der Telematik lassen sich nicht machen.

Wie eine Verkehrssteuerung in Individualfahrzeugen aussehen könnte, zeigen die Ausgangsüberlegungen von PROMETHEUS. Sicheres Überholen, verbesserte Sichtmöglichkeiten bei Nachtfahrten, oder Reihenfolgefestlegungen bei Kreuzungsverkehr, gehören zu den beabsichtigten Leistungen einer Verkehrssteuerung. Denkbar sind auch die Regelung der Fahrzeugbegegnung bei Kursabweichungen im Gegenverkehr, eine Umgehungslenkung bei Stauquellen oder die Erfassung von Verkehrszeichen. Von diesen visionären Überlegungen zur Steuerung von Fahrzeugen sind erste Komponenten bereits umgesetzt. In der Serienfertigung von Fahrzeugen sind sie jedoch erst ansatzweise berücksichtigt. Die individuelle „Leitung“ gehört dazu.

Das im Rahmen von STORM entwickelte Leitsystem „Dual Mode Route Guidance System“ greift auf digitale Straßenkarten zurück, die auf einer CD-ROM aufgeführt sind. Infrarotsender und der Einsatz von Satellitenkommunikation führt zu einer aktuellen Standortdurchsage für den Autofahrer. Der Fahrer wird aus seinem Radio mit freundlicher, aber unmißverständlicher Stimme aufgefordert Fahrtrichtungen zu ändern oder beizubehalten. Der Fahrer kann sich auf die Verkehrslage konzentrieren und fährt unbelasteter. Als ein unmittelbares Ergebnis von STORM ist diese Neuentwicklung in der Fahrzeugsteuerung zu sehen. Das für den PKW Einsatz konzipierte System APS (Auto Pilot System) von Daimler-Benz versieht den Fahrer mit Informationen zur Erreichung eines Fahrziels. Die Zieleingabe kann durch den Fahrer vor Antritt der Fahrt erfolgen. Die Verantwortung für Fahr- und Verhaltensweisen wird dem Fahrer jedoch nicht abgenommen.
Mit dem aktuellen Auto Pilot System werden für den Fahrer neben den akustischen Zielanweisungen zusätzlich auch optisch auf einem Display Richtung und Entfernung dargestellt. Entscheidendes Element für das APS ist das Global Positioning System (GPS). Mit Hilfe von Satelliten wird eine genaue Positionsbestimmung ermöglicht.
Ein ebenfalls wichtiger Bestandteil ist die CD-ROM, anhand derer eine Fahrzeugortung, Routenberechnung, oder Zielführung überhaupt erst ermöglicht wird, wenn auf die elektronische digitale Straßenkarte zurückgegriffen werden kann. Straßennetzinformationen unterteilen sich nach dem Überland (Autobahnen, Bundesstraßen, Landesstraßen, Kreisstraßen), und den Wirtschaftsräumen bzw. Stadtgebieten (z.B. Wohnstraßen, Nebenstraßen oder Fußgängerzonen).
Verkehrsrelevante Attribute wie Durchfahrtsbeschränkungen, Abbiegevorschriften, oder die Verkehrsführung komplexer Kreuzungen, und Standardattribute bestehend aus der Straßenklassifizierung, oder Ortschaftsnamen, gehören zu den enthaltenen Zusatzmerkmalen. Ortsmittelpunkte, Bahnhöfe, Flughäfen, oder Autobahnraststätten, sind beispielsweise auch enthalten.

Der Datenverbund bestehend aus den Betriebszentralen des öffentlichen Nahverkehrs, dem Parkleitsystem, der Ampelsteuerung, der Verkehrsleitzentrale für die Autobahnen und die Auskunftszentrale des Flughafens wurde von der debis Systemhaus und der Daimler-Benz Aerospace maßgeblich erstellt. Informationen der unterschiedlichsten Bereiche können systemseitig zusammengestellt werden, egal ob es sich um Verkehrsinformationen für den individuellen Autofahrer, das Fahrplan-Auskunftsystem über Verkehrsverbindungen, oder die Verwendung als Notrufsystem für Rettungswagen - die Anwendungsmöglichkeiten sind breit.

Ungeklärte bleibt ob durch Telematik das steigende Verkehrsaufkommen begrenzt werden kann, oder ob es nur der Verwaltung und Erfassung des bestehenden Verkehrs dient?
Die Frage, ob eine Verkehrsreduzierung durch informatorische Steuerung erreicht werden kann, steht im Mittelpunkt des Interesses. Nach einem traditionellen Verständnis mag die informatorische Seite der Logistik vielleicht eine untergeordnete Rolle gespielt haben. Die Anforderungen der heutigen Logistikprozesse erlauben eine solche Sichtweise nicht mehr. Kosteneinsparungsvolumina durch Telematik von bis zu 30 % werden für möglich gehalten (Jünemann,R., Telematik prägt die Logistikstrukturen, Blick durch die Wirtschaft, 15.2.96, S.10). Mit Hilfe der Telematik wird der Umfang der Direktbelieferungen steigen. Auch für die Entsorgungslogistik wird tendenziell ein Zuwachs zu verzeichnen sein.
Die traditionelle Unterscheidung in ausgesprochene Lager-, Transport- und Dispositionsfunktionen wird durch den Anspruch einer ganzheitlichen Logistikbetrachtung zurückgedrängt.

Das weitere Verkehrswachstum, die Optimierung von Logistikketten und Verbesserungen im Rahmen des kombinierten Verkehrs können durch den Einsatz der Telematik besser gehandhabt werden. Chancen ergeben sich aus der Anwendung der Telematik grundsätzlich, dann, wenn die Erfassung von Verkehrsströmen möglich ist und steuernd eingegriffen werden kann. Die Erfassung aktueller Standortpositionen von Fahrzeugen ist als eine Voraussetzung zur Entzerrung von Verkehrsströmen möglich. Die Eröffnung neuer Technologiefelder erlaubt auch eine bessere logistische Prozeßkettenbetrachtung.
Vor allen Dingen lassen sich Belieferungsformen, z.B. „Just-in-Time“ erweitern und vertiefen. Durch Telematik kommt es gleichsam zu einem Prinzip „communication and control just at any place“, das für die Logistik interessante Perspektiven eröffnet. Ein Verkehrsmanagementsystem ist zu etablieren, das Auskunft geben kann über optimale Fahrtrouten zu einem ganz bestimmten Zeitpunkt. In diesem Zusammenhang ist an einen Lösungsansatz für den antizyklischen Verkehr zu denken.

Jedoch stößt der Einsatz der Telematik an gewisse Grenzen. Ein intelligentes Verkehrsleitsystem setzt auch den Willen und das Bedürfnis bei den Verkehrsteilnehmern voraus, sich lenken und leiten zu lassen. Auch müssen die Verkehrsteilnehmer direkt und indirekt die Kostenbelastungen dafür tragen. Kapitalintensive Verkehrsinfrastrukturmaßnahmen werden an einem hohen Standard gemessen. Ein Zurück hinter den Stand der Technik wird es nicht geben können, wenn erste flächendeckende Installationen erfolgt sind. Eine Kompatibilität der verwandten Systeme müßte europaweit gegeben sein. Ansonsten wird der Effekt eines solchen Systems konterkarriert.
Der Datenschutz beim Einsatz eines telematischen Systems muß gewährleistet sein. Der „gläserne“ Autofahrer, der seine Fahrten bei einer Zentralbehörde beantragt und erst nach entsprechender Genehmigung unterwegs sein darf, bleibt hoffentlich auf ein Schreckenszenario beschränkt.

Logistikrelevanter Informationsbedarf

Eine Fülle von Informationen sind im Zusammenhang mit den Frachtvolumina der speditionellen Abwicklung zu verarbeiten. Als Bestandteil des Informationspools im Rahmen der Telematik kann die Berücksichtigung dieser Daten zur Optimierung logistischer Abläufe beitragen.
Abhol- und Anlieferzeiten, Ab- und Beladestellen, Standzeiten, Liefermengen, Beilademöglichkeiten, Ladungsträgerbeschaffenheit und Füllgrad, und Gefahrgutcharakter beispielsweise gehören zu den Daten die für eine Steuerung der Belieferung notwendig sind.
Eine Erleichterung der Steuerungsvorgänge durch die Telematik würde Vorteile sowohl für den Lieferanten, als auch für den Spediteur mit sich bringen. Eine Betrachtung der Belieferungsformen, z. B. Just-in-Time, läßt einen unterschiedlichen Bezug zum Einsatz der Telematik erkennen. Die Informations- und Leittechnologie zur Verkehrssteuerung ist bei „Just-in-Time" und Werksverkehren vorstellbar. Im Zusammenhang mit „Just-in-Time" drängt sich das Stichwort Stauvermeidung auf. Speziell auf mittleren und langen Distanzen wird eine effizientere Steuerung von Transportvolumina und Lieferfrequenzen möglich sein. Das Ergebnis kann ein steigender Auslastungsgrad und eine optimale Abstimmung der Lieferfrequenzen sein. Eine optimale Routenwahl kann zur Vermeidung von Staus beitragen.
Eine LKW Steuerung per Satellit/Mobilfunk würde vornehmlich bei einer Direktbelieferung über weite Strecken sinnvoll sein. Mit einem Road Pricing würde sich die Frachtkostenerhebung und damit der Abrechnungsvorgang gegenüber dem Kunden über bessere Nachweise, erleichtern. Digitale Straßenkarten schließlich dienen der Orientierung der LKW-Fahrer, speziell bei Stadtfahrten.

Die für eine Außenlagerhaltung, Werks-, Hallen-, oder Verbraucherortlagerung benötigen Informationen, beispielsweise zu den Themenbereichen Lagerplätze, Lademittel, Kapazitätseinteilung, und Abladestellenplanung könnte in eine LKW steuerung eingespeist werden. Eine lagerlose Direktbelieferung oder Direktanlieferung aus einem Lieferantenlager profitiert gleichermaßen aus den Effekten einer Leittechnologie zur Verkehrssteuerung. Für Belieferungsformen, die Kommissionierumfänge einschließen, und den gesamten Belieferungsablauf vom Lieferanten bis zum Verbraucherort des Herstellers umfassen, werden Informationsflüsse notwendig, die speziell die Transportsteuerung betreffen.

Der Güterverkehr wird nach Schätzungen um ca. 10 % reduziert werden können, wenn sich die Verhaltensweisen der Verkehrsteilnehmer nicht ändern. Die Telematik alleine wird eine grundlegene Reduktion des Verkehrsvolumens nicht bewirken.

Wirkungen der Telematik für den Umweltschutz ergeben sich durch weniger Verkehr und eine Vermeidung von Staus. Emissionswirkungen, speziell in Ballungsgebieten, wo durch die erhöhte Verkehrsdichte bereits eine höhere Grundlast existiert, lassen sich reduzieren. Durch die Erfassung der Verkehrsströme wird eine Verkehrssteuerung zur Entzerrung von Stoßzeiten ermöglicht. Auch eine Lärmreduzierung kann durch einen stetigen Verkehrsfluß bewirkt werden. Durch eine LKW Flottensteuerung werden Leerfahrten vermieden und Vollgutfahrten durch bessere Frachtraumnutzung optimiert.

Die verstärkte Nutzung des kombinierten Güterfernverkehrs wird zusätzlich erleichtert. Die Verfügbarkeit weltweiter Datennetze im Rahmen der Kommunikationsvernetzung läßt die Kombination von Informationen beispielsweise über Gefahrguttransporte oder Öko-Bilanzen der verschiedenen Verkehrsträger möglich erscheinen. Speziell Gefahrguttransporte (Umweltschutzhandbuch, Mercedes-Benz AG, 1995) hängen mit einer Fülle von Informationen zusammen. Überprüfungsergebnisse von Transportunterlagen, Fahrern und Transportmitteln wird ebenso festgehalten wie Informationen zur Stärkung des Lärmschutzes. Eine Vermeidung und Verringerung von Lärmemissionen, geht einher mit der Überwachung von Lärmemissionen.
Die Abfall- und Reststoff Entsorgung selbst verursacht eine Datenmenge im Rahmen der Überwachung der Abfallströme, und der Prüfung von Verwertungsmöglichkeiten. Sortenreine Sammlung am Anfallort, Bereitstellung, Festlegung des Entsorgungsweges, oder die Durchführung interner und externer Transporte machen eine umfangreiche Nachweisführung und Dokumentation notwendig. Für jeglichen LKW Transport wäre eine on-line Übermittlung dieser Datenmenge an die zuständigen Stellen beim Lieferanten, Hersteller oder Entsorger, von Vorteil.

Im Straßengüternahverkehr wird die Anzahl von Fahrten jedoch nur unwesentlich gesenkt werden können. Neue Montagekonzepte sind zu berücksichtigen, die z.B. sequentielle Modulanlieferungen umfassen. Im Bereich des Werksnahverkehrs erscheint eine nachhaltige Reduktion auch nur bedingt möglich zu sein. Die nicht immer optimale Lage der Bahnhöfe grenzen darüberhinaus das Wirkungsfeld des kombinierten Verkehrs Bahn/LKW ein. Grundsätzlich bieten sich Verlagerungsmöglichkeiten von der Straße auf die Schiene vornehmlich im Bereich des Straßengüterfernverkehrs an; der Telematik kommt hier deshalb eine große Bedeutung zu. Eine umfassende Verkehrsentlastung im Nah- und Fernbereich wird trotz aller Maßnahmen zur Verkehrsbegrenzung und Fahrtenreduzierung nicht erreicht werden können. Es bleibt zu wünschen, daß eine Verkehrsreduzierung mit einer nachhaltigen Verkehrsleitung und Lenkung gelingen wird.

3. Bestandspolitik

Verbrauchssteuerung versus Bedarfssteuerung

Welche Möglichkeiten der Bedarfsermittlung gibt es in der Praxis? Wie wird der Materialbedarf ermittelt, was ist Dokumentationsgrundlage und wie wird der Bedarf in Materialbestellungen umgesetzt? Die Klärung dieser Fragen steht am Anfang einer jeden Bestandspolitik.

Eine deterministische Bedarfsermittlung, auch analytische Bedarfsermittlung genannt, geht aus von der Auflösung der technischen Dokumentation, d. h. von der Stücklistenauflösung. Die Einzelteile (aus der Stückliste) werden mit der geplanten Produktionszahl in der Zeiteinheit multipliziert und ergeben so den exakten Teilebedarf. Hierzu ist grundsätzlich noch der Sonderbedarf zu addieren für Ersatzteile, Ausschuß (Eingangs-, Arbeits- bzw. Montageausschuß) und Fehlmengen (Abmangel, Verlust, Diebstahl, usw.).

Die stochastische Bedarfsermittlung beruht auf der Wahrscheinlichkeitstheorie. Von Merkmalsverteilungen ausgehend, kann über Stichproben auf die Merkmalsverteilung einer Gesamtheit geschlossen werden. In der Praxis wird aufgrund des Materialverbrauchs der Bedarf für die Zukunft ermittelt. Dies führt aber zu zufallsbedingten Ergebnissen und bringt ein erhebliches Steuerungsproblem bei technischen Änderungen und Einsatzsteuerungen. Im Bereich dokumentationspflichtiger Sicherheitsteile (Produkthaftungsgesetz) ist eine stochastische Bedarfsrechnung äußerst kritisch zu sehen.
Ist ein bestimmter Bedarfsverlauf sehr wahrscheinlich (konstant, trendförmig, usw.), müssen entsprechende mathematische Prognoseverfahren eingesetzt werden.

Bei einem heuristischen Bedarfsermittlungsverfahren werden über iterative Verfahren bzw. konvergente Verfahren optimale Lösungen bestimmt. Der Aufwand ist relativ niedrig im Vergleich zu anderen Bedarfsermittlungsmethoden. Am bekanntesten ist wohl die optimale Losgrößenformel (von Andler, Dissertation, 1929).
Werden Rechner (Computer) eingesetzt, benötigt man nur lineare Programme, z. B. Simplexmethode.

Steuerungsfragen spielen eine zentrale Rolle im Rahmen der Bestandspolitik für alle Versorgungsaufgaben. Unterschieden werden die Formen Verbrauchssteuerung und Bedarfssteuerung, die sich ergänzen und Bestandteil einer dem logistischen Gesamtprozeß verpflichteten Belieferungskonzeption sind.
Eine Verbrauchssteuerung wird vorrangig bei Serien- und Baumusterteilen verwandt. Bei der Menge der pro Arbeitstag umgeschlagenen Materialien in diesem Bereich, kommt einer solchen Steuerung im Sinne einer Bestandsoptimierung große Bedeutung zu. Eine Bedarfssteuerung hingegen kommt eher in Frage bei Sonderausstattungs-Umfängen. Typisches Beispiel dafür ist der Kanban-Abruf: Am Verbraucherort

wird bei leeren Ladungsträgern der Bedarf durch den Bandversorger ausgelöst. Kanban ist ursprünglich ein japanisches Verfahren, entspricht aber genau dem seit Jahrzehnten bekannten Pendelkartensystem (Verwendung beispielsweise von Lagerpendelkarten oder Losgrößenpendelkarten). Dieses Verfahren war schon 1935 bekannt und in Anwendung. Der besondere Vorteil liegt in der dezentralen Bestellauslösung. Der Identifikationsbeleg ist am Behälter oder Produktteil angebracht. Über den Beleg bzw. Datenträger wird die Bestellung ausgelöst. Dabei kommt das 2-Behältersystem, d. h. ein Vorrats- und ein Entnahmebehälter, zum Einsatz. Bei einer synchronen Übereinstimmung der Anlieferfrequenz mit dem Verbrauchsverhalten kann dieses Bestellabrufverfahren mit geringsten Materialbeständen auskommen.

Bedarfsermittlung mit Fuzzy Set*

Seit längerer Zeit wird für Vorgänge der Prozeßsteuerung das traditionelle Fuzzy Control eingesetzt. Mit entsprechenden Fuzzy Applikationen können nun auch im betriebwirtschaftlichen Bereich, z. B. Bereiche der strategischen Planung der Beschaffung und Lagerhaltung sowie der Produktionsplanung und -steuerung (PPS), Fuzzy Set Tools eingesetzt werden.

Jeder Lösungsansatz im Bereich innovativer Logistik hat als Grundlage den gesamten Geschäftsprozeß im Sinne einer durchgängigen Denkhaltung. Im Vordergrund steht dabei die Integration von Informations- und Materialfluß mit dem Ziel einer möglichst absoluten Prozeßsicherheit. Fokussiert man Strategien bezüglich der Steuerungsebene auf die Reihenfolgeplanung, so können die vorliegenden Betriebsaufträge sowohl nach mathematischen (deterministisch oder stochastisch) als auch heuristischen Methoden durch die Fertigungspipeline geschleust werden. Beide Ansätze sind jedoch in ihrem Instrumentalcharakter relativ zur Zeitachse: Über einen längeren Zeitraum betrachtet, ist das heuristische Verfahren ein geeignetes Instrument, da insbesondere der Aufwand bei Reihenfolgeänderungen weitaus geringer ist als bei mathematischen Verfahren. Mit Heuristiken gelingt es, unter Verschiebung einer begrenzten Anzahl von Aufträgen der neuen Reihenfolgeplanung gerecht zu werden, während mathematische Verfahren ein gänzliche Neurechnung erfordern, um wieder ein optimale Lösung jedoch das Optimum bei gegebenen Restriktionen, während Heuristiken nur eine Annäherung dieses Optimums aufzeigen.

Aus diesem Spannungsfeld der beiden Verfahren resultiert die Idee, Heuristiken mit mathematischen Methoden zu beschreiben, die jedoch den Unschärfen von Entscheidungen Rechnung tragen, so daß bei Veränderung der Ausgangslage keine gänzliche Neuberechnung notwendig wird.
Die Fuzzy Set Theorie bietet sich dazu an, weil sie diese Parameterveränderungen mit Hilfe eines „Spielraumes“ abdeckt, so daß eine Veränderung nicht automatisch zu einer Nivellierung der gesamten Reihenfolge führt.

* Fuzzy Logic, Neuronale Netze nach Kuhn, Joachim (siehe Literaturverzeichnis)

Neuronale Netze - Unterstützungsmittel für Bedarfserrechnung

Es geht hierbei darum, durch die Methode neuronaler Netze im Sinne einer Regelanpassung unterstützende Maßnahmen für Verknüpfungen zu ermöglichen. Nach dieser empirischen Absicherung der Regelbasis erfolgt im nächsten Schritt die Echtanwendung (Implementation) der Fuzzy-Regeln, wobei man jedoch eine stochastische Kontrolle der Ergebnisse durchführen sollte. Dadurch wird dem Menschen als letztendliche Instanz für die Festlegung der Reihenfolge Rechnung getragen.

Insgesamt bieten Fuzzy Systeme ein interessantes Einsatzspektrum auf dem Gebiet der PPS. Allerdings existieren auch Einschränkungen, die eine Anwendung der Fuzzy Set Theorie erschweren. Eine wesentliche Restriktion liegt in der Bereitstellung einer empirischen Datenbasis, um sowohl die fuzzifizierten Daten als auch deren Verknüpfung durch Regeln zu verifizieren, so daß eine fundierte auf eine ausreichende Zahl von Erkenntnissen aufbauende Wissensdatenbank nur in seltenen Fällen verfügbar ist. Insbesondere bei der Abbildung der linguistischen Variablen in die verschiedenen Terme sowie der Auswahl des Operators als Verknüpfung für die Regeln sind noch sehr große Ermessensspielräume vorhanden. Diese haben unter Umständen auch Einfluß auf das Regelergebnis. Trotz dieser Interpretationsmöglichkeiten birgt Fuzzy Set Theorie ein hohes Potential zur Verbesserung der Entscheidungsqualität in sich, die in Zukunft an Bedeutung gewinnen wird.

Die Berechenbarkeit der Steuerungskonzepte hängt entscheidend von der Konsequenz ab mit der eine einmal festgelegte Auftragsreihenfolge in der Montage (Stichwort „Perlenkette“) eingehalten wird.

Zusätzlich zu den internen Einflußgrößen auf die Bestandspolitik sind externe Rahmenbedingungen zu beachten. Das Konkurrenzverhalten im Rahmen der Globalisierung weist einige Eigenheiten auf: Produkte mit unterschiedlichen Preisen, oder Qualitäten werden von Marktwettbewerbern angeboten, die zusätzlich in einem Strukturwettbewerb untereinander stehen. Überlagert wird dieser Konkurrenzdruck durch Prestige und Premium Aspekte der Produktmarken und Unternehmen, die sich schließlich auch noch in einem Wettbewerb der Produktionsstandorte befinden.

Eine Auftragsvergabe, z. B. von Fahrzeugcockpitumfängen an Systemlieferanten (first tier supplier) ist im Rahmen eines Konzeptwettbewerbs (supplier assessment center) wahrscheinlich.

Produktänderungen als Einflußgrößen auf die Bestandspolitik sind Gegenstand des Änderungsmanagements. Bei konstruktiven Festlegungen in Form von Zeichnungen, Stücklisten, Material-, Maß- und Qualitätsvorschriften, Normen und Standards, wird es immer zu Veränderungen und Verbesserungen kommen. Zusätzlich treten Weiter-, Neuentwicklungen und Adaptionen auf. Für diese kontinuierlichen Entwicklungen gibt es das organisatorische, informatorische und technische Ordnungsprinzip für eine

Problemlösung. In Machbarkeitsstudien (feasibility study) wird der Spielraum abgesteckt. Verursacher für das Änderungsmanagement sind die Kundenwünsche, technische und technologische Weiterentwicklungen und sich ändernde Gesetze und Vorschriften (z.B. Umweltgesetze und Sicherheitsvorschriften). Als Beurteilungsmaßstab für ein Änderungsmanagement fungieren die Bearbeitungszeit, Auswirkungen auf Garantie- und Kulanzkosten bei Rückholaktionen und die Handhabung der Produktvariantenvielfalt.

3.1 Bestandsmanagement bei Just-in-Time, Kaizen- und Industriepark-Projekten

Aspekte des Bestandsmanagements

Eine Reduzierung der Kapitalbindungskosten bei gleichzeitiger Versorgungssicherheit gehört zu den Hauptzielen eines Materialbestandsmanagements. Generell ist es die Zielsetzung von Logistikkonzepten die Schwankungsbreite des Materialbestandes einzugrenzen. Erreicht wird damit eine Stärkung der Finanzliquidität des gesamten Unternehmens.

Bei einer großen Variantenvielfalt ist das Bestandsmanagement komplexer Natur. Eine Reduktion der Variantenzahl, die zur Realisierung von Logistikkostenpotentialen beitragen würde, liegt in erster Linie im Verantwortungsbereich des Entwicklungsbereiches und des Vertriebs (d. h. Kundenwünsche und Sonderausführungen) und kann von der Logistik nur bedingt beeinflußt werden.
Am sichersten kann eine große Variantenvielfalt über eine JIT-Steuerung beherrscht werden, unter gleichzeitiger Berücksichtigung von Versorgungssicherheit und Bestandskostenreduzierung. Als Grundsatz muß aber unbedingt gelten, daß die Variantenerzeugung, der sog. Variantensprung, zum letztmöglichen Zeitpunkt erzeugt wird. Eine Rahmenbedingung würde jedoch auch andere Belieferungsformen zulassen: die Bestandshöhe bei häufigen Verbauteilen (Schnelläufern) und seltenen Verbauteilen (Exoten) kann auf eine, ab dem Einplanungszeitpunkt unumstößliche Produktionsreihenfolge („Perlenkette") im Montageablauf aufbauen.

Die Qualitätssicherung, mit der Formulierung von Qualitätsstandards zur Erreichung eines hohen Qualitätsgrades, ist integraler Teil des Bestandmanagements. Bei der Vermeidung von Ausschuß, der durch Beschädigungen oder Konstruktionsfehler hervorgerufen wird, kann es tendenziell zu einer Verringerung der Bestände kommen. Durch eine Erreichung des Null-Fehler Qualitätszieles, besteht in letzter Konsequenz keine Notwendigkeit einen Ersatzbestand für Qualitätsfehler vorzuhalten. Ein Notpuffer für Schnelläufer mit geringer Bestandshöhe für Schnelläufer hat jedoch seine Daseinsberechtigung, denn ein idealtypischer Zustand ohne Störungen ist zwar erstrebenswert, doch nicht immer erreichbar und somit auch nicht zu garantieren.

Der Bestandssicherheit in bezug auf Transportrisiken und unvorhergesehenen Mehrbedarf aus Produktionsumstellungen, kommt ein großer Stellenwert zu, denn bei allem Bemühen um eine Reduzierung der Bestände darf die Versorgungssicherheit der Produktion nicht gefährdet werden. Ausfallkosten und Produktionsstillstand würden die realisierten Einsparungen auf der Bestandsseite überkompensieren.
In der Entscheidungshierarchie bleibt die störungsfreie Produktion (Versorgungs-/Prozeßsicherheit) stets über der Bestandsreduzierung.

Die Bestandsverantwortung liegt sowohl beim Hersteller, als auch beim Lieferanten und Frachtführer (Spediteur). Der Vorwurf, Hersteller würden ihre Bestände bei JIT-Steuerungen auf Kosten ihrer Lieferanten optimieren, ist pauschal nicht gerechtfertigt. Verringerte Bestände und damit einhergehend geringere Kapitalbindungskosten kommen bei einer partnerschaftlichen Beziehung auch dem Lieferanten im Sinne einer Erfolgsbeteiligung zugute. Tendenziell sollte es deshalb ein gemeinsames Anliegen von Lieferant und Hersteller sein, die Bestandsreichweiten in der logistischen Kette zu verringern. Eine Reduzierung der Bestände hat zugleich auch eine erzieherische Komponente. Fehler, Fehlerursachen und Instabilitäten in den Logistikabläufen treten unmittelbarer und offener zu Tage. Lösungsansätze können dann zur Behebung der Fehlerursachen eindeutiger angesetzt werden. Die Transparenz für alle Prozess-Schritte ist die wohl wichtigste Voraussetzung für Fehlerbeseitigung.

Sukzessives Vorgehen in der Bestandsreduzierung ist notwendig, um die Versorgungssicherheit der Produktion zu gewährleisten. Bei einem stufenlosen Übergang bestünde die Gefahr nicht rechtzeitiger Ablaufumstellungen mit der Folge von Lieferengpässen und Produktionsstörungen.
Eine Reduzierung der Bestände vollzieht sich sinnvollerweise in folgenden Schritten: Zuerst werden Lieferzyklen bestimmt und damit zusammenhängend eine Losgrößen-Optimierung vorgenommen. Danach erfolgt das Zurückfahren der Sicherheitsbestände mit zeitlicher Verzögerung (time-lag). Speziell in einer Anlaufphase von neuen Produktreihen ist ein solches Verhalten wichtig. Schließlich können nach dem Erreichen eines stabilen Belieferungsniveaus die Sicherheitsbestände zurückgenommen werden, bei gleichzeitigem Aufbau eines minimalen Notpuffers. Dieser sorgt in Fällen von Falschlieferungen, Qualitätsmängeln oder Beschädigungen für eine kurzzeitige Sicherheit. Aufgrund der geringen Bestandshöhe des Notpuffers kann dadurch jedoch der Ausfall einer kompletten Lieferung nicht abgefangen werden.

Vorhalten von Notpufferbeständen

Störungen haben unterschiedliche Ursachen, auf die jeweils im einzelnen ein Notpuffer nicht ausgerichtet sein kann. Ein Notpuffer ersetzt in keinem Fall eine Komplettlieferung, wenn ein Lieferant aufgrund technischer Probleme den Gesamtlieferumfang nicht fertigstellen kann. Der Notpuffer soll bei Störungen eine kurzfristige Bedarfsdeckung gewährleisten oder auch nur eine Notlösung darstellen. Die Frage dabei ist, bei welcher Bestandshöhe hört der Notpuffer auf, und wann beginnt eine normale

Bestandsbevorratung, die nicht mehr als Notbestand, sondern als zu hohe Bestandshöhe klassifiziert werden kann. Die Notpufferoptimierung als Bestandsoptimierung versucht auf diese Frage eine Antwort zu geben: Eine Reduzierung der Variantenzahl bei Serienausstattungsteilen oder eine Variantenerzeugung zum spätest möglichen Zeitpunkt, d.h. im Moment des Pufferabgriffs, trägt dazu bei, den Notpufferbedarf zu verringern. Auch eine erhöhte Bestückung der Ladungsträger, soweit das unter Berücksichtigung von Sicherheitsfragen bei der Be- und Entladung möglich ist, hilft den Bestand zu minimieren. Bei Stapelfähigkeit, ausreichender Raumhöhe und Zugänglichkeit kann die Stellfläche für Ladungsträger begrenzt werden. Eine zügige Nachlieferung in Abhängigkeit von der Anlieferfrequenz und Belieferungsdauer, und das Ausschließen von Möglichkeiten zu Nachmontagen, verhindern von vornherein eine Erhöhung des Notpuffers.

Bei der Festlegung der Bestandshöhe ist die Wiederbeschaffungszeit und die technische Änderungsanfälligkeit des Teiles zu berücksichtigen. Die Wiederbeschaffungszeit ist diejenige Zeit, die benötigt wird, um Ersatz zu besorgen für ein aus dem Ladungsträger entnommenes bzw. eingebautes Teil. Die durchschnittliche Anzahl der für einen Einbau entnommenen Teile pro Zeiteinheit, und ein kleiner Bestand je Variante können bei der Bestandsfestlegung beachtet werden. Bei Schnellläufer-Teilen bietet sich eine entsprechende Anhebung des Bestandes an. Zu vermeiden ist eine Unterschreitung der Mindestbestände, da sie bereits von vornherein in sehr engen Bestandsreichweiten kalkuliert wurden. Durch die Verwendung von Beständen aus einem Zwischenlager läßt sich eine Verkürzung der Wiederbeschaffungszeit erreichen. Der Notpuffer bedarf einer Bestandskontrolle, die bei Entnahmen unverzüglich eine Nachbestellung auslöst.

Mit einer Reduzierung von Materialbeständen geht ein anderes aber doch komplementäres Bestandsgrößenmanagement einher: der Ladungsträgerbestand und der Logistikflächenbedarf müssen an die Erfordernisse der Materialbestandsentwicklung angepaßt werden. Ein Mehrbedarf auf Seiten des Lieferanten und Herstellers ist zu vermeiden. Einschränkungen können jedoch auftreten, wenn z.B. eine hohe Belieferungsfrequenz über eine weite Distanz einen größeren Ladungsträgerbestand für den Lieferanten erforderlich macht oder der Produktionsprozeß des Lieferanten größere Ladungsträgerbestände absorbiert.

Auswirkungen von JIT auf die Bestandsentwicklung

Einsparpotentiale in den logistischen Abläufen können als wahrscheinlich angenommen werden, wenn hohe Materialbestände bestehen, ein ungeplanter, häufiger Materialumschlag zu beobachten ist, und lange Informationswege mit unübersichtlichen und sich überschneidenden Kommunikationsstrukturen vorliegen. Durch eine JIT-Belieferung können diese Potentiale realisiert werden, denn fertigungssynchrone Belieferungsformen tragen dazu bei, Puffer und Lager zu vermeiden. Die logistische

Durchlaufzeit kann in dem Maße reduziert werden, in dem der Anteil vor allem der produktionssynchron gesteuerten Teileumfänge steigt.

Die Bestandsreichweitenentwicklung von Fertigungsmaterial weist über ein ganzes Jahr verteilt, gewisse Charakteristika auf: Im ersten Quartal des Jahres ist ein Absinken der Monatswerte unter den Jahresdurchschnittswert zu beobachten, dann erfolgt ein Anstieg im zweiten Quartal. Im dritten Quartal wird mit den Monaten Juli, August ein Höhepunkt erreicht, um dann im vierten Quartal, im Oktober und November, auf einen Tiefpunkt abzusinken.

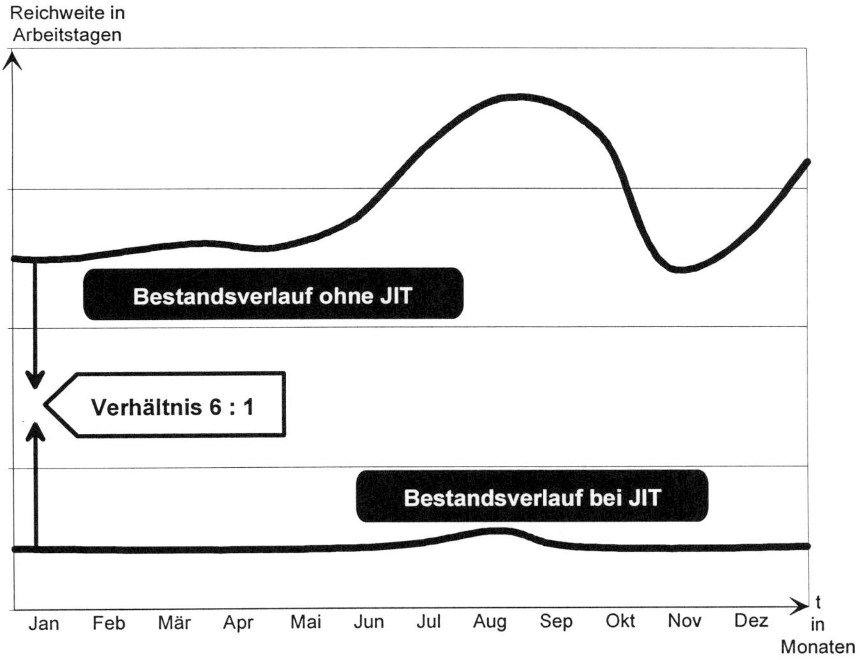

Abb. 17: Bestandsentwicklung im Jahresverlauf - Gegensteuerung durch JIT

Mehrere Gründe können für diese Entwicklung verantwortlich sein. Beispielsweise werden vertriebsbedingte Bedarfsprognosen nicht erfüllt und es kommt deshalb zu Überbeständen. Liegen Abnahmeverpflichtungen gegenüber Lieferanten vor, die nach einer Kurzarbeit im Werk des Herstellers erfüllt werden müssen, erhöht sich der vorhandene Materialbestand. Erhöhte Materialvorläufe treten bei Anläufen von neuen Produkttypen und Modellpflege auf. Eine Vorausdisposition für den Jahreswechsel um den Auslauf eines Produkttypes sicherzustellen, läßt den Bestand ebenso ansteigen, wie eine Materialbedarfsdeckung für nachzurüstende Umfänge. Die Bestandsbevorratung für die Ferienzeit darf ebenso nicht vergessen werden.

Durch eine JIT-Steuerung kann Bestandsschwankungen entgegengewirkt werden. Nicht nur die absolute Bestandshöhe sinkt, sondern auch eine gleichmäßigere Bestandshöhe, ohne extreme Schwankungen über den Jahresverlauf, läßt sich erreichen. Belieferungen ohne JIT Steuerung weisen höhere Materialbestände auf als JIT gesteuerte Bestände: erfahrungsgemäß haben die durch JIT gesteuerten Teilefamilien im Durchschnitt eine Reichweite zwischen 0,2 bis 0,7 Arbeitstagen bei produktionssynchron gesteuerten Teilen und zwischen 1,0 bis 2,5 Arbeitstagen bei tagesgenau gesteuerten Teilen. Alle Fertigungsmaterialien zusammen, die nicht JIT gesteuert werden, weisen im Vergleich dazu einen durchschnittlichen Jahresbestand von 6,5 Arbeitstagen auf. Insgesamt kann durch JIT Steuerung eine durchschnittliche Bestandsreichweitenreduzierung bis zu 70 % erreicht werden. Bei einem derartigen Vergleich ist jedoch zu beachten, daß unterschiedliche Teilefamilien zugrunde gelegt sind.

Eine hundertprozentige Versorgungssicherheit für den Produktionsprozeß läßt sich nicht herstellen. Gründe für Fehlteile sind nicht in einen monokausalen Zusammenhang zu bringen.

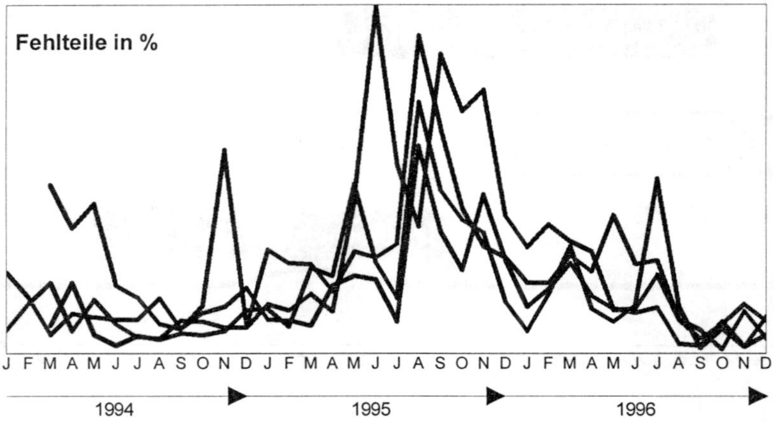

Abb. 18: Fehlteile bei unterschiedlichen Baureihen in der Jahresentwicklung

Im Mai, Juni eines jeden Jahres ist ein Anstieg von Fehlteilen festzustellen. Eine Erklärung dafür sind die im Frühjahr üblichen Produktänderungen als Teil eines Änderungsmanagements, die ein Vorziehen von Produktionsaufträgen durch die Produktion bzw. Montage bewirken. Durch den dann entstehenden Mehrbedarf und Materialverknappung kommt es verstärkt zu Fehlteilen, da der Lieferant zu diesem Zeitpunkt die benötigten Materiallieferungen noch nicht eingeplant hat und auch keine endgültige technische Dokumentation vorliegt.
Nach den Ferienmonaten April, Juli und August steigen die Fehlteile stark an. Durch die nicht synchronisierten Urlaubszeiten bei Lieferant und Hersteller, kommt es zu Umstellungen und Störungen der Produktions- und Montageabläufe. Erst über Lern-

kurveneffekte kann die Zunahme der Fehlteile gegen Ende der Ferienzeit wieder abgebaut werden. Ein nicht harmonisiertes Arbeitszeitverhalten zwischen Lieferant und Hersteller in der Urlaubszeit führt zu unerwünschten Bestandsveränderungen, da der Lieferant für seine Haupturlaubszeit auf einen hohen verfügbaren Lieferbestand hinarbeiten wird, um die Bedarfsmengen und Schwankungen des Herstellers antizipieren zu können.
Der Dezember weist dem gegenüber eine weitgehend geringe Fehlteilentwicklung auf, denn der Inventurmonat veranlaßt zu sorgfältiger Disposition mit möglichst geringen Materialbeständen. Auf der anderen Seite versucht der Lieferant seinerseits Bestände abzubauen. Es kommt zu Überlieferungen, die die Wahrscheinlichkeit von Fehlteilen auf Seiten der Herstellers aufgrund der besseren Verfügbarkeit der Materialbestände, begrenzen.

3.2 Logistikorientierte Produktentwicklung

Die Logistik unterscheidet Lieferantenteile, d.h. Zukaufteile, Teile aus den eigenen Werken des Produktionsverbundes, Halbfertigerzeuge, Komponenten, Module, und Systeme, die allesamt durch die Logistik bewegt werden. Spezifische Anforderungen dieser Produktarten bestehen gegenüber der Logistik auf die diese in Abhängigkeit des gewählten Logistikkonzeptes eingehen kann.

Seit der Ölkrise 1974 ist ein „Down-sizing“ von Produkten bzw. Produktkomponenten feststellbar. Das Bewußtsein von der Begrenzung natürlicher Ressourcen und der endlichen Belastungsfähigkeit der natürlichen Umwelt, führten zu einem allmählichen Umdenken in der Produktentwicklung. Gewichtsreduktionen und Substitutionen bei Werkstoffen führten teilweise zu sperrigen, aber auch leichteren Produktbestandteilen. Größere Systemproduktkomponenten machen jedoch größere Ladungsträger erforderlich mit weniger Inhaltsvolumen. Daraus ergeben sich verstärkt Forderungen an die Entwicklung von Transportfahrzeugen, denn die Anforderungen der zu transportierenden Teile sollten bei der Konstruktion von Transportfahrzeugen berücksichtigt werden. Eine Zusammenarbeit von Spediteuren, Teilelieferanten, Verpackungsherstellern, Fahrzeugherstellern und den Herstellern von Aufbauten, trägt zur Optimierung von Fahrzeugkonzept und Transportmittel erfolgreich bei.

3.2.1 Systeme und Systembildung

Die Produktwelt wurde aufgrund zunehmender Variantenvielfalt und Qualitätsanforderungen immer komplexer. Dem standen jedoch die Erfordernisse eines „Lean managements“ im organisatorischen Aufbau- und Ablauf gegenüber, das neue Produktionskonzepte erforderlich machte. Die „Modularisierung“ auf der Produktebene scheint hier einen Ausweg aufzuzeigen. Die organisatorische Entsprechung findet sich in dem Konzept der „fraktalen Fabrik“ wieder (Warneke). Demnach sind kleine, weitgehend autonome, organisatorische Einheiten notwendig, die jedoch keine zwangsläufige Spezialisierung nach sich ziehen müssen. Geschlossene Subsysteme erleichtern die Überschaubarkeit. Ein Schwerpunkt liegt auf der Überschaubarkeit von Aktivitäten als organisatorischer Einheit für alle prozeßbeteiligten Mitarbeiter und Führungskräfte. Die Kaizen Planungsmethodik sieht ebenfalls in der Überschaubarkeit als Leitungs-Prinzip einen organisatorischen Anknüpfungspunkt. Vertreter eines neuronalen Denkens und der Kombinatorik sehen gerade in vernetzten Strukturen eine Chance zur organisatorischen Handhabung komplexer Produktsysteme.

Diese Vorstellungen kommen auch zum Ausdruck in einer veränderten Produktdokumentation. Ausgehend von der Teileebene, aufsteigend über Sonderausführungen und Teilecodes kommt es zu einer Baumusterebene als grundlegener Teilestückliste. Der Aufbau der Teilestückliste erfolgt damit nach einem bottom-up Prinzip. Der grundlegene Gedanke dabei ist alle Teile in einem Baukastensystem zu entwickeln. Die Einheitlichkeit der Produktdokumentation über alle Produktreihen hinweg ist das erklärte Ziel. Eine alternative Produktdokumentation erfolgt gerade in umgekehrter Richtung nach einem top-down Ansatz. Von der Baumusterebene absteigend wird die Teiledokumentation auf die Teileebene heruntergebrochen, speziell nach allen Baureihen getrennt. Erstmalige und neue Kundenwünsche werden berücksichtigt.
Ein Kunde wird zum „Referenzkunden“, wenn die von ihm gewählten Teile erstmalig in der Gesamtheit aller bekannten Kundenwünsche auftreten. Eine Erfüllung von Sonderwünschen erfolgt im Sonderbau. Das dort realisierte Prinzip ist das der „Manufaktur“. Diese Form der Produktionsplanung und Produktherstellung ist nicht mit dem homogenen Produkt in der Serienherstellung zu verwechseln.

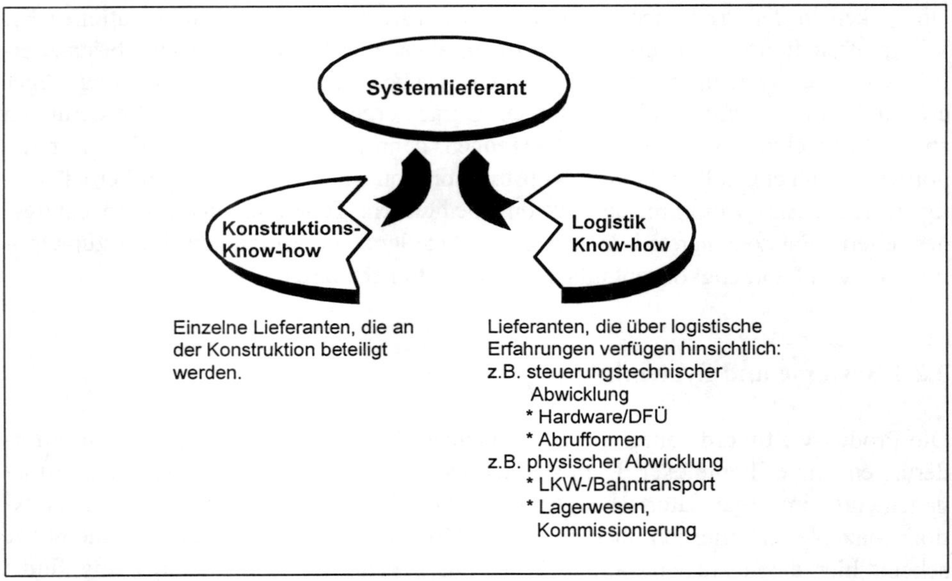

Abb. 19: Systemlieferant

Welche Fähigkeiten weisen einen Lieferanten als Systemlieferanten (first tier supplier) aus? Im Rahmen einer Lieferantenförderung versuchen Expertenteams des Herstellers einen Lieferanten auf seine Fähigkeiten einzuschätzen. Ein Systemlieferant ersten Ranges ist derjenige Lieferant, der zum Zeitpunkt der Beschaffungsentscheidung ein definiertes Teil-, Leistungs- und Lieferungsspektrum bewältigen kann, das den Anforderungen des Herstellers gerecht wird.

Ein „first tier" Lieferant erfüllt idealerweise Voraussetzungen als Modullieferant und Entwicklungspartner. Der Entwicklungsbereich steht jedoch vor der Notwendigkeit Module zu entwickeln, die auch logistischen Abläufen gerecht werden. Planungsaufgaben sollen dadurch erleichtert werden. Ob das Plattformkonzept als Ergebnis der Modularisierung oder eigener Ansatz zu werten ist bleibt dahingestellt.

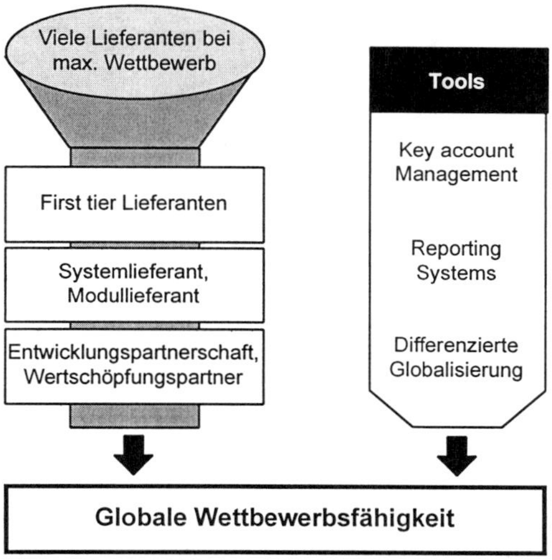

Abb. 20: Der Kontext für Systemlieferanten

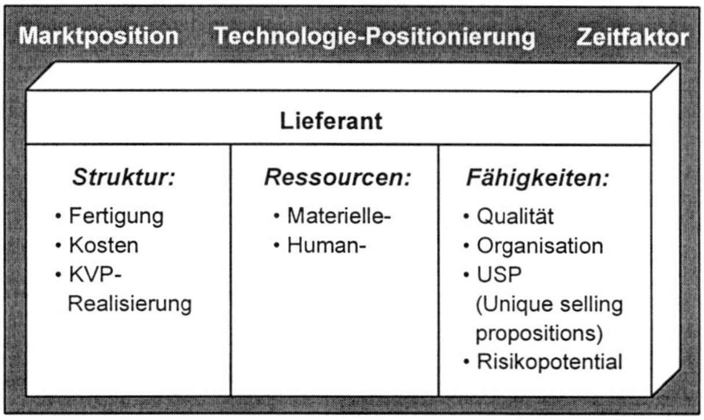

Abb. 21: Anforderungen an potentielle Systemlieferanten

3.2.2 Prozeßkettenoptimierung

Eine Weiterentwicklung von Managementansätzen auf Basis der Prozeßebene ist zu beobachten: vom Reverse Engineering, Segmentierung, lernenden Fabrik, hin zur fraktalen, modularen Fabrikstruktur, reichen die Vorstellungen.

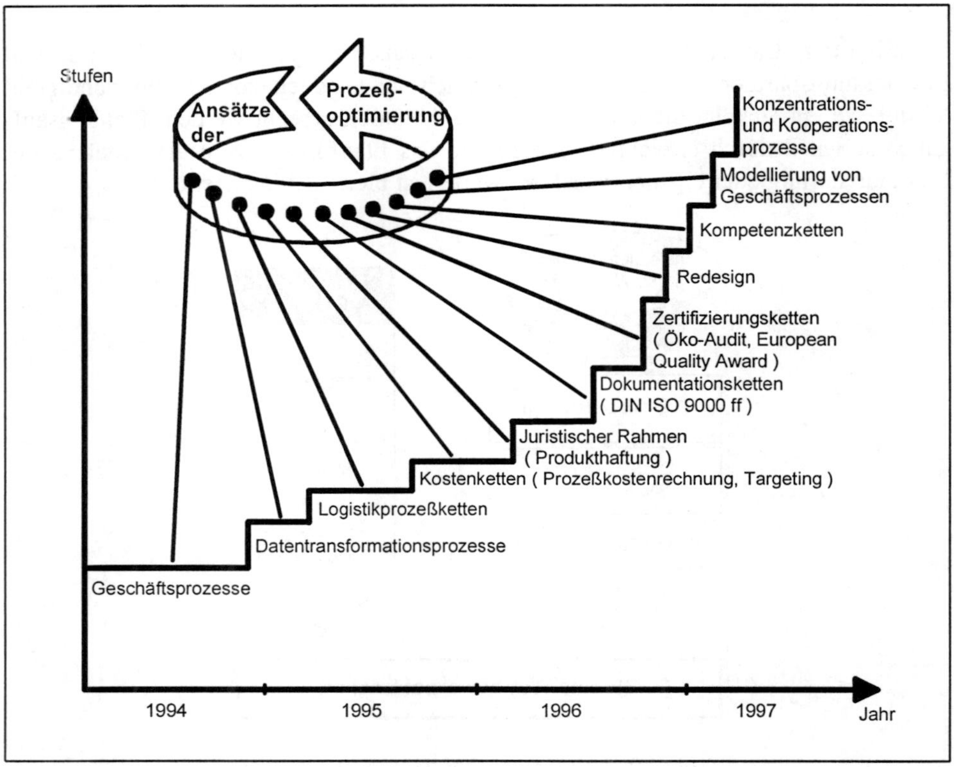

Abb. 22: Ansätze der Prozeßoptimierung

Ein Prozeßkostenmanagement in der Logistik verspricht Rentabilität, denn ca. 20 % der Herstellkosten eines Teils sind vom Hersteller gegenüber dem Lieferanten beeinflußbar. Die Kosten des Herstellers fallen u.a. an für die logistischen Abläufe, wie Handling, Transport, Kommissionierung, Verkehrskonzepte zur Bewältigung des inner- und außerbetrieblichen Verkehrsaufkommens, oder für den Unterhalt von Datenverbundnetzen.

In Zusammenarbeit zwischen Hersteller und seinen Lieferanten kann nach Wegen gesucht werden, wie sich eine staplerarme oder sogar staplerfreie logistische Anbindung aufbauen läßt. Die Suche nach der direktesten logistischen Verbindung, ohne Zwischenlager, Materialzwischenpuffer oder zeitraubende Stops in der Belieferungs-

form steht dabei idealerweise im Mittelpunkt der Überlegungen. Der Gedanke einer weitgehend gabelstaplerfreien Fabrik beruht auf der idealen Berücksichtigung unterschiedlicher Prozeßebenen. Eine Reihe von Rahmenbedingungen müssen zuvor erfüllt sein, wenn weitgehend auf den Einsatz von Staplern verzichtet werden soll. Zum einen ist die eingeschossige Bauweise von Montagebauten zu nennen, die einen Verzicht auf Stapler erleichtert. Aber auch die Anordnung der Fertigungslinien vereinfacht merklich die Materialversorgungsfahrten an die Verbauorte, wenn nur eine Produktreihe pro Fertigungslinie montiert wird.
Das Materialbereitstellungskonzept stellt Anforderungen an den Handlingsablauf am Verbauort. Die Bereitstellung von Material kann direkt am Band erfolgen, wenn mehr als der Bedarf pro Schicht als Bestand vorhanden ist. Die Bereitstellung im 2-Behälter-Prinzip und eine Materialpuffer-Bildung in Verbraucherortnähe sind wahrscheinlich im Falle eines Ladungsträgerinhaltes der kleiner gleich eines Schichtbedarfes ist. Die physische Handhabbarkeit des Materials für den Fließbandversorger hat immer an erster Stelle zu stehen. Zumutbare Arbeitsbedingungen müssen gegeben sein, die sich auf die Ladungsträger- und Lademitteleignung beziehen: möglichst geringes Gewicht, ergonomische Abmessungen und eine leichte Stapelfähigkeit gehören zu den wichtigen Kriterien die eine Bandversorgung erleichtern.
Eine prozeßorientierte Ladungsträgerentwicklung achtet auf einfache, kostengünstige und ökologisch vertretbare Konzepte. Ladungsträger sind möglichst für einen Produktreihen übergreifenden Einsatz zu konzipieren. Nur so kann ein hoher Nutzungsgrad erreicht werden, der aufwendige Investitionen rechtfertigt. Der Trend von einem Universalladungsträger zu Spezialladungsträgern entspricht nicht einer innovativen Entwicklung. Ebenso ist die Verlagerung von kleinen Ladungsträgern zu großen Ladungsträgern, die vornehmlich bei sperrigen und empfindlichen Teilen eingesetzt werden, zu vermeiden. Innovativ zu nennen wären hingegen eine Mehrfachverwendung, der modulare Aufbau, eine erhöhte Packungsdichte, eine beschädigungsfreie Be- und Entladung der Ladungsträger, eine ergonomisch günstige Ladungsträgerbeschaffenheit und die grundsätzliche Rollbarkeit der Ladungsträger und die Recycling-Eigenschaft.

Beispielsweise der Einsatz von Lastwagen mit Wechselaufbau ermöglicht über das mitgeführte Umschlaggeschirr die Verwendung für den kombinierten Verkehr. Das Gütervolumen kann über eine Be- und Entladung der Behälter vom LKW auf den Waggon gut gehandhabt werden, wenn auf eine Kompatibilität der Systeme geachtet wird. Der Einsatz von Containern, die sich für eine Straßen-Schienen Abbindung besonders eignen, ist wünschenswert. Das Container-Konzept erlaubt eine Bereitstellung der Container am Verbauort. Hohe Wirtschaftlichkeit ist gegeben, wenn Teilesätze zusammengesetzt werden, die eine optimale Nutzung des Transportvolumens ermöglichen. Hinzu kommt ein geringerer Handlingsaufwand.

Die Be- und Entladung in einer staplerlosen Fabrik wird durch Rollenteppiche, Hubeinrichtungen und Rolltore erleichtert. Eine Materialversorgung mit Trailern erscheint erst im Zusammenhang mit anderen Betriebsmitteln sinnvoll. Nur wenn

Transportabläufe transparent und einfach strukturiert sind, wird es gelingen unnötige Haltepunkte im Materialfluß zu vermeiden, und von einem zeitintensiven Umladen und Umpacken Abstand zu nehmen. Auf eine staplerlose Fabrik abgestimmte Entladetechniken lassen sich effizient nutzen, wenn Belastungsspitzen durch Fahrpläne und Zeitfenstersteuerung entzerrt werden. Wenn auch nicht ganz auf den Einsatz von Gabelstaplern verzichtet werden kann, so lassen sich doch alternative Gabelstaplernutzungen prüfen. Ein Leasing der Geräte vom Hersteller, also eine Nutzung statt eines Kaufes kann beispielsweise möglich sein. Möglichkeiten einer Langzeitmiete sind ebenfalls zu prüfen und nach wirtschaftlichen Gesichtspunkten zu entscheiden. Bei kapitalintensiver Fördertechnik, wie sie beispielsweise bei Andockvorrichtungen an Montagebauten benötigt wird, erleichtert die begrenzte Anzahl der Spediteure die Belieferung. An die Ausstattung der Lieferanten mit entsprechender Transporttechnologie werden hohe Anforderungen gestellt.

Das Ersatzteilmanagement ist auch als Teil einer Bestandspolitik zu verstehen. Daraus ergeben sich eine Reihe von beachtenswerten Punkten, wie beispielsweise die Bedarfsplanung für Ersatzteile, die sich aus den Anforderungen des Produktlebens (life cycle) ergibt. Zu berücksichtigen sind Ersatzteilverträge mit Lieferanten, die Art der Lagersysteme (ein- oder mehrstufig), der Bestandsführungssysteme, der Bestandskontrolle und der informatorischen Bedarfsübermittlung. Die Rücknahme von Ersatzteilen, die Beschaffenheit der Ersatzteiltypen, Möglichkeiten der Preisgestaltung, und Vertriebskonzepte für Ersatzteile sind ebenfalls zu einem Ersatzteilmanagement zu rechnen.

3.3 Qualitätssicherung

Bestandteil aller strategischen Logistikansätze ist eine permanente Qualitätssicherung und Qualitätsverbesserung. Somit wird die Qualitätssicherung integraler Bestandteil aller Logistikmaßnahmen in einem absolut dynamischen Sinne. Es lassen sich eine Reihe von konkreten Maßnahmen anführen, wie die bereits sehr weit verbreitete DIN ISO 9000 ff., Bemühungen um eine Ökoauditierung, das Total-Customer-Satisfaction Konzept und konkrete Maßnahmen im methodischen Bereich.

Unterschiedliche Managementansätze haben auf die Inhalte der Qualitätssicherung und ihre Implementierung im Bereich der Logistik eingewirkt (vgl. Abbildung Entwicklung logistikrelevanter Managementansätze).
Die Qualitätssicherung durchlief ebenfalls verschiedene Entwicklungsstufen (vgl. Handbuch der Logistik), die jedoch in den letzten Jahren wesentlich umfassender, intensiver und schneller in ihrer Umsetzung geworden sind. Begriffe wie Qualität, Güte und Zuverlässigkeit werden hier im Sinne der Deutschen Gesellschaft für Qualität (DGQ) verstanden. Damit die Qualitätssicherung Bestandteil einer Logistikmaßnahme sein kann, sind bestimmte Grundsätze zuvor zu erfüllen: Die Qualitätssicherung ist Teil der Unternehmenspolitik und deshalb werden Verhaltensrichtlinien bzw.

die Ausrichtung von der Unternehmensleitung vorgegeben. Möglichkeiten der Qualitätssicherung werden als wichtiger Wettbewerbsfaktor festgeschrieben. Entscheidend ist ebenfalls die Betonung der permanenten Kundenorientierung der Qualitätssicherung.

Ein Ziel der Qualitätssicherung im Rahmen logistischer Umsetzungsmaßnahmen ist, bei Entwicklung, Fertigung und Vertrieb die Kundenorientierung in den Vordergrund zu stellen ohne die materiellen, personellen und finanziellen Ressourcen des Unternehmens zu überfordern. Es darf keinen Zweifel geben, daß die Beurteilung über die Qualität eines Produktes durch den Kunden vorgenommen wird. Die Qualitätssicherung im Logistikbereich wird damit zur Aufgabe eines jeden Mitarbeiters. Diesen Anspruch in alle Arbeitsabläufe zu integrieren erfordert ein enges Zusammenwirken aller Funktionsbereiche und Projektstrukturen eines Unternehmens. Die Integrationsaufgabe umfaßt dabei alle Maßnahmen zur Erhaltung eines definierten Qualitätsstandards im Sinne einer dynamischen Funktion. Hinzu kommt die Festlegung von Qualitätsabweichungen (interne/externe Fehler) und Fehlerverhütungsmaßnahmen (Qualitätsplanung/Fehleranalyse). Die Optimierung von Qualität und Kosten des Prüfaufwandes und der Prozeßsicherheit stehen im Mittelpunkt. Die Maßnahmen der Qualitätssicherung im Rahmen eines Logistikkonzeptes sind deshalb sowohl funktionell als auch institutionell zu verstehen.
Qualitätssichernde Maßnahmen haben für die unterschiedlichen Anlieferstrategien unterschiedliche Auswirkungen: Qualitätsveränderungen sind am ehesten beherrschbar bei einer entkoppelten Fertigung des Lieferanten, wenn Lieferungen aus einem Produktionslager entnommen werden, und nicht direkt an den Hersteller geliefert werden.. Bei allen anderen Belieferungsformen ist die Empfindlichkeit bei Qualitätsschwankungen so extrem ausgeprägt, daß Abweichungen unzulässig sind oder sofort zu ganz erheblichen Produktionsstörungen führen. Laufende Maßnahmen, wie eine Lieferantenbewertung und Bewertung von Einzelpositionen, sind organisatorisch einzurichten.

Ziel muß es aber unbedingt sein, am Null-Fehler-Prinzip (Zero Defect) festzuhalten. Die Erfahrung zeigt, daß dies noch am ehesten über absolute Selbstkontrolle zu erreichen ist. Um das Null-Fehler-Prinzip zu realisieren, gibt es eine Reihe hervorragender methodischer Ansätze, wobei die wichtigsten im folgendem aufgeführt sind:

- Implementierung von FMEA-Tools in allen Bereichen (Konstruktions-FMEA, Produktions-FMEA, usw.)
- Statistical-Process-Controlling (ein äußerst wirtschaftliches Verfahren)
- Werkstattkreise (quality cycles)
- Juran Quality Improvement
  Grundsatz: Es ist die Gewohnheit, ständige Qualitätsverbesserung zu entwickeln im Sinne von
    - Kundenorientierung statt Vorschriftenhörigkeit
    - Unternehmenserfolg vor Abteilungsdenken
    - Fehlervermeidung vor Fehlerbehebung

- Klare Aufgabentrennung zwischen Führung und Ausführung
- Ausbildung aller Mitarbeiter
- Qualitätsziele nicht nach dem Ist- sondern nach dem Soll-Stand
- Beachten organisatorischer und menschlicher Hindernisse
- Sicherstellen des erreichten verbesserten Qualitätsniveaus

- Taguchi-Philosophie
(Der Ansatz ist als Denkhaltung zu verstehen, mit dem Ziel Qualitätsverluste und Streuungen über die gesamte Prozeßkette zu minimieren.)
- Demings-Reaktionskette
(Hier werden Notwendigkeiten aufgezeigt, sich ständig um die Verbesserung der Produktivität und Erhöhung der Qualität zu bemühen.)

Mit zunehmender Entwicklung, d. h. engerer Anbindung der Lieferanten an den Hersteller, steigt die Bedeutung des Null-Fehler-Ansatzes. Die Zero-Defect Forderung ist unbedingt zu erfüllen bei Just-in-Time, Kanban sowie sequentiellen Logistik-Anlieferstrategien. Es ist nicht mehr möglich bei modernen Anlieferverfahren Zeit bzw. Puffer für eine Nacharbeit einzuplanen, wenn in Bedarfs- bzw. Verbrauchsreihenfolge angeliefert und damit dem Perlenkettenprinzip entsprochen wird. Verbau-, Verbrauchsort und Zeitpunkt sind durch die reihenfolgegerechte Belieferungsform bestimmt und es gibt keine Freiräume mehr für Lieferungen über JIT, Kanban oder Vormontageumfänge aus einem LLZ, Mengen- oder Reihenfolgeänderungen vorzunehmen. Konkret heißt dies, daß unter Umständen von einigen Varianten je ein Teil in einem Notpuffer bereitzuhalten ist, dieser aber in Abhängigkeit von den technischen Änderungen nach dem FIFO-Prinzip auch ständig umgewälzt werden muß.

3.4 Bedeutung der Lagerwirtschaft im integrativen Zusammenhang

Ein Bestandsmanagement führt auch zu Auswirkungen auf den Lagerbereich. Die Bestandsverantwortung und Durchführung von Bestandsanalysen, die über die aktuellen Bestandshöhen Auskunft geben sollen, liegen im Geltungsbereich der Lagerwirtschaft. Durch Lagerrevisionen in Form von Inventuren wird dem Rechnung getragen.
Lieferantenlager auf Werksgelände, also eine Fremdbewirtschaftung werksinterner Flächen, sind eine Möglichkeit frei werdende Flächen des Herstellers zu nutzen. Nach innovativem Logistikverständnis sind Lagerflächen im Werk möglichst zu vermeiden, wenn dem Prinzip einer möglichst umfassenden Direktbelieferung genüge getan werden soll. Gewisse Pufferflächen z.B. auf Wechselbrücken, wenn LKWs komplett mit einer Teilefamlie beladen werden, bleiben jedoch bestehen.
In Zusammenarbeit mit dem Lieferanten und den beteiligten Bereichen der Montage und der Logistikplanung des Herstellers ist zu versuchen eine an vollen Transportmitteln ausgerichtete Bestandsoptimierung zu erreichen. Mit dem Montagebereich müssen Fragen einer wegeoptimierten Materialbereitstellung, der Trennung des Materials in Schnell- und Langsamläufer oder generell das Handling der Bandversorgung geklärt werden.

4. Logistische Standortstrukturkonzepte

„Bey der Auswahl des Orts für eine Fabrike oder Manufactur, hat man vornehmlich darauf zu sehn, daß die Haupt- und Nebenmaterialien, in hinreichender Menge, und in billigen Preisen zu haben sind, daß das Arbeitslohn wohlfeil sey, und daß die Zufuhr der Materialien, und die Abfuhr der Waaren, ohne große Kosten und Gefahr geschehen könne."

Johann Beckmann über Standortfragen 1796, Anleitung zur Technologie, Vandenhoeck und Ruprecht, Göttingen

4.1 Make-or-Buy-Strategien

Make or Buy: Veränderung der Fertigungs-, Entwicklungs- und Dienstleistungstiefe

Was sollte ein Unternehmen selbst fertigen? Von dieser banal anmutenden Frage ist nicht weniger als das Kernstück einer jeden unternehmerischen Tätigkeit betroffen. Für den Kunden erscheint die Antwort klar zu sein: all diejenigen Bestandteile, die er als unternehmens- bzw. markenspezifische Charakteristika sich vorstellt, die den unverwechselbaren und einzigartigen „Premium-Effekt" ausmachen, die dazu beitragen Loyalitäts-Effekt gegenüber einer Marke aufzubauen, sind von den Unternehmen selbst herzustellen.
Die Qualität und Ausprägung der Kernkompetenz einer Unternehmung ist stets mit der Qualität und Kompetenz der Logistikleistung verknüpft. Neben der möglichen Vergabe von Produktionsumfängen stellt sich somit auch die Frage einer Fremdvergabe von Logistikleistungen. Und wenn es dazu kommt, wo sind die Grenzen einer sinnvollen Ausgliederung zu sehen?
In der Diskussion über Einsparpotentiale in der Logistik sind Größenordnungen von zwischen 20 bis 60 % im Gespräch (s. a. Kwijas, Outsourcing mit Strategie, Handelsblatt, S. 25). Hauptgegenstände einer Verlagerung sind die Logistikelemente Beschaffung, Lagerhaltung, Distribution und Informations- und Serviceleistungen. Meistens sollen damit erreicht werden eine Verkürzung der Lieferzeiten, eine verbesserte Kapitalauslastung und eine verstärkte Markttransparenz aber auch Reduzierung unternehmerischen Risikos. Eine Möglichkeit wird in der Gründung von Gemeinschaftsunternehmen mit Logistikdienstleistern gesehen.

Logistische Leistungsumfänge sind neben dem Verbrauchsnutzen für den Endkunden nur auf zwei Gebieten wahrzunehmen: der termingerechten Bereitstellung seines Neuproduktes (z. B. Neufahrzeug) und dem After-Sales Service (z. B. Versorgung mit Ersatzteilen). Bei allen anderen logistischen Leistungen erweist es sich für den Kunden als schwierig, markenspezifische logistische Leistungen wahrzunehmen. In diesem eingeschränkten Zusammenhang könnte man auch von einer „customized logistics" oder „customizing by logistics" sprechen.

Worin bestehen die logistischen Kernkompetenzen? Kernaktivitäten (Kernfelder) lassen sich von disponiblen Aktivitäten (Nicht-Kernaktivitäten oder Nicht-Kernfelder) unterscheiden. Kernfelder bleiben Eigenleistung in der Wertschöpfungskette der Unternehmung. Nicht-Kernfelder können zu einem Outsourcingprozeß führen, beispielsweise in Form der Auftragsvergabe an externe Dienstleister oder einer Verlagerung von logistischen Leistungsinhalten zu Lieferanten.
Nicht-Kernfelder werden beispielsweise überführt in Ausgründungen mit variierender Beteiligung des bisherigen Prozeßeigners.

Steuerungs- und Bestandsfragen, speziell der Produktionslogistik gelten als strategische Elemente und sind daher für die Unternehmensidentität von herausragender Bedeutung. Einzelne Teilelemente lassen sich bei näherer Betrachtung sicherlich nicht unbedingt als Kernkompetenz ausweisen, sondern sind vielmehr Bestandteil eines liebgewordenen Gewohnheitsrechtes. Ziel von Lieferant und Hersteller muß es aber stets sein den Produktionsprozeß entlang der gesamten Wertschöpfungskette (Kern-Geschäftsprozeß) zu optimieren.

Gründe für die Kaufentscheidung von Leistungen („Buy")

Ein wesentliches Buy-Ziel ist die Reduzierung der Produktionslogistikkosten durch eine Verbesserung des Servicegrades. Verbesserungen wären beispielsweise eine Durchlaufzeitenreduzierung die eine erhöhte Transparenz in den Fertigungsabläufen impliziert. Ein anderes Beispiel sind Bestandssenkungen im Lager die sich durch eine zielorientierte Komponentensteuerung erreichen lassen. Eine Verlagerung von Beständen in Folge einer Buy-Entscheidung darf jedoch nicht zu Lasten des Lieferanten gehen, denn im Vordergrund steht auch hier die Optimierung der gesamten logistischen Kette, die den Lieferant ausdrücklich mit einbezieht.
Eine Kaufentscheidung ist vorteilhaft, wenn damit eine Erhöhung der Produktivität verbunden ist. Darüber hinaus läßt sich damit die Nutzung von Lieferanten Know-how erreichen, insbesondere wenn mit einem Lieferanten längerfristige Exklusivverträge bestehen.
Bei einer Buy Entscheidung des Herstellers erfahren die Unternehmenskapazitäten eine effizientere alternative Nutzung. Personal-, Finanz- und Anlagenkapazitäten lassen sich besser an Bedarfsschwankungen der Kernaktivitäten des Herstellers anpassen. Es darf aber nicht übersehen werden, daß die gegenseitigen Abhängigkeiten sich verschieben.

Die Erfahrung zeigt, daß Lerneffekte erzielt werden können, wenn mehrere Hersteller bestimmte Teile gemeinsam von einem Lieferanten beziehen. Da davon auch alle Hersteller als Abnehmer profitieren können, sind hierfür insbesondere wettbewerbsneutrale Teile geeignet, die nicht markenspezifische Eigenschaften aufweisen.

Gründe für die Entscheidung zur Selbsterstellung von Leistungen („Make“)

Die Verringerung der Fertigungstiefe per se ist jedoch kein Patentrezept zur Kostenreduzierung. Es gibt auch gute Gründe für eine stärker differenzierte Eigenfertigung. Als wesentliche Zielsetzungen, die mit der Selbsterstellung von Leistungen verbunden sind, läßt sich z. B. die Vermeidung von Zulieferabhängigkeiten nennen, die sich insbesondere bei außerplanmäßigen Sonderlieferungen negativ auswirken kann. Ziel muß es sein, die Abhängigkeit zu reduzieren, indem den Lieferanten die Folgen eines Fehlteils in der Produktion des Hersteller bewußt gemacht werden. Die Aussicht auf die Übernahme von Folgekosten eines Produktionsstillstandes bzw. von Produktnacharbeiten veranlaßt einen Lieferanten zu Qualitätsleistungen. Durch eine sinnvolle Konzentration auf weniger Lieferanten mit Systemführerschaft, erfolgt eine Reduzierung des Fehlteilrisikos da weniger Ansprechpartner vorhanden sind. Dieses Fehlteilrisiko liegt nun aber beim Systemführer für alle Lieferumfänge der Sublieferanten. Die Einwirkungsmöglichkeiten des Herstellers (= Kunde) reduzieren sich ständig und verflachen sehr schnell. Das Know how über die ganze Lieferantenkette geht verloren. Die veränderten Verantwortlichkeiten sind dabei jedoch zu berücksichtigen, denn eine zu enge Bindung an das Know-how eines Lieferanten schränkt die Marktflexibilität des Herstellers ein. Der Bestand an Kernfähigkeiten kann dadurch gefährdet sein.
Die Unabhängigkeit eines Herstellers vom Beschaffungsmarkt wird aber durch die Notwendigkeiten der Arbeitsteilung grundsätzlich eingeschränkt werden.

Die Intensität der Zusammenarbeit zwischen Entwicklung/Konstruktion und Produktionsvorbereitung/Produktion innerhalb der eigenen Unternehmung nimmt ab, wenn auf den Lieferanten vermehrt Entwicklungs- und Vorbereitungsaufgaben übertragen werden. Die Verantwortung für die Systemintegration eines Teils wird gleichsam auf den Lieferanten übertragen. Die Qualitätssicherung und Teileverantwortung (Produzentenhaftung) bleibt immer beim Hersteller bei einer Eigenerstellung. Direktere Einflußmöglichkeiten auf die Qualität ergeben sich dadurch und die Nutzung eigener Schutzrechte (Patente/Gebrauchsmuster) wird erleichtert. Auch steuerliche Abschreibungsmöglichkeiten von Anlagevermögen begünstigen eine Eigenerstellung. Denn um Abschreibungsmöglichkeiten voll auszuschöpfen zu können, sind getroffene Investitionsentscheidungen nicht kurzfristig aufhebbar.
Weiterhin ist die Zustimmung des Betriebsrates bei aktiven Personalmaßnahmen im Zusammenhang mit der Aufgabe von Leistungsumfängen erforderlich (BetrVG in der Bundesrepublik Deutschland).

Wenn gleich auch nur von nachgeordneter Bedeutung, beeinflußt der erhöhte Koordinationsaufwand von Dokumentations- und Dispositionsaufgaben bei einer Fremdvergabe die Entscheidung für die Eigenerstellung. Wichtig bei der Berücksichtigung möglicher Gründe für oder gegen die Eigenerstellung ist, daß die formulierte Make or Buy Strategie im Einklang mit den Beschaffungsstrategien der Unternehmung steht.

Eine einmal getroffene Make or Buy-Entscheidung sollte aber immer wieder auf den Prüfstand. Je klarer die strategischen Ziele einer Unternehmung beschrieben sind, desto einfacher wird eine Ausrichtung der Fertigungstiefe.

Einflußgrößen auf die „Make or Buy" Entscheidung

Einflußgrößen auf Make or Buy Entscheidungen kommen aus einem unternehmungsinternen und unternehmungsexternen Umfeld. Zu den unternehmungsinternen Einflußgrößen gehören beispielsweise die Beschaffenheit der zur Verfügung stehenden Ressourcen. Die produktionstechnischen Ressourcen z. B. der Automobilhersteller konnten nicht in gleichem Maße wachsen, wie der Zuwachs technischer Inhalte in den Fahrzeugen. Um die vielfältigen Anforderungen des Wettbewerbs bewältigen zu können, ist eine intensive Kooperation mit Lieferanten erforderlich. Für Automobilhersteller wird es daher immer wichtiger auch Planungskapazität und Planungskompetenz auf die Zulieferer zu übertragen. Von verlängerter Werkbank kann nicht mehr die Rede sein. Vielmehr sind die Lieferanten gefordert ein Gesamtsystem zu verkaufen, das Entwicklung (Forschung), Produktionsvorbereitung, Produktion und Logistik (Gesamtpaket Transport, Ladungsträger, Infosysteme, etc.) enthält.
Den Kooperationsgedanken weitergedacht, ist es für Automobilhersteller untereinander vorstellbar, sowohl national als auch international, gemeinsame Entwicklungen und Produktionen hervorzubringen. Dies gilt allerdings nur unter der Voraussetzung, daß diese Kooperationen dem nationalen und internationalen Kartellrecht nicht widersprechen und die Kooperationspartner nicht gegenseitig in die Marktsegmente des anderen eindringen und sich direkte Konkurrenz machen. Schwierig wird eine solche Kooperation aber immer dann, wenn während des Vorhabens die Prozeßbeteiligten wechseln. Dies ist stets die Hauptursache bei Mißerfolg.

Als weiterer Einflußfaktor kann die Verlagerung der Fertigungstiefe auf Lieferanten die Verringerung der Montagezeiten des Herstellers zur Folge haben. Dies wird aber durch neue und komplexere Montageinhalte teilweise kompensiert.
Eine Steigerung der Produktivität ist erreichbar, wenn der Hersteller es schafft mit relativ wenig Personal zu einem späteren Wertschöpfungszeitpunkt Module zusammenzubauen. Der Einkauf modularer Komponenten kommt dem Aufbau einer modularen Fabrik entgegen. Ziel dabei ist die Durchgängigkeit der Modularisierung über die gesamte logistische Kette.
Die Verringerung der Fertigungstiefe bedeutet eine Verlängerung und Intensivierung der Kommunikationswege innerhalb der gesamten logistischen Kette. Es muß daher gelingen die Lieferanten nahtlos durch Infosysteme mit dem Abnehmer, je nach logistischer Notwendigkeit auch on-line, z. B. bei Inneneinbauimpuls gesteuerten Lieferabrufen, zu verbinden. Die Kommunikationsbandbreite erstreckt sich vom Entwicklungsbereich, mit dem Austausch von CAD-Daten, bis hin zur Materialdisposition mit dem Lieferabruf des Materials.

Die strategische Entscheidung über Eigenfertigung oder Fremdbezug erfolgt maßgeblich unter den Einflußfaktoren Qualitätsanforderungen, Produktionsflexibilität, Versorgungssicherheit und Wirtschaftlichkeit.
Einer Make or Buy Entscheidung darf nicht ein kurzfristig erzielbarer Einkaufspreis zugrunde gelegt werden, sondern die Gesamtkosten über die Laufzeit eines Teiles.
Eine Entscheidung für oder gegen eine Eigenfertigung ist interdisziplinär zu treffen. Bereiche wie Vertrieb, Produktion, Logistik, Einkauf, Rechnungswesen etc. sind einzubeziehen. Ein Abstimmungsprozeß geht dem voraus, in den Informationen über die Beschaffungsmarktforschung, Absatzmengen, Produktionsqualitäten, Fertigungsmittel und Fertigungskosten einfließen.
Nicht immer sind Entscheidungen über Eigenfertigung oder Fremdbezug langfristig haltbare Entscheidungen. Die Notwendigkeit von Kapazitätsanpassungen führt kurzfristig auch zu Entscheidungsänderungen.

Als wichtige unternehmensexterne Einflußgrößen für Make or Buy Entscheidungen können auftreten beispielsweise nachhaltige Unterschiede in regionalen, nationalen und internationalen Lohnkosten. Da Lieferanten häufig unterschiedlichen Tarifvertragsgebieten oder anderen Tarifparteien angehören, können sich bei sonst gleichen Voraussetzungen deutliche Unterschiede im Teilepreis durch einen anderen Tarifvertrag ergeben (Skaleneffekte).

Bei der Festlegung auf Systemlieferanten ist auf eine betriebswirtschaftlich angemessene Betriebsgröße und moderaten Gemeinkostenfixblock zu achten. Die ideale Organisation eines Systemlieferanten ist daher produktorientiert aufgebaut und durch eine flache Hierarchiestruktur gekennzeichnet. Auf Anforderungen des Abnehmers kann dann flexibel reagiert werden.

Die angebotenen Innovationen des Beschaffungsmarktes kann eine Unternehmung nutzen um ihre Wettbewerbsfähigkeit zu erhalten. Gleichwohl entstehen zwischen Lieferant und Hersteller wechselseitige Abhängigkeiten.
Durch die Zunahme an Lieferantenverbindungen nimmt gleichzeitig der vertragliche Regelungsbedarf der Parteien zu. Risikofelder, wie Lieferservice und Qualität müssen vertraglich genau beschrieben werden. Insbesondere bei einer Just-In-Time Belieferung hat eine Planung des Logistikablaufes zu erfolgen, die vertraglich mit dem Lieferanten fixiert wird (Ladungsträger, Qualitätssicherung, Haftung, Notstrategien, Logistikkosten als Baustein des Einkaufspreises, Kosten für Informationssysteme, Software-Know-how, Planungs-Know-how, etc.).

Das Outsourcing bringt in jedem Fall auch eine Reihe von Nachteilen mit sich. Günstige Ersatzteilpreise können beispielsweise bei einem Bezug aus den USA erzielt werden, da die Beschaffungsquelle ein Massenmarkt für Automobilzulieferteile ist. Für den „after sales Service“ deutscher Hersteller auf dem amerikanischen Absatzmarkt ergibt sich ein Zeitvorteil in der Versorgung mit Ersatzteilen. Die Versorgungswege vom Ersatzteillieferanten zum Autokunden sind kürzer, als bei einem Bezug von Ersatzteilen deutscher Lieferanten aus Deutschland. Auch fallen dann Währungskurs bedingte Belastungen weg. Diesen Vorteilen stehen Nachteile in Form von Transportrisiken bei einer ausschließlichen Belieferung des deutschen Marktes mit Ersatzteilen amerikanischer oder deutscher Lieferanten aus den USA gegenüber. Je länger die Transportwege, desto höher ist auch die Bestandshöhe, die dadurch gebunden wird. Das Änderungsmanagement des Hersteller kann die notwendige direkte und intensive Zusammenarbeit in Forschung, Entwicklung und Produktion mit einem ausländischen Lieferanten über weite Distanzen nur schwer bewältigen. Je nach Umfang des Transportvolumens kompensieren darüber hinaus die Transportkosten bei der Belieferung des heimischen Ersatzteilmarktes die Kosteneinsparung bei einem Bezug von Ersatzteilen aus dem jeweiligen Exportland.

Die Frage eines „Make or Buy“ von produktiven Wertschöpfungsleistungen, gilt auch für logistische Dienstleistungen. Sie muß permanent gestellt und jedesmal aufs neue beantwortet werden. Nur dann wird es möglich sein, nachhaltig und umfassend auf veränderte Rahmenbedingungen reagieren zu können.
Es sollte zusammenfassend deutlich geworden sein, daß Logistikleistungen selbst erstellt werden sollten, wenn sie einen wichtigen Teil des Kerngeschäftes darstellen und einen Beitrag zur Auslastung der eingesetzten Ressourcen leisten. Eine Eigenerstellung von Logistikleistungen bietet sich auch dann immer an, wenn sie im Kundenkontakt einen elementaren Wettbewerbsfaktor ausmachen und dadurch eine zu große Lieferantenabhängigkeit vermieden werden kann. Besteht hingegen die Gefahr eines Know-how Verlustes, und ist ein immenser Koordinationsaufwand mit der Fremdvergabe verbunden, ist darauf zu verzichten.
Eine Fremderstellung von Logistikleistungen bietet sich immer auch dann an, wenn Schwankungen der Materialmengen vorliegen, Verbesserungen des Lieferservices erreicht werden, niedrigere Lohnkosten durch den Rückgriff auf Beschäftigte günstigerer Tarifgebiete entstehen, und generell Logistikkosten dadurch eingespart werden können. Hohe Opportunitätskosten eines finanziellen Engagements in Logistikleistungen machen den Bezug von Logistikleistungen zwingend. Lassen sich darüber hinaus Synergieeffekte, höhere Flexibilität und Spezialisierungsvorteile erreichen, ist die Fremderstellung von Logistikleistungen sinnvoll.

Interessant im Zusammenhang mit dem Outsourcing ist die Frage eines „Make or Buy“ von Forschung und Entwicklung. Für Unternehmen mit einem hohen Lohnkostenniveau wird gerade das Forschungsniveau als potentieller Wettbewerbsvorteil bezeichnet. BMW beispielsweise hat eine Fertigungstiefe von ca 33 % (o.V., Jeder Modellwechsel eine Entscheidung für den Standort Deutschland, FAZ, 6.3.1996). Das Forschungs- und Entwicklungspotential als Kernfunktion eines Automobilherstellers wird nicht verlagert. In München steht das Forschungs- und Ingenieurzentrum (FIZ), wo mehrere tausend Ingenieure an Entwicklungsaufträgen arbeiten. Zwar gibt es daneben ein Design-Zentrum in Kalifornien, eine Entwicklungsabteilung in Spartanburg und die Rover Entwicklung in England, doch wird von Seiten des Automobilherstellers betont das Hauptentwicklungszentrum wird in München bleiben.

Die Produktpalette von Mercedes-Benz hat nach wie vor im Vergleich zu anderen Automobilherstellern eine hohe eigene Wertschöpfungstiefe (ca. 50%). Nicht nur Verlagerungen stellen einen Rahmen für Kostensenkungen in der Logistik dar. Auch die Prozeßverantwortung innerhalb der bestehenden Fertigungstiefe hat dazugeführt, daß Kostensenkungen realisiert werden konnten. Mercedes-Benz bündelt seine Forschungs- und Entwicklungstätigkeiten räumlich in einem Entwicklungs- und Vorbereitungszentrum (EVZ), wo eine intensivere Zusammenarbeit zwischen Entwicklung, Montage, Einkauf und Zulieferanten erreicht werden soll.
Ein harter Wettbewerb auf dem Weltmarkt hat zu einer kritischen Preisentwicklung geführt. Deshalb ist auch der Flexibilitätsgrad mit dem ein Unternehmen auf Kundenwünsche reagieren und eine für den Kunden zufriedenstellende Belieferung garantieren kann ein entscheidender Standortvorteil, der in Westeuropa sicherlich nicht schlecht ausgeprägt ist. Gleichwohl sind auch an dieser Stelle Verbesserungen permanent notwendig.

4.2 Der Industriepark Ansatz

Entwicklung bis zum Industriepark

Bestimmte logistische Standortstrukturen z. B. das Logistik-Lieferanten-Zentrum begünstigen Just-In-Time (JIT) als Belieferungskonzept: Unmittelbar in Werksnähe erfolgt die Errichtung eines Logistik - Lieferanten Zentrums (LLZ). Darunter wird zunächst einmal ein Lieferantenlager mit fest definiertem Risiko- und Eigentumsübergang verstanden. Mehrere Lieferanten haben Material beim Betreiber des Lagers in Kommission. Das Material wird erst bei der Auslagerung an den Hersteller bezahlt. Als LLZ kann solch ein Lager jedoch erst bezeichnet werden, wenn durch den Betreiber eine logistische Dienstleistung gemäß eines Herstellerabrufes erfolgt. Das LLZ selbst erbringt keine direkte Wertschöpfung.
Aus einem LLZ kann, aufgrund der räumlichen Nähe des Abnehmerwerkes, mittels einer hohen Anlieferfrequenz, eine weitgehend produktionssynchrone Montageversorgung aufgebaut werden, mit der Folge von Bestandskosteneinsparungen und hoher Versorgungssicherheit.

In einer Kurzcharakterisierung stellt sich ein Industieparkkonzept folgendermaßen dar: Eine Segmentierung der Produktionsprozeßstrukturen des Herstellers wird durch die Bildung von Systemen erleichtert. Durch eine Verlagerung von Montageumfängen an Systemlieferanten kommt es zu einer Verschiebung der Kostenstruktur: die Relation von Fixkosten zu variablen Kosten (Teilepreis) ändert sich. Hinzu kommt eine Reduzierung des Anlagevermögens aus Seiten des Automobilherstellers, was auch eine Verringerung der Abhängigkeit vom Auslastungsgrad bedeutet.

Die Prozeßorientierung des Materialflusses und eine ganzheitliche Planung sind dabei Orientierungsmarken. Die Produktorientierung, die sich beispielsweise auch im Hinzufügen des kundenrelevanten Systems zu einem spätest möglichen Zeitpunkt äußert, ist Bestandteil einer Planungsmethodik die die Logistikkette vom Lieferant bis zum Verbauort im Blickfeld behält. In diesem Zusammenhang könnte auch von einer strukturrelevanten Optimierung von logistischen Standortstrukturen gesprochen werden. Speziell für die sequentielle Fertigung wird die Lieferantenansiedlung in Werksnähe betrieben.

Zur Klärung der Begriffe soll folgende Darstellung dienen:

Bezeichnung	Erklärung
Außenlager	Nicht auf Werksgelände liegendes Hersteller-Lager
Werkslager	Auf Werksgelände befindliches, in Eigenbewirtschaftung stehendes Lager
EDL (Externer Dienstleister)	Fremdbewirtschaftung eines Außenlagers mit Hersteller Bestand & Übernahme logistischer Leistungen (Kommissionierung und Transport)
LILA (Lieferantenlager)	Lieferantenlager = Konsignationslager mit fest definiertem Risiko- u. Eigentumsübergang, Bezahlung bei Auslagerung, mehrere Lieferanten haben Material in Kommission beim Betreiber
LLZ (Logistik-Lieferanten-Zentrum)	LILA & logistische Dienstleistung gem. Hersteller Abruf, ohne prod. Wertschöpfung, mehrere Lieferanten in LILA; auch Belieferung nach LIPA
VM (Vormontierer, Vorstufe zum LIPA)	LIPA-Aspirant, externe Vormontage u. log. Dienstleistung (Transport) gem. Hersteller Abruf
LIPA (Logistik-Industriepark)	Mehrere VM an einem Ort, von Disposition, Wertschöpfung u. log. Leistungen gem. MB Abruf in Werksnähe angesiedelter Lieferanten, Eigentumsübergang bei Anlieferung

Abb. 23: Definition der logistischen Standortstrukturen

Die Industrieparkteilnahme eines Lieferanten bedeutet auch eine Art Lieferantenförderung. Entsprechend des Konzentrationsgrades der Auftragsvergabe an einen Systemlieferanten in einem Teilespektrum, steigt auch die gegenseitige Abhängigkeit von Automobilhersteller und Systemlieferant. Zudem kann ein Systemlieferant über Beteiligungen an anderen Systemlieferanten seinen Einfluß auf den Automobilhersteller ausdehnen. Lerneffekte des Lieferanten in der Zusammenarbeit mit dem Hersteller verhelfen ihm zu einer besseren Nutzung seiner komparativen Kostenvorteile. Ein organisatorischer Rückwirkungseffekt tritt damit ein: die ablauforganisatorische Bindung zwischen Hersteller und Lieferant intensiviert sich (Bsp. Becker Group USA, die durch den Kauf von Happich, Türverkleidungen für Automobile mit Tendenz zu kompletten Türsystemen liefert).

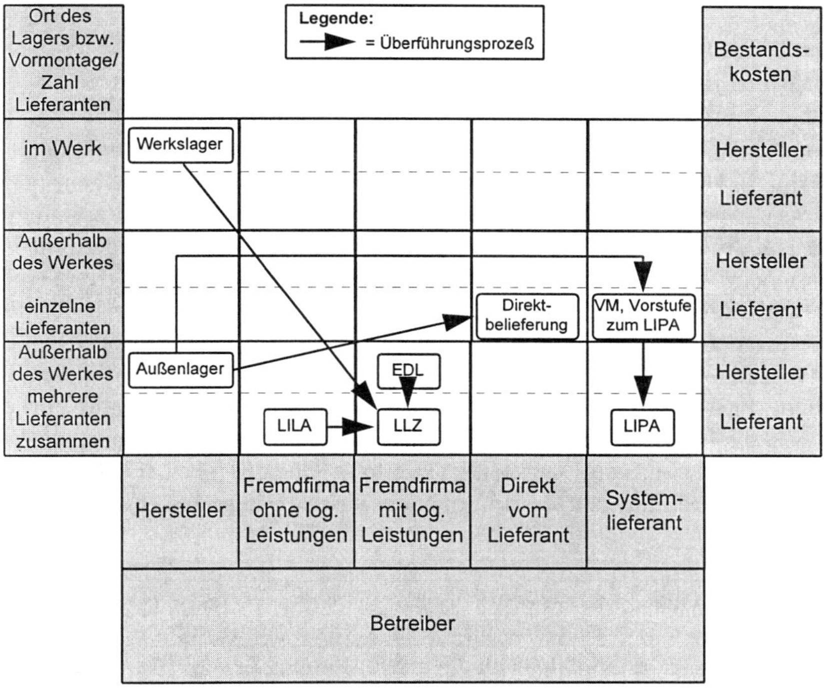

Abb. 24: Vergabe von logistischen Leistungen (Vergabematrix von Lager- und Vormontage-Umfängen)

Zu den Bestandteilen eines Industrieparkkonzeptes gehören die entsprechende Produktstrategie, die Reduzierung der eigenen Fertigungstiefe, verbunden mit einer Komplexitätsreduzierung der alten Produktionsstrukturen des Herstellers. Global und Single Sourcing werden als Beschaffungsprinzip erfaßt und der Einsatz neuer Fertigungstechnologien ist vorgesehen. Die Schaffung neuer Arbeitsplätze, die Entwicklung eines Verkehrskonzeptes für die Industriepark-Region, und das Begründen neuer Geschäftsfelder für Dienstleistungszentren tragen zu einer industriellen Entwicklung bei. Ein offener Informationsaustausch (open book policy), das Streben nach einem Null-Fehler Ziel, und die Klärung von Recyclingfragen tragen zur Begründung einer effizienten Logistikanbindung bei.

Deutlich wird wie Industriepark-Konzepte neben Logistikzielen eine Vielzahl von Verbesserungen für die beteiligten Unternehmen bedeuten können. Aspekte die im Zusammenhang mit einem Industriepark zu beachten sind liegen in dem Bemühen um ein „design leadership", Qualitätsverantwortung, Produkthaftung, Einkaufs- und Verkaufspolitik. Das Spektrum an Service- bzw. Dienstleistungsangeboten für den Industriepark kann beispielhaft aus Bereichen bestehen, wie Personalwesen, Werksärztlichem Dienst, Sicherheitswesen, Feuerwehr, Technischer Service, Fabrikplanung, Werktechnik und Catering bestehen.

4.2.1 Aufgaben, Bedeutung und Definition

Die Entscheidung für einen Industriepark ist eine Entscheidung für eine umfassende Denkhaltung. Hierin liegt die eigentliche Erweiterung bereits seit langem bekannter Konzepte. Es geht somit nicht nur ausschließlich um eine optimale Verbindung zwischen Lieferant und Kunde in geographischer Nähe des Kunden, sondern im Vordergrund steht in einer sehr umfassender Weise als Hauptziel die Verbesserung der Wettbewerbsfähigkeit beider Partner. Ein Beitrag zur Standortsicherung kann damit geleistet werden. Primäres Ziel ist die Optimierung der gesamten Prozeß- und Wertschöpfungsketten und dadurch der absoluten Kosten. Dies endet nicht in der Zweier-Beziehung First-tier Supplier und Hersteller, sondern schließt auch alle Vorlieferanten, sowie alle Logistik-Dienstleister mit ein. Darüber hinaus sind monetär schwer zu bewertende Faktoren, wie Übersichtlichkeit bzw. Geradlinigkeit des Materialflusses und extreme Vereinfachung der Informationsflüsse (Datentransfer) zu berücksichtigen.

Die Realisierung eines Industriepark-Vorhabens bedeutet, daß einzelne höchst flexible Werkseinheiten in Fabriknähe aufgebaut werden. Die Standorte können, bezogen auf die Fabrik (Kunde), in unterschiedlicher Entfernung liegen. Besonders wichtig ist es, daß Fertigungsinhalte und Fertigungsprozesse ein optimales Verhältnis von Kaufpreis zu Wertschöpfung aufweisen und letztendlich auch zu einem zusätzlichem Beschäftigungsvolumen führen. Volkswirtschaftliche, regionalpolitische und Umweltgesichtspunkte haben somit auch eine hohe Relevanz in den Entscheidungsprozessen einer Industriepark-Umsetzung.
Die Industrieparkeinheiten ermöglichen eine prozessichere bestandsoptimale Belieferung mit Modulen, wobei die Herstellung und Anlieferung absolut sequentiell umzusetzen sind. Übliche Planungsprozesse sind in Frage zu stellen, um neue Wege begehen zu können. Organisatorisch wird dies über eine Systempartnerschaft geleistet (vgl. 4.2.2 Vorgehensweise). Da gleichzeitig aus Sicht des Kunden durch die Konzentrierung auf einen Industriepark-Lieferanten eine sehr wesentliche Reduzierung

der Anzahl der Lieferanten erreicht wird, ist es sicher verständlich, daß gleichzeitig der administrative Aufwand im Industriepark steigt. Die in der Regel geringe Entfernung zum Kunden ermöglicht zudem die einfache Umsetzung von Notstrategien und die unmittelbare Umsetzung von Fehlerkorrekturen. Durch eine ständige aktive Optimierung zwischen Lieferant und Hersteller erfolgt auch gleichzeitig ein wechselseitiger Know-how Aufbau.

Der Industriepark Ansatz kann nicht die einzige Lösung für alle Logistikprobleme sein. Die Prüfung und spätere Entscheidung für eine Ansiedlung muß deswegen mit größter Sorgfalt vorgenommen werden und kann sich nicht nur auf technische Fragen bzw. Möglichkeiten beschränken, sondern sollte alle Felder der Interaktionen berücksichtigen. Die zu planende Wertschöpfungskette muß so strukturiert werden, daß möglichst Potentiale angegangen werden, die ein Partner alleine nicht erschließen könnte. Nur wenn es gelingt, solche Potentiale, d. h. zusätzliche Ersparnisse zu erschließen, ist langfristig eine Erfolgsabsicherung gewährleistet. In der Konsequenz heißt das, daß der Industriepark-Partner erkennbaren Gewinn erzielen und das Konzept in seiner ganzheitlichen Ausrichtung langfristig angelegt sein muß. Ein Industrieparkkonzept kann durch die veränderte Denkhaltung einseitige Firmeninteressen und Bereichsegoismen auf beiden Seiten überwinden.

Das Industrieparkkonzept wird ständig auf dem Prüfstand stehen und muß sich aus dieser Überlegung heraus weiterentwickeln können. In einem Spagat zwischen notwendiger radikaler Kostensenkung sowie Standardisierung auf der einen Seite und Variantenerhöhung bei gleichzeitiger Flexibilisierung auf der anderen Seite, wurde das Konzept für Produktion und Belieferung entwickelt. Als Folge der sich sehr schnell verändernden Wettbewerbssituation kann es im Grunde keine dauerhafte isolierte Einzellösungen mehr geben, sondern nur noch ganzheitlich integrierte Konzepte der Zusammenarbeit. Ein solches neues strategisches Konzept stellt das umfassende Industrieparkkonzept dar. Die aus dem Wettbewerb heraus stark dynamisierte Qualitätsfunktion sowie die unveränderte Produktionsreihenfolge (Perlenkette) sind in ihrer Umsetzung nur möglich über eine absolute Prozeßsicherheit. Weitere Einflußfaktoren wie kürzere Modellzykluszeiten, schnelleres Innovationstempo, häufigere technischere Neuerungen/Änderungen und ein Gleichverhalten im Bereich des Umweltschutzes sind über den ganzheitlichen Ansatz Industriepark zwischen Lieferant und Hersteller besser und schneller zu realisieren.

Chronologische Entwicklung der Logistikkonzepte	Auswirkungen					
	vorrangige Zielkriterien	*Lerneffekte*	*Planungs-ansatz*	*Verkehrsbe- und -entlastung*	*Produktionsprozeß Lieferant/Hersteller*	*Belieferungs-rythmus*
Direktbelieferung	Versorgungs-sicherheit	Belieferungs-risiken	Hersteller-orientiert	Verkehrs-belastung	entkoppelt	periodisch
Lagerhaltung	Versorgungs-sicherheit	Lagerwirtschaft	Hersteller-orientiert	Verkehrs-entlastung	entkoppelt	periodisch
Just-in-time	Bestands-optimierung	Steuerung (Hersteller)	Hersteller-orientiert bis Lieferanten-orientiert (additiver Ansatz)	Verkehrs-entlastung	entkoppelt	sequentiell
Industriepark	Bestands-optimierung	Steuerungs-fragen (Hersteller u. Lieferant), Software-entwicklung, Fähigkeit von Spediteuren	log. Dienst-leister, ganzheitlich	Bahntransport Zunahme ausgelasteter LKW-Verkehr im Nahbereich	entkoppelt bis sequentielle Fertigung	periodisch, sequentielle Belieferung
Warehousing (Logistik-Lieferan-ten-Zentrum/Kon-solidierungscenter, Bestände)	Bestands-optimierung	Steuerungs-fragen	Entkoppelung des Wege-Zeit-Risikos	Zunahme ausgelasteter LKW-Verkehr im Nahbereich	sequentielle Fertigung	sequentiell

Abb. 25: Auswirkungen von Logistikkonzepten

Die Begleitprozesse einer intensiven Zusammenarbeit sind wahrscheinlich genauso entscheidend wie das Produkt selbst. Dies wirft nicht nur infrastrukturelle Fragen auf, sondern auch - und hier besonders - personelle Fragen der Mitarbeiterqualifikation.

Zusammenfassend gilt: nach außen gerichtet ermöglicht der Industriepark eine Zusammenarbeit mit Kommunen (Stadt und Landkreis) und anderen Firmen und eine Kooperation mit Wettbewerbern.
Der Industriepark ist ein ganzheitlicher Ansatz und eine Denkhaltung. Er beinhaltet die Verpflichtung, eine Standortoptimierung unter Erhalt von Arbeitsplätzen durchzuführen. Der Industriepark beeinflußt Bereiche wie Einkauf, Montage, Entwicklung, Logistik, oder Rechnungswesen, und ermöglicht den Einstieg in neue Geschäftsfelder, z. B. den Verkauf von Dienstleistungen. Für das Industriepark-Projektteam ergeben sich außer einer erheblichen Steigerung der logistischen Sachkompetenz noch eine ganze Reihe weiterer sehr wertvoller Erfahrungen im Sinne neuer Lernfelder. So werden im jeweiligen Projekt neue Lösungen gesucht für Hallenneubau, Baumanagement, Fabrikeinrichtung, Werkserhaltung und auch die Suche nach „spin off's". Eine Verbindung von Global Sourcing und Fertigungstiefenreduzierung, insbesondere bei komplexen Modulen und Systemen, wird ermöglicht.

Mit der folgenden Darstellung sollen die Schritte zur Strategiefindung gezeigt werden. Dieses Modell hat sich bewährt, muß allerdings firmenindividuell angepaßt werden.

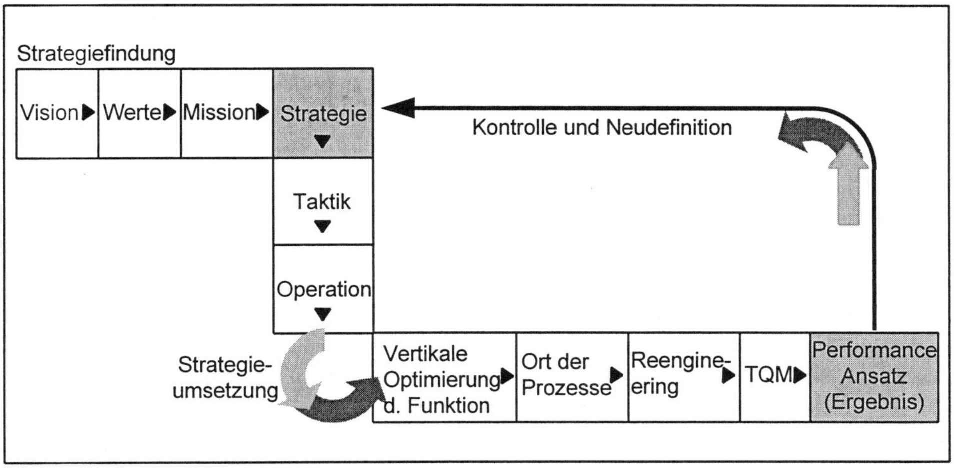

Abb. 26: Schritte zur Strategiefindung als Regelkreis

4.2.2 Vorgehensweise

Grundsätzlich bietet sich aus organisatorischer Sicht eine Projektorganisation an, d. h. es muß ein schriftlicher Projektauftrag formuliert werden mit besonderer Angabe der Projektziele, Prämissen, Aufgaben aber auch Kompetenzen des Projektleiters. Alle diese Punkte sind als Entscheidung der Geschäftsleitung für alle eindeutig verständlich zu kommunizieren.

Zunächst sind Kriterien für eine Ansiedlung von Lieferanten in räumlicher Nähe zum Herstellerwerk zu beschreiben. Solche Kriterien können sein eine Variantenentstehung und Volumenvergrößerung im letzten Schritt der Wertschöpfungskette, die Ermöglichung von „Carry-Over" Konzepten und Verbundlieferungen. Eine große Anzahl von Varianten, Sachnummern und Lieferanten je Einzelteil muß bei den zugrundeliegenden herkömmlichem Belieferungskonzept vorliegen.
Eine produktionssynchrone Anlieferung von Komponenten und Modulen direkt vom Lieferanten wäre aufgrund des Zeithaushaltes nicht machbar. Durch die Industriepark-Konzeption läßt sich eine Reduzierung des Transports großvolumiger Teile und Komponenten erreichen. Die Umsetzung des Systemgedankens durch Anlieferung kompletter Systeme oder Module gelingt.

Daraus ergeben sich mögliche Effekte, wie eine geringere Kapitalbindung und Vereinfachung der Abläufe. Höhere Auslastungsgrade von Anlagen und Betriebsmitteln und eine Verringerung der dispositiven Tätigkeiten, nebst Verringerung der Bereitstellflächen wird möglich. Aus Global Sourcing Umfängen können im Industriepark Komponenten gebildet werden, die Reihenfolge genau in das Herstellerwerk steuerbar sind. Die Sicherstellung der Versorgungssicherheit ist dadurch auch bei variantenreichen Teilen und Global Sourcing Umfängen mit großer Lieferantenentfernung sichergestellt.
Große Volumina werden erst im Industriepark gebildet, was die Frachtkosten nicht mehr ins Gewicht fallen läßt.

4.2.3 Chancen und Risiken

Der Know-how Transfer zwischen Lieferant und Hersteller wird durch ein zentralisiertes Dienstleistungsangebot für alle Partnerunternehmen ergänzt. Eine Beschäftigungssicherung in der Region tritt ein, da freigegebene Arbeitskräfte durch die Industriepark Unternehmen aufgenommen werden können.
Die Sicherung der Wettbewerbsfähigkeit am Standort kann mit einer Entzerrung des Verkehrsaufkommens durch Frachtoptimierung kombiniert werden.
Die Ansiedlung neuer Unternehmen mit neuer Technologie bewirkt ein Aufbrechen der industriellen Monokultur.
Beim Aufbau von Systemlieferanten können bestehende Infrastrukturen weiter genutzt werden.

Eine Erhöhung der Prozeßsicherheit bei Ansiedlung ausländischer Lieferanten läßt sich realisieren.
Sachnummern, Vormontagen und innerbetriebliche Versorgungswege entfallen.
Die Vereinfachung der Abläufe führt zu erheblichen Einsparungen beim Dispositionsaufwand.

Risiken können einmal in einer möglichen Splittung der Zulieferkapazitäten liegen. Durch infrastrukturelle Ausgaben (Gebäude, Disposition, EDV) lassen sich Fixkostensteigerungen auf der Lieferantenseite nicht vermeiden. Eine Ansiedlung in Werksnähe kann den potentiellen Lohnkostenvorteil des Lieferanten in Frage stellen, wenn es zu einer Angleichung der Tarifgebiete kommt. Schulungsnotwendigkeiten und Grenzen einer technischen Machbarkeit können zu den Hindernissen einer Realisierung gerechnet werden.
Eine schlanke Produktion mit möglichst geringem Ressourceneinsatz wird betrieben. Das hat zur Konsequnez, daß Wertschöpfungsinhalte einer Industriepark-Realisierung geringer sind als bei traditionellen Lieferantenkontakten. Der Vorteil für den Industriepark-Lieferanten liegt in der durch den Hersteller garantierten Auftragssicherheit über den Produktlebenszyklus.

4.3 Logistisches Anforderungsprofil bei weltweiten Standortstrukturen

Die Tendenz zu ausländischen Produktionsstandorten, die in der jüngsten Diskussion immer besonders hervorgehoben wird, ist nicht neu. Über Montage Werke mit relativ kleinen Stückzahlen, bis zu ausländischen Produktionsstätten, die oftmals die einzige Möglichkeit darstellen bei abgeschotteten Märkten und „local content“ Bestimmungen überhaupt den Markteintritt zu schaffen, verläuft in der Regel die Entwicklung.

Betrachtet man beispielsweise den Anteil der Auslandsverkäufe an den Gesamtumsätzen erfolgreicher Unternehmen, die natürlich auch auf ausländischen Märkten fertigen, relativiert sich das Bild. Der Auslandsanteil ist zwar eine notwendige, aber noch keine hinreichende Überlegung für die Erschließung ausländischer Produktionsstandorte, läßt aber gewisse Rückschlüsse zu.
Die Marktforschungsgesellschaft Annex Research hat eine Rangliste der 20 größten multinationalen Unternehmen aufgestellt. An der Spitze steht dabei Nestlé mit einem Auslandsanteil der Produktion von ungefähr 98 %. Das erste aufgeführte Automobilunternehmen Toyota steht an zwölfter Stelle mit einem Anteil von ungefähr 43 %, gefolgt von Nissan, und Mitsubishi mit einem Anteil von knapp 40 %, und Ford von ca. 32 %. Das erste deutsche Unternehmen erscheint auf Platz 17 mit ca. 30 % (Siemens).
Diese Darstellung zeigt, wie beispielsweise bei multinationalen/deutschen Unternehmen die Auslandsanteile an den Gesamtumsätzen eher moderat sind. An dieser Stelle vollzieht sich eine längst fällige Entwicklung, wenn das Auslandsengagement durch verstärkte Präsenz auf ausländischen Märkten erhöht wird, zu denen der Zutritt oft-

mals nur über dort ansässige Produktionsstätten möglich ist, wegen der „local content“ Bestimmungen.

Die Hysterie die mit einer Verlagerung verbunden wird, im Sinne eines Ausverkaufs des heimischen Standortes, ist nicht gerechtfertigt. Ausländische Produktionsstandorte hängen in ihrer Aufbauphase gleichsam, um diesen Vergleich zu bemühen am „Tropf“ ihrer inländischen „Mutterwerke“. Durch Zulieferungen und Know-how Austausch ergeben sich dann in der Folgezeit auch weiterhin Synergieeffekte. Für eine relative lange Zeit wird eine operative Unterstützung notwendig sein.

Bei jedem Modellwechsel gleichsam die Entscheidung für oder gegen einen Standort zu treffen, ist auf der einen Seite im Interesse eines permanenten Optimierungsansatzes, auf der anderen Seite kann es aber auch zu Strukturbrüchen führen. Ein kreative Unruhe ist wünschenswert, aber eine Verunsicherung der Mitarbeiter, Lieferanten und Kunden führt zu Störungen der Prozeßabläufe. Wenn dazu Neupositionierungen auf den Beschaffungs- und Absatzmärkten nicht mit ausreichendem zeitlichen Vorlauf kommuniziert werden, trägt das zu einer weiteren Verunsicherung bei.

Eine verstärkte Globalisierung auf dem Beschaffungsmärkten ist zu begrüßen, wenn sie nicht als Fluchtbewegung oder als Politik des Desinvestments auf dem inländischen Heimatstandort eines Unternehmens ausgewiesen wird und von kurzfristigen Entscheidungen gesteuert ist.

Markus Lusser, der Präsident der Schweizerischen Nationalbank, hat treffend bemerkt, daß Globalisierung die Monopolstellung des Staates als Regelsetzer schwäche (o.V., Globalisierung fördert den Wettbewerb in der Wirtschaftspolitik, FAZ, 4.9.95). Vielleicht verhilft gerade der weltweite Wettbewerb zu einer staatlichen Sensibilisierung, die zu einer Deregulierung von Bestimmungen führt, die ausgesprochen wettbewerbsfeindlich sind, wie beispielsweise zu lange Genehmigungsverfahren oder Produkt- und Produktionsprozeßvorschriften, die nur für inländische Hersteller gelten. Eintrittsbarrieren der Märkte könnten sich durch eine Deregulierung positiv verändern.

Als Lösungspaket für eine Stärkung des inländischen Standortes werden häufig empfohlen die Gründung neuer Unternehmen, die Stärkung der Wachstumsmöglichkeiten für kleine und mittlere Unternehmen, eine Entbürokratisierung, der vermehrte Einsatz von Risikokapital, und eine verstärkte Forschungsföderung.

Im Zusammenhang mit der Standortdiskussion um Vor- und Nachteile eines bestimmten Standortes ist zu klären wann ausländische Produktionsstandorte aus logistischer Sicht sinnvoll sind. Zu beachten ist auch die Unterschiedlichkeit von Einstiegs- und Ausstiegsstrategien für einen Standort.

Industrialisierung in Europa bedeutet heute, im Gegensatz zu Frühphasen der kapitalistischen Entwicklung in Europa, nicht mehr vorwiegend der Aufbau von Grundindustrien, sondern die Fokussierung in Hightechbereichen und Dienstleistungsbereichen. Qualitatives Wachstum steht im Vordergrund. Quantitatives aber auch qualitatives Wachstum ist an asiatische Wirtschaftsräume übergegangen. Industrialisierung in Europa, aber auch von Europa aus in die Welt, hat eine neue Qualität bekommen. Telekommunikation und Informatik ermöglichen heute die datentechnische und informatorische Verknüpfung der gesamten Wertschöpfungskette.
Der Standortfaktor als Bezugsrahmen für Industrialisierungsprojekte ist nicht mehr statischer Natur, sondern wird in zunehmendem Maße flexibel, d.h. Industrialisierungsprojekte können mit gleicher Qualität c. p. weltweit durchgeführt werden. Die Produktionsfaktoren Arbeit und Kapital stehen in einem zunehmenden Konkurrenzwettbewerb der Industriestandorte.
Werden Standortentscheidungen im Rahmen der Globalisierungsüberlegungen getroffen, sollte nicht übersehen werden, daß die Umsetzung auf den jeweils neuen Standort bezogen, wiederum höchst inflexibel sein kann. Das Globalisierungskonzept ist nur dann optimal umgesetzt, wenn mit einem neuen Standort neue Prozesse und Produkte zugleich eingeführt werden. Letztendlich können nur dezentrale Einheiten (Werke) ein erfolgversprechendes Konzept sein, wenn sie sich möglichst schnell zu einer autarken Niederlassung entwickeln. Das entspricht quasi einer permanenten „Zellteilung“ und führt zu einer erneuten Diskussion des strategischen Ansatzes Globalisierung.
Industrialisierung dieser Art macht schnelle Entscheidungswege entlang der Geschäftsprozesse erforderlich. Im übrigen trägt die erforderliche Marktnähe mit dazu bei, weltweite Produktionsstandorte in die Entscheidungsvorlagen heimischer, d.h. inländischer Unternehmen einzubeziehen.

Der Bezugsrahmen der Logistik bei einer Auslandsorientierung

Die unternehmerische Entscheidungsfrage „Make or Buy“ war immer schon mit dem Zusatz „and where?“ verknüpft. Von daher gesehen ist eine Orientierung an Produktionsstandorte im Ausland für die Unternehmen eigentlich keine neue Situation. An Dringlichkeit, Intensität aber auch an Brisanz gewinnt das Thema vielmehr erst im Zusammenhang mit der allgemeinen Standortdiskussion in der Bundesrepublik Deutschland.
Eine grundlegende Annahme dabei soll sein, daß für alle in Deutschland ansässigen Industrieunternehmen eine Dualität aus in- und ausländischen Produktionsstandorten möglich ist. Bei weltweiten Produktionsstandorten ergibt sich daraus ein logistisches Anforderungsprofil das sich bezieht auf die Bausteine: Art des Produktionsverbundes, Qualität des Materials, Lieferantenstruktur, Beschaffungsstrategien, Transportmittel und Lagerfunktion. Andere Elemente als die genannten spielen natürlich auch eine Rolle, aber vor dem Hintergrund der Aufgabenstellung der Logistik, die Bereitstellung von Material, zur rechten Zeit am richtigen Ort in gewünschter Qualität und ge-

forderten Mengen, unter Beachtung günstiger Konditionen zu gewährleisten, kommt diesen Elementen eine besondere Bedeutung zu.

Ein Produktionsverbund zwischen den in- und ausländischen Standorten eines Unternehmens oder Konzerns hat eindeutig zu klären, in welcher Beziehung die Standorte zueinander stehen sollen: indifferente, komplementäre oder konkurrierende Lieferbeziehungen sind zu erwarten. Auch die zeitliche Dimension der Reichweite des Materialbestands ist zu berücksichtigen. Das Änderungsmanagement ist ausschließlich abhängig von den Voraussetzungen aller dezentraler Standorte. Die Möglichkeit auf Marktveränderungen gemeinsam schnell reagieren zu können nimmt wahrscheinlich ab.

Die Qualität des Logistikprozesses bezieht sich ebenso auf das physische Vollgut, wie das Leergut, auf die Produktqualität ebenso, wie auf die informatorischen Prozesse. Besonders den Materialbeständen und dem FIFO-Prinzip gilt bei einer weltweiten Versorgungsanforderung die Aufmerksamkeit.

Bei weltweiten Produktionsstandorten bestimmen hohe Anforderungen an die inländischen Lieferanten die Lieferantenstruktur. Voraussichtlich werden nur Lieferanten bestehen, die das Know-how und die Kompetenz als inländischer Systemlieferant verbinden mit der Eigenschaft auch auf ausländischen Märkten erfolgreich produzieren und kommunizieren zu können. Der Typus des „global supplier“ ist gefordert und gesucht.

Beschaffungsstrategien, wie das Single- und Modular Sourcing, das System- oder Global Sourcing sind zu überarbeiten und an die geänderten Rahmenbedingungen anzupassen. Nicht der inländische Produktionsstandort ist mehr die alleinige Entscheidungsgröße und Bezugspunkt. Unter Umständen sind mehrere Standorte weltweit in einen Einklang zu bringen und hinsichtlich ihrer Positionierung neu zu überdenken.

Dem Transportmittel kommt verstärkt Bedeutung zu. Bahn, LKW, Schiff und Flugzeug sind auf ihre Eignung für einen kombinierten Einsatz zu überprüfen. Das „modal split“ hat sich dem zunehmenden Güterfernverkehrsaufkommen zu stellen.

Im allgemeinen sind in der logistischen Kette Zwischenstops (stale points) des Materials in Form von Lagern zu vermeiden. Im Zusammenhang mit räumlich getrennten weltweiten Produktionsstandorten kann die Bündelung von Lieferumfängen und eine zeitliche Überbrückung zwischen den einzelnen Prozeßschritten notwendig werden. Diesem Aspekt einer Zwischenlagerung kommt gerade bei großen Entfernungen Bedeutung zu, denn die Gesamtkosten der logistischen Prozesse sind ein wichtiger Faktor bei der Standortwahl. Eine sequentielle Steuerung ist dann nicht mehr möglich.

Der weltweite Produktionsverbund

Eine Option logistischer Standortstrukturen stellt der Lieferantenpark bzw. Industriepark dar, wo sich unterschiedliche Lieferanten in räumlicher Nähe zu einem ausländischen Produktionsstandort eines Herstellers ansiedeln.

Im Rahmen eines weltweiten Produktionsverbundes hat die Lieferantenseite vorwiegend zwei Haupt - Alternativen zu beachten. Eine Möglichkeit ist es, von einem zentralen ausländischen Standort aus alle Lieferverpflichtungen gegenüber den Herstellern zu erfüllen. Neben der „Heimatbasis" in einem inländischen Standort, wäre dann ein zweiter ausländischer Produktionsstandort in der Weise zu wählen, daß möglichst eine zentrale Lage mit den logistischen Grundvoraussetzungen für die Erfüllung der weltweiten Lieferverpflichtungen zum Tragen kommen kann. Bei Anwendung der Globalisierungsstrategie ist diese Möglichkeit aber nicht mehr gegeben.

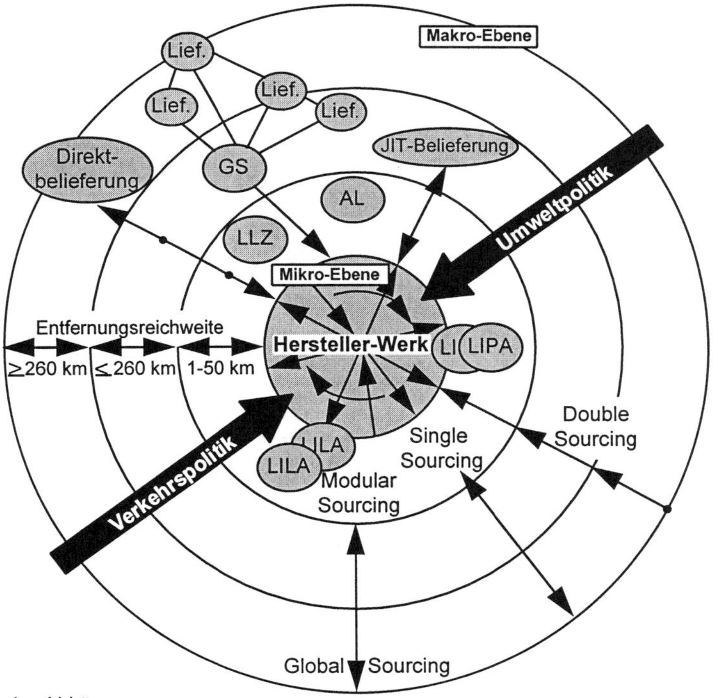

Erklärung der Abkürzungen:

AL = Außenlager
GS = Gebietsspeditions-Konzept (milkway-system)
Lief. = Lieferant
LILA = Lieferantenlager
LIPA = Logistik-Industriepark
LLZ = Logistik-Lieferanten-Zentrum

Abb. 27: Der Logistik-„Kosmos"

Die andere Alternative ist eine dezentrale ausländische Standortpolitik, die eine jeweilige und spezifische Ansiedlung von Produktionsstätten in Werksnähe des Herstellers vorsieht. Eventuell wäre in diesem Zusammenhang auch an eine zusätzliche zentrale Produktionsstätte des Lieferanten zu denken, die die weltweite Belieferung seiner eigenen Produktionsstätten erlaubt.

Die Entwicklung zu Produktionsstätten deutscher Lieferanten im Ausland ist nicht neu. Eine gewisse Vorbildfunktion besitzen die japanischen Transplants, die nach japanischen Management Methoden konsequent betrieben und sehr diszipliniert geführt werden. Die japanische Industrie griff zu einem Zeitpunkt nach dieser Strategie, als die heimische Industriebasis Probleme mit ihrem Standortverständnis bekam.

Vier hauptsächliche Belieferungsrichtungen zwischen den Produktionsstandorten des Herstellers erscheinen denkbar: die Belieferung des ausländischen Produktionswerkes durch ein inländisches Produktionswerk, die Belieferung des ausländischen Produktionswerkes durch ein ausländisches Produktionswerk, die Belieferung des inländischen Produktionwerkes durch das ausländische Produktionswerk, und die bi- bis multilaterale Belieferung im Rahmen eines weltweiten Produktionsverbundes.

	Vom Inland zu einem ausländischen Produktionsstandort	Vom Ausland zu einem inländischen Produktionsstandort	Vom Ausland zu einem ausländischen Produktionsstandort
Zeit	↓	↓	↑
Kosten	↓	↓	↑
Qualität	→	→	→
Bestand	↓	↓	↑
Entfernung	↓	↓	↑

Legende : Vorteil ↑ Ausgleich → Nachteil ↓

Abb. 28: Logistische Zielrichtungen im Rahmen der Logistik

4.3.1 Logistische Standortaspekte in Deutschland

Standortnachteile, wie sie in der aktuellen Diskussion geradezu herausgestrichen und betont werden, können auch als symptomatisch für die Kostentreiber in der Logistik gelten. Danach gibt es zu viele Entscheidungsträger und zu wenig tatkräftige „Umsetzer". Zeitraubende Umwege, und ein massives Festhalten an persönlichen Besitzständen (bzw. Beständen), verbunden mit zuwenig Kreativität, erschweren das Wirtschaften am Standort Deutschland.

Hans J. Barth, Chef des Baseler Wirtschaftsforschungsinstituts Prognos AG formulierte treffend (Beherens,B., Auf der falschen Fährte, Wirtschaftswoche Nr. 19, 2.5.1996): „Im internationalen Wettbewerb kann das deutsche Heil nicht in der Senkung der Lohnkosten liegen. Damit kann man bestenfalls die Abwanderung von Arbeitsplätzen stoppen, aber keine neuen Jobs schaffen. Das gelingt nur mit neuen Ideen in Märkten und Produkten"; und es darf noch ergänzt werden - mit neuen Abläufen in neuen Strukturen.
Auch Sommerlatte bemerkte (Beherens,B., Auf der falschen Fährte, Wirtschaftswoche Nr. 19, 2.5.1996): „Das Pendel ist in Deutschland einfach zu stark ausgeschlagen. Erst fehlt es an Kostenbewußtsein, jetzt an Kreativität." Man könnte den Umstand, daß alle ab einem gewissen Punkt in eine bestimmte Richtung zu gehen scheinen, als Lemmingeeffekt bezeichnen.

Hinter den Überlegungen zu Standortverschiebungen stehen unterschiedliche Interessen. Sicherlich gehört dazu auch der Versuch von Seiten der Industrie ein Verhandlungspotential gegenüber den Tarifpartnern mit dem nötigen wirtschaftlichen und politischen Druck aufzubauen. Alle notwendigen Bemühungen sollen unternommen werden den Standort wettbewerbsfähiger zu machen. Davon würden dann natürlich alle Tarifpartner profitieren.
Leicht gerät in Vergessenheit, daß ausländische Produktionsstandorte mit ihren politischen, wirtschaftlichen und gesellschaftlichen Rahmenbedingungen im allgemeinen nicht von deutschen Unternehmen maßgeblich beeinflußt oder mitgestaltet werden können, wie das z. B. im heimischen Produktionsstandort der Fall sein kann. Die Tragweite einer Festlegung ist deshalb nicht zu unterschätzen.
Wenn ausländische Absatzmärkte „wegbrechen" ist das für ein Unternehmen das ausschließlich in Deutschland produziert ein negativer und schwieriger Umstand.
Bei einer Festlegung auf einen ausländischen Standort als wichtigem Unternehmensbestandteil, kommt bei Wegfall dieses Standortes jedoch eine existentielle Krise auf das Unternehmen zu. Das hohe unternehmerische Risiko spielt bei der Festlegung und Bindung der Unternehmensressourcen in diesen Standort eine wichtige Rolle.

Bekanntermaßen sind es die „firsts", die bei einer globalen Tätigkeit Gewinne machen können, weniger die „follower", die nur noch begrenzte Differenzierungsmerkmale in ihrem Leistungsspektrum aufweisen. Schnelligkeit bei Globalisierungsprojekten tut deshalb Not. Auch darf nicht übersehen werden die Anpassung der Lohnkostenunterschiede im Zeitablauf und in den unterschiedlichen Ländern. Die Faktorkosten haben die Tendenz sich anzugleichen.
Eingeschränkte Besuchsmöglichkeiten von Mitarbeitern des inländischen Produktionsstandortes bei Mitarbeitern des ausländischen Produktionsstandortes aufgrund der Reisekosten und des Zeitaufwandes stehen häufig aus logistischer Sicht bei Entscheidungen zugunsten eines ausländischen Produktionsstandortes nicht im Entscheidungskalkül. Auch unterschiedliche Abwicklungsmodalitäten organisatorischer Abläufe werden nicht gebührend bewertet.

Standortvorteile und -nachteile in der Diskussion

Standortverlagerungen und die Ableitung von Logistikanforderungen reflektieren die Standortdiskussion in Deutschland. Als Standortvorteile gelten beispielsweise das Forschungs- und Entwicklungspotential, und damit verbunden die Generierung von Forschungsergebnissen. Zusätzlich trägt das Ausbildungsniveau (Schule, Berufsausbildung, Universität) zu einer hoch qualifizierten Arbeitnehmerschaft bei. Eine hohe Produktivität kennzeichnet die Leistungsfähigkeit der Industrie. Eine gute Infrastruktur besteht und stabile politische Rahmenbedingungen liegen vor.

Auf der anderen Seite stehen dem als wirkliche oder vermeintliche Standortnachteile gegenüber:

- die Höhe der direkten und indirekten Lohnkosten,
- die Anzahl der Urlaubstage,
- kurze Arbeitszeiten,
- die eingeschränkte Mobilität der arbeitenden Bevölkerung,
- zeitlich unbefristete Arbeitsverträge,
- das soziale Netz,
- die Steuerbelastung (speziell die Unternehmesbesteuerung),
- hohe Energiekosten,
- Umweltschutzauflagen,
- die Dauer von Genehmigungsverfahren,
- allgemeine Technologiefeindlichkeit,
- die Mitbestimmungsrechte der Arbeitnehmerschaft.

Um einen positiven Nettoeffekt der Standortdiskussion Deutschland zu erreichen, ist es nicht in erster Linie notwendig an den „hard facts“ vermeintlicher Standortnachteile anzusetzen. Als „hard facts“ bezeichnete Standortnachteile stellen sich beispielsweise dar als:

- die Menge an Urlaubstagen,
- die direkten Lohnkosten und eingeschränkt auch die Lohnnebenkosten,
- die Länge der Arbeitszeit.

Diese Faktoren berühren unmittelbar das Feld der sozialen Absicherung und der persönlichen Motivation des Arbeitnehmers. Der Erhalt des sozialen Friedens ist maßgeblich damit verknüpft.

Die mittelbar durch den Arbeitnehmer wahrnehmbaren relevanten Standortnachteile, die er als „soft facts“ bezeichnen würde, bestehen beispielsweise aus:

- der Steuerbelastung,
- den Energiekosten, oder
- den Kosten durch Umweltschutzauflagen.

Aus dem Blickwinkel des Logistik heraus bietet die Wahl eines ausländischen Produktionsstandortes, im Hinblick auf die Arbeitskräfte, Einwirkungen auf die Umwelt, gesellschaftliche und wirtschaftliche Rahmenbedingungen keine derartigen Restriktionen wie in Deutschland.

Ist eine Strategie tragfähig, die Standortplanungen aufgrund von Währungskursschwankungen, wie es in der jüngsten Standortdebatte wiederholt als Argument hervorgebracht wurde, zur Entscheidungsgrundlage wählt? Der Aspekt der Währungskursschwankungen ist natürlich nur ein Argument im Kontext der Verlagerungsgründe. Ein vielleicht überzeugenderes ist die Nähe zu weltweiten Absatzmärkten. Denn was würde beispielsweise passieren, wenn der US Dollar gegenüber der DM an Wert zunimmt? Kommt es dann wieder zu einer Rückverlagerung nach Deutschland? Wie entscheidend die Bedeutung des Aspektes der Währungskursschwankungen unter den Gründen für eine Standortverlagerung ist, hat jedes Unternehmen für sich selbst zu klären.

Als generelle Hauptgründe für die Neuorientierung bei der Standortfrage gelten:
- die Erschließung neuer Märkte durch Präsenz vor Ort,
- die Vermeidung von Handelshemnissen (tarifärer und nicht tarifärer Art),
- die Schaffung eines Ausgleichs für die negativen Standortfaktoren in Deutschland, durch ein zweites Standbein im Ausland
- Aufbau eines Verhandlungspotentials gegenüber den Tarifpartnern und gesellschaftlichen Anspruchsgruppen in der Bundesrepublik.

Diesen Gründen haben Logistiklösungen zu folgen.

Fünf Thesen zur Standortdiskussion

Eine Aufzählung von Standortnachteilen verdeutlicht den doppelten Boden in der Standortdiskussion:
- Ein Standortnachteil kann in Wirklichkeit mittel- und langfristig zu einem Standortvorteil (z. B. der soziale Frieden oder der Umweltschutz) werden oder ist es bereits.

- Nicht alle Standortnachteile sind gleichwertig. Eine genaue Analyse ist deshalb von Nöten, die an den wirklichen vordringlichen und gewichtigen Problemen ansetzt. Nicht immer sind die „aktuellen“ Nachteile auch die nachhaltigsten.

- Hausgemachte interne Unternehmensprobleme sind häufiger die Ursache für eine Verschlechterung der Wettbewerbsposition als die allgemeinen Standortbedingungen, die gleichermaßen für alle Unternehmen des Standortes als Rahmenbedingungen gelten.

- Bei der Umsetzung von Maßnahmen ist immer an die Komplexität des Ganzen zu denken. Wenn ein Standortfaktor verändert wird, hat das unweigerlich auch Folgen für andere Standortfaktoren, darunter auch für die positiven. Deshalb ist Umsicht geboten. Ein gewisser Grad an Ireversibilität der Entscheidungen darf nicht mißachtet werden.

- Das psychologische Element darf nicht unterschätzt werden. Die Märkte reagieren nachhaltig auf Erwartungen der Wirtschaftssubjekte. Eine pessimistische Grundhaltung der Wirtschaftssubjekte die sich auf die Investitionsbereitschaft der Unternehmen durchschlägt, zieht automatisch eine negative Reaktionskette nach sich.

Spiral Effekte negativer Erwartungen

Ein permanent negatives Urteil über einen Standort begründet eine negative Erwartungshaltung, die in einem spiralförmigen Verlauf sich selbst aufrechterhält und so eine künstliche Glaubwürdigkeit erreicht. Am Beispiel der negativen Investitionsbereitschaft der Unternehmen, als Folge einer pessimistischen Einschätzung des Standortes, kann sich folgendes exemplarisches und stark vereinfachtes Bild ergeben:

weniger Investitionen -> reduzierte F & E Aufwendungen -> technologischer Vorsprung geht verloren -> Pioneer -> Gewinne des „first“ bleiben aus -> Lohnniveau kann nicht gehalten werden -> gleichzeitiger Preisanstieg, da vermehrt Importe und Abwertung der heimischen Währung -> nominaler und realer Einkommensrückgang bei den privaten Haushalten -> Rückgang der Kaufkraft -> verringerter Umsatz der Unternehmen im Inland -> Rückgang des Steueraufkommens, vor allem aus der Gewerbesteuer -> Ausgabenkürzungen des Staates -> verringerter Umsatz der Unternehmen im Inland -> gleichzeitig kommen Steuererhöhungen zum Tragen -> Rückgang der Kaufkraft -> Eigenkapitalquote der Unternehmen geht zurück -> **weniger Investitionen** -> ....

Die aufgezeigte Entwicklungskette wurde entsprechend einer gewissen Monokausalität entwickelt die in der Realität nicht gegeben ist, aber aus Gründen der Überschaubarkeit angenommern wird. In jedem Fall gilt jedoch auch, daß die Einstellung und das Verhalten der deutschen Unternehmen in der Diskussion um den Standort Deutschland die Investitionsbereitschaft ausländischer Unternehmen in den Standort Deutschland beeinflußt.

Ein negatives Marketing des Standortes Deutschland entscheidet mit über die logistischen Anforderungen, die aus einer eventuellen Standortverlagerung entstehen können. Je gewichtiger Standortnachteile erscheinen, umso schneller und umfassender wird eine Standortverlagerung betrieben. Für die Logistik bedeutet das einen Perspektivenwechsel:
- die Überbrückung weiter Entfernungen wird zu einem vordringlichen Anliegen,
- eine pünktliche Belieferung mit den gewünschten Materialmengen wird nach wie vor seine Bedeutung behalten, oder

- der Bezugspunkt der Logistik wird sich ändern; weg von der nationalen Sichtweise hin zu einer internationalen, d.h. die Frage der Komplementarität und Kompatibilität mit ausländischen Logistiksystemen wird in den Vordergrund gerückt werden. Genau in diesem Bereich liegt bei den Akteuren keine Erfahrung vor.

Weltweite Produktionsstandorte sind immer im Kontext der Standortdiskussion zu sehen. Das eigene Verständnis, das sich in den Gestaltungsentscheidungen der Rahmenbedingungen widerspiegelt, und die externe Einschätzung durch ausländische Unternehmen zusammen, bilden den Leitmaßstab für Produktionsortverlagerungen.

Perspektivenwechsel in der Standortdiskussion am Beispiel eines logistikrelevanten Faktors

Die Bundesrepublik bildet einen wichtigen Dreh- und Angelpunkt für den Handel mit den osteuropäischen Staaten und dem westlichen Teil Rußlands. Die zentrale Lage des Wirtschafts- und Logistikstandortes Deutschland wird von anderen Nationen erkannt. Die USA z. B. nutzen diesen Vorteil für sich. Der militärische und zivile Teil des Frankfurter Flughafens ist für die USA der bedeutendste Flughafen in Europa.

Das Beispiel des Standortfaktors „Verkehrsinfrastruktur“ zeigt, wie schnell grundsätzlich die Wertigkeit von Standortfaktoren wechseln kann. Ein Vorteil wird aus einer anderen Perspektive heraus schnell zu einem Nachteil und umgekehrt. Je nach Standpunkt und Perspektive ändert sich der Stellenwert.

Eine geänderte Sichtweise erscheint deshalb dringend erforderlich.

Die nachfolgende Gegenüberstellung von Sichtweisen verdeutlicht die Spannbreite und mögliche Zielkonflikte besonders deutlich:

pro	**contra**
– sehr gut erschlossenes Verkehrsnetz	– große Verkehrsdichte mit der Gefahr eines Verkehrsinfarktes
– Kombinierter Verkehr	– Bahn kann den Anforderungen nicht voll gerecht werden
– zentrale Lage (Transitland)	– durch den Wegfall des Kabotageverbotes kein positiver Effekt für das heimische Speditionswesen, Verkehrsbelastung
– gute Anbindung an internationale Verkehrswege (Flughäfen, Häfen, Autobahnnetz)	– Verkehrsbelastung steigt, eine ausreichende quantitative Belieferung nach Deutschland ist mit den vorhandenen Verkehrsträgern und Kapazitäten nicht zu bewerkstelligen

Produktionsphilosophie und die Standortwahl

Die unternehmerische Entscheidung zwischen einer „Made by“ und einer „Made in“ Unternehmensstrategie in den Fragen einer Produktionsstandortwahl betrifft die Logistik. Die Materialdisposition, Materialversorgung und Materialverwaltung, unterteilt in informatorische und physische Prozesse müssen sich auf die Anforderungen einstellen. Auch der methodische Ansatz im Logistik-Controlling verändert sich.

Das „Made in“ Konzept bedingt im allgemeinen geringere Distanzen zwischen Hersteller und seinen Lieferanten, wenn die Produktion ausschließlich im heimischen Produktionsstandort erfolgt. Die bekannten Rahmenbedingungen des Standortes insgesamt stellen einen Werbefaktor und Wertefaktor für das einzelne Unternehmen dar. Der Nimbus „Made in Germany“ beispielsweise, der für sehr gute Qualität, Zuverlässigkeit und technische Leistungsfähigkeit stand und steht, ist ein Erwartungs- und Meßmaßstab für jedes inländische Unternehmen.

Das „Made by“ Konzept hingegen bringt unter Umständen einen Imageverlust mit sich, wenn die Eigenschaften, die einem Produktionsstandort vormals zugebilligt wurden, jetzt keine ausschließliche Gültigkeit mehr haben können. Ein Produkt weist dann keine länderspezifischen Eigenschaften auf, sondern überwiegend unternehmensspezifische.
Ein Produkt bekommt keinen Bonus mehr zugebilligt, sondern hat sich permanent mit dem Wettbewerb auseinanderzusetzen. Bis sich ein „Made by“ Konzept auf den Märkten durchsetzt vergeht eine gewisse Zeit, die der Wettbewerb ebenfalls zur Verfügung hat. Die Zeitverzögerung bis zu einer erfolgreichen Etablierung in einem ausländischen Produktionsstandort ist folglich mit in die Entscheidungsfindung einzubeziehen. Bedeutsam wird aber allein die Akzeptanz durch die Käufer sein.

4.3.2 Auslandsorientierung

Bei einer Realisierung der europäischen Währungsunion wird der Wettbewerbsdruck weiter steigen. Die Zahl der Lieferanten mit Befähigung zum Systemlieferanten wird kleiner werden. Im dem Maße wie der grenzübersteigende Verkehr zunimmt werden sich Lieferanten und Spediteure einem direkteren Vergleich ausgesetzt sehen. Der direkte Preisvergleich homogener Produkte (Logistikleistungen) wird ermöglicht. Produktvielfalt und Produktinnovationen werden zunehmen. Die Gefahr zunehmender „local content“ Bestimmungen wächst jedoch ebenfalls, wenn der lokale Arbeitsmarkt der Regionen durch strukturpolitische Maßnahmen vordergründig geschützt werden soll.
Die Zeit drängt, besonders wird dies in Europa so empfunden. Dem Zeitbedarf der Unternehmen für Umstellungen wird seitens des Fahrplans zur Währungsunion nicht nachgegeben, Umstellungsschwierigkeiten werden sich somit nicht vermeiden lassen. Mittel- bis langfristig wird es durch die Währungsunion zu einer Anpassung der

Faktorkosten in der Logistik kommen. Einheitlichere Tarifgebiete und Frachttarife führen dann zu einer Nivellierung der Kostenstrukturen. Die Logistik wird die regionalen Kostenvorteile aufgrund der guten Vergleichbarkeit homogener Logistikleistungen umgehend nützen müssen, und damit den Wettbewerbsdruck intensivieren.

Aspekte des Transits und die Wahl der Verkehrsträger

„In Osteuropa entsteht ein deutlicher Bedarf an logistischen Leistungen." Mit dieser Überschrift eines Artikels (Blick durch die Wirtschaft, 21.6.1995, S. 7) könnte beispielsweise die Situation des Gütertransportes in Rußland treffend wiedergegeben werden. Jedoch mit einer entscheidenden Einschränkung, es müßte noch der Zusatz eingefügt werden: „...aber er kann noch nicht finanziert werden und es fehlt an Material, das zu transportieren ist."

Über den Zeitaufwand, mit dem ein Transport über weite Strecken verbunden ist, oder den damit zusammenhängenden Transportrisiken, muß an dieser Stelle nicht gesondert eingegangen werden. Der optimale Verkehrsträger für die Belieferung soll im Vordergrund stehen. Die Wahl geeigneter Verkehrsträger, im wesentlichen zwischen Bahn und LKW wird unter den Gesichtspunkten der Preisgestaltung, der allgemeinen Konditionen, und dem Sicherheitsaspekt, entschieden. Auch die Anforderungen des Transportweges beeinflussen letztendlich die Wahl des Verkehrsträgers:

- die Belastung auf den Hauptverkehrsrouten, mit der Abfertigung an den Außengrenzen, den teilweise beträchtlichen Wartezeiten und den bürokratischen Modalitäten der Zollabfertigung,

- der Zustand der Verkehrswege beispielweise hinsichtlich Straßenbeschaffenheit oder der Anzahl von Servicestationen,

- die Rolle von Kommunikationssystemen für die on-line Verbindung wird besonders deutlich, wenn Dispositionsänderungen tausende von Kilometern entfernt von der Heimatbasis der LKW's erfolgen sollen,

- Haltepunkte auf der Fahrt sind unumgänglich. Jedoch ist bei langen Distanzen ergänzend zu überlegen, ob zusätzliche Haltepunkte eingeplant werden können, die eine industrielle Zwischenfertigung erlauben oder ausschließen,

- neben der Frachtart, die transportiert werden soll, ist vielmehr auch zu prüfen, welche Verladetechniken und Transportmittel überhaupt in Frage kommen,

- die Eignung der Bahn ist im Einzelfall zu prüfen, wobei in vielen Fällen der LKW als flexibel einsetzbares Transportmittel übrig bleiben dürfte, und

- der Transport von Material mit dem LKW hat einen besonderen Vorteil: das Material bleibt in Nähe des Fahrers der damit eine gewisse Aufsichtfunktion erfüllt,

- die Frage der Transportkosten, die immer im Zusammenhang mit den Transportrisiken zusehen ist. Ein kalkulierbares Risiko kann dann in ein Verhältnis zu den abschätzbaren Kostengrößen gebracht werden. Als ein Beispiel für eine einzukalkulierende Kostengröße ist die Transitsteuer anzusehen.

Die Tendenz im West-Ost-Verkehr läuft einigen verkehrspolitischen Bestrebungen in der Bundesrepublik Deutschland zuwider, wie z. B.:

- den Bemühungen das „modal split" zugunsten der Bahn zu verschieben,
- Verkehrsentzerrungen an den Grenzübergängen zur Minimierung der Wartezeiten zu erreichen, und
- eine ökologisch notwendige Emissionsreduktion zu verwirklichen.

Die Bedeutung des LKW für den Ost-Handel und Ost-Verkehr wächst permanent. Tendenzen für die Bahnnutzung sind vorhanden. Eine europäische Hochgeschwindigkeitsbahn ist geplant, die zwischen den Räumen Paris, London, Amsterdam, Ruhrgebiet und Frankfurt verkehren soll. Ein Erweiterung ist denkbar, die Osteuropa miteinbezieht.
Welche technischen Hindernisse alleine mit einem einheitlichen Streckennetz verbunden sind, zeigt folgende Aufstellung der Systemelemente in denen Unterschiede vorliegen oder auftreten können:

- elektrische Standards bei der Stromversorgung,
- Sicherheits- und Überwachungssysteme,
- Spurweiten, was speziell im Fall der GUS - Folgestaaten ein Problem sein kann,
- Lichtraumprofile und Achslasten,
- Geschwindigkeiten.

Der mit der Strukturreform von 1994 eingeleitete Veränderungsprozeß der deutschen Bahn AG, der neue Zuständigkeiten und Finanzierungsverpflichtungen mit sich bringt, bewirkt auch, daß die Einbeziehung des osteuropäischen Streckennetzes noch nicht entsprechend vorangetrieben wurde.

Einer umfassenden Nutzung des Flugzeugs als Verkehrsträger für den Transport stehen gewisse Restriktionen gegenüber. Zwar werden tendenziell die Luftfrachtkosten aufgrund der Deregulierung und des zunehmendem Wettbewerbes günstiger, doch die Flughäufigkeit und die Abwicklungskapazitäten auf den Flughäfen sind im Vergleich zu den Bedingungen einer LKW Nutzung begrenzt. Nutzungsgrenzen treten verstärkt vor dem Hintergrund des Bestandes an Transportflugzeugflotten, der Gesetzeslage (z.B. Flugverbotsstunden), der Flugsicherung und der Flugnetzentwicklung auf.

Speziell für die Flugnetzentwicklung könnte gelten, daß je länger die zu überbrükkende Distanz ausfällt, desto geringer die Nachfrage für die Flughäufigkeit ist. Die Kapazität und die Flugzeuggröße korrelieren miteinander. Da der Transport mit reinen Frachtflugzeugen eine optimale Lösung darstellt, erklärt sich die Zunahme der Nachfrage nach Transportflugzeugen.

Marktverhalten unter dem Logistikfokus

Die Raumstruktur Osteuropas ist eine relativ neue Dimension für die westeuropäischen Spediteure.
Solange für den Transitverkehr ein hohe Zoll- und Abgabenbelastung vorliegt, solange wird es keine unproblematische Logistikverbindung geben. Als Einnahmequelle für Ausgaben, die durch den Güterfernverkehr nicht verursacht werden, darf der Transitverkehr auch nicht mißbraucht werden.

Als Faustformel könnte gelten: das Verkehrsaufkommen steigt, je

- sicherer die Verkehrswege und je höher der Bedarf an Konsumgütern und Investitionsgütern ausfällt,
- stärker der inter- und intrasektorale Handel zunimmt,
- umfassender eine örtliche Konzentration der Verkehrsstruktur zu beobachten ist, d.h. zentrale Verkehrspunkte in Form von Häfen, Güterverteilzentren oder Landesgrenzen vorliegen.

Für die deutschen Spediteure und Unternehmen ergeben sich daraus Chancen zur Nutzung ihres logistischen Know-hows, wie beispielsweise die Handhabung der informatorischen Prozesse, die Qualität der Fahrzeugflotte und die Lagerverwaltung. Vermeintlichen Nachteilen, wie höheren Faktorkosten der deutschen Spediteure und Unternehmen kann durch Kooperationen begegnet werden. Den deutschen Unternehmen kommt die Chance und Herausforderung zu an der Schnittstelle zwischen West und Ost angesiedelt zu sein und damit eine Pionierfunktion einzunehmen.
Nicht alle Kenntnisse und Fähigkeiten werden dabei von Anfang an zum Tragen kommen. An eine Just-In-Time Belieferungsform beispielsweise ist auf absehbare Zeit in größerem Umfang nicht zu denken.

Industrielle Erschließung durch Auf- und Ausbau von Transportwegen

Eine Agenda für die Logistik zur Anteilnahme am wirtschaftlichen Aufbau Osteuropas könnte folgendermaßen aussehen:

- Transit abgeleitet aus dem lateinischen Transition, was soviel wie Übergang oder Übergehung heißt, steht prinzipiell für den Weg zu einer marktwirtschaftlichen Wirtschaftsordnung, den Übergang zu einem anderen Wirtschaftssystem oder für eine grundsätzliche Neuorientierung in betrieblichen Dingen. Transit ist also nicht nur als Durchfahrt von einem Ort zu einem anderen zu verstehen, sondern im übertragenen Sinn auch als Möglichkeit zur Positionsveränderung und Neupositionierung.

- Die Erschließung Osteuropas entlang von Hauptverkehrswegen ist eine Option um die starke zentralistische Ausrichtung der Wirtschaftsstrukturen aufbrechen zu können. Verkehrswege wären damit gleichsam als Entwicklungspfade anzusehen und zu verstehen.

- Jeder Haltepunkt für einen LKW bedeutet grundsätzlich einen Ansatzpunkt für die Schaffung eines Dienstleistungsbereiches im Hinblick auf die Einrichtung von Tankstellen, Reparaturwerkstätten, Catering Stationen, Versicherungs- und Bankenrepräsentanzen, etc.

- Industrieparks sind entlang der Transitstrecken bzw. Fernverkehrswege aufzubauen, über die eine Versorgung möglich ist. Möglichkeiten der industriellen Flächenbesiedlung für Teilmontageumfänge sind zu prüfen.

- Die Verkehrsträgersysteme sind einander anzugleichen. Wenn nicht eine Kompatibilität, so ist doch zumindest Komplementarität zu erreichen.

- Das Verkehrsaufkommen verhält sich parallel zu einem Ausbau der Transportwege. Je flüssiger der Verkehr sein soll, desto wichtiger ist der Ausbau der Verkehrsinfrastruktur, und damit auch der Stellenwert der Wachstumsimpulse im Verkehrssektor.

4.3.3 Transportbedingungen

Die internationalen Beschaffungsmärkte müssen durch ihre Transportbedingungen ein Pendant zu den deutschen Verkehrsträgern und Verkehrsbedingungen darstellen, wenn die logistische Anbindung ohne große Reibungsverluste erfolgen soll. Je stärker ein internationaler Produktionsverbund aufgebaut und vernetzt ist, desto größer wird die Notwendigkeit für ein verläßliches Transportnetzwerk zu günstigen und tragfähigen Konditionen.

Die LKW Preise profitieren von dem Wegfall des Kabotageverbotes und der allgemeinen Deregulierungstendenz, was zu einer Senkung der Tarife führte. Dem gegenüber hat die Bahn AG mit Strukturproblemen zu kämpfen, die beim Kunden in Form von mangelnder Flexibilität, erhöhten Tarifen und reduzierter Kapazität ankommt. Die Bahn AG kann nur bedingt den Anforderungen gerecht werden, die bei einer Vergrößerung des Produktionsverbundes an sie gestellt werden müssen. Verladekapazitäten, Lieferterminzusagen und Liefertermintreue, wettbewerbsfähige Preise und die Vermeidung von Transportschäden, zählen zu Themenbereichen, die mit den Unternehmen individuell auszuhandeln sind.

Wo der Kunde einen verstärkten Bedarf sieht, kommt es zu Preiserhöhungen, unattraktive Angebote hingegen werden billiger. Aus Sicht der verladenden Spediteure und der Endprodukthersteller ist das wichtige Nahverkehrsnetz, speziell im Hinblick auf die Güterverkehrszentren (GVZ) zu erhalten und weiter auszubauen. Nur wenn auf diesem Sektor Leistungen zu günstigen Bedingungen angeboten werden, entwikkelt sich die Bahn zu einem wirklichen komplementären Verkehrsträger für den LKW. Die Möglichkeiten für eine Verlagerung von Transporten von der Straße auf die Schiene sind unter den heute gültigen Rahmenbedingungen begrenzt. Hinzu kommt, daß alle Verkehrsträger hohe Zuwachsraten aufweisen. Eine grundlegene Substitution des einen Verkehrsträgers durch einen anderen erscheint deswegen illusorisch zu sein.

Das Luftfrachtaufkommen weist einen Zuwachs auf. Die Luftfrachtkapazitäten sind jedoch beispielsweise begrenzt durch die Flughäufigkeit und die Flugzeugtypenkapazität. Zuladekapazitäten werden erst in der Zukunft denkbar sein.
Daraus folgt, daß der LKW quantitativ in Verbindung und Kombination mit Bahn und Schiff, der Haupttransportträger für die Belieferung weltweiter Produktionsverbunde bleiben wird.

Die Vernetzung der unterschiedlichen Transportmittel und die Benützung der diversen Transportwege, ist unter den Gesichtspunkten der Planung - u. Realisierung, und der Steuerungsanforderungen zu sehen. Die Frage nach einer optimalen Bestandshöhe, die durch die Integration der unterschiedlichen Transportwege und Transportmittel erreicht werden kann, steht dabei im Mittelpunkt.

Die Kombination der Straßen- und Schienen Nutzung versucht die Vorteile, die beide Verkehrsträger getrennt für sich in Anspruch nehmen, zusammenzuführen und deren Nachteile zu vermeiden.
Am Beispiel der Kanaltunnel - Eröffnung zwischen Frankreich und Großbritannien, läßt sich deutlich herausarbeiten was die Vorteile konkret ausmachen kann (Odich, Jede Nacht durchqueren zwei Fahrzeuge den Kanaltunnel, Blick durch die Wirtschaft, 09.11.94, S. 7):

Von einem Abfahrtsort in Großbritannien startet ein LKW, der bahnverladen durch den Tunnel bis Frankreich fährt. An der belgischen Grenze kommt es dann zu einem Kontakt mit einem zweiten LKW. Der Austausch der Wechselaufbauten der beiden LKWs erfolgt. Der britische LKW übernimmt dabei die Ladung aus Deutschland und kehrt nach Großbritannien zurück. Der deutsche LKW transportiert den britischen Aufbau nach Deutschland.

Der gesamte Transportvorgang wird mit einer Garantie versehen, die besagt daß die transportierten Waren im Großraum London bzw. Düsseldorf bis zu einem bestimmten Zeitpunkt des nächsten Tages zugestellt werden.
Der Hauptvorteil liegt in der enormen Zeitersparnis gegenüber einem herkömmlichen Transportvorgang der zwischen zwei und drei Tagen über diese Distanz dauern kann. Eine Verkürzung der Zeitdauer auf dem Transportweg bedeutet zugleich immer, daß die Materialbestandshöhe, die durch den Transport gebunden ist, gesenkt werden kann. Spediteure, die auf diesem Gebiet tätig werden, erweisen sich als „logistische Systemlieferanten", die auch über ein flächendeckendes Verteilsystem verfügen müssen. Die informationstechnologische Aufbereitung über ein geeignetes DV Netzwerk, ist die Voraussetzung dafür, daß eine Zustellung zum richtigen Zeitpunkt erfolgen kann.
Ein Transportlinienverkehr kann erst dann etabliert werden, wenn die steuerungstechnische Seite, wie z. B. die Fahrplan - und Routenabstimmung, auf Seiten des Spediteurs beherrscht wird. Das Ein - und Auslesen des Barcodes beispielsweise sollte ohne Schwierigkeiten für die internationalen Partner in der Logistikkette möglich sein.

Die kombinierte Benutzung von LKWs und Bahn ist bei Entfernungen über 500 km die wirtschaftlichste Lösung. Eine Studie des Instituts für Verkehrswissenschaft der Universität Münster belegte für 1993, daß beispielsweise auf der 430 km langen Strecke Krefeld - Stuttgart 461 DM an externen Kosten entstehen, 199 DM im kombinierten Verkehr und 133 DM bei einer ausschließlichen Bahnbenutzung. Die DM - Beträge beziehen sich dabei auf entstehende Kosten, bei Umweltbelastungen durch Schadstoffe und Lärmemissionen. Auf Luftfrachtbeföderung wird dann ausgewichen, wenn vor allem der Zeitaspekt dominiert.

Die Transportkostenverläufe in Abhängigkeit der Kilometeranzahl weisen bei ausschließlich einem Verkehrsträger einen degressiven Kostenverlauf auf. Dieses Bild ändert sich bei mehr als zwei Verkehrsträgern, die eingesetzt werden. Erfolgt z. B. der Übergang vom „modal split" LKW/Bahn/Schiff mit Zunahme der Entfernung auf die Kombination LKW/Bahn/LKW weisen die Transportkosten mit Zunahme der Entfernung einen progressiven Verlauf auf. Grundannahme ist allerdings, daß von einem Standort (Quelle) der Transport desselben homogenen Gutes erfolgt. Die belieferten Standorte werden annahmegemäß einzig aus dieser einen Quelle versorgt. Weitere Annahmen sind die gleichbleibende Qualität und die Vermeidung einer Umladung des Transportgutes. Es liegt dann beispielsweise ein Huckepackverkehr vor.

Für die Logistik bedeutet die Vernetzung von Verkehrsträgern einen Perspektivenwechsel:

- die Überbrückung weiter Entfernungen wird zu einem vordringlichen Anliegen,
- eine pünktliche Belieferung mit den gewünschten Materialmengen wird nach wie vor seine Bedeutung behalten, aber

- der Bezugspunkt der Logistik wird sich ändern; weg von der nationalen Sichtweise hin zu einer internationalen, d.h. die Frage der Komplementarität und Kompatibilität mit ausländischen Logistiksystemen wird in den Vordergrund gerückt werden.

Eine geänderte Sichtweise erscheint deshalb dringend erforderlich. Die Bundesrepublik bildet einen wichtigen Dreh- und Angelpunkt z. B. für den Handel mit den osteuropäischen Staaten und dem westlichen Teil Rußlands. Die zentrale Lage des Wirtschafts- und Logistikstandortes Deutschland wird von anderen Nationen erkannt.
Optimierte Belieferungskonzepte und ihre Auswirkung auf den Güterfernverkehr tragen über eine Steigerung der Kapazitätsauslastung zu einer Entzerrung des Güterfernverkehrs bei. Grundsätzlich gilt es im Fernverkehr den Lkw besser zu nutzen. Just-In-Time Belieferungen, vor allem im grenzüberschreitenden Nahbereich des Güterverkehrs werden noch zunehmen.
Die Zuverlässigkeit der Abläufe, moderate Transporttarife, ausgebaute Transportverbindungen und ein ausreichender Zeitbedarf gehören für die Logistik zu essentiellen Notwendigkeiten bei einem weltweiten Versorgungsauftrag. Wenn einer dieser Faktoren nicht gegeben ist, entstehen für die Logistik zusätzliche Optimierungsaufgaben. In diesem Fall müssen die vorhandenen Faktoren eine Kompensationsleistung erbringen, um insgesamt einen negativen Logistikoutput zu vermeiden.

4.3.4 Anforderungen an die Beschaffungsmärkte

Markteintritt

In die Risikoüberlegungen eines Unternehmens zu einer Standortverlagerung muß der Markteintritt in einen ausländischen Standort in seiner Wirkung auf die Belieferungsstruktur des Herstellers berücksichtigt werden. Mehrere Fälle eines Engagements, das sich in der zeitlichen Präsenz vor Ort ausdrückt, sind denkbar.

- Ein schneller Markteintritt des Herstellers und ein baldiger Wiederaustritt bedeutet für die Lieferanten, daß sie wenig Zeit haben in dem ausländischen Produktionsstandort eigene Produktionskapazitäten aus eigenen Ressourcen zu schaffen. In einem solchen Fall sind sie auf eine Zusammenarbeit untereinander angewiesen, oder sie bedienen sich eines Dienstleisters auf diesem Sektor.

- Ein schneller Markteintritt des Herstellers, der einhergeht mit einem langfristigen Engagement des Herstellers, verschafft den Lieferanten eine gewisse Garantie für ihre Investitionen durch den Hersteller. Da aber der Markteintritt kurzfristig erfolgt, kann es für den Lieferanten zwingend werden, ebenfalls auf die Hilfe eines Dienstleisters zurückgreifen zu müssen.

- Ein langsamer Markteintritt birgt die Gefahr eines Verlustes von Marktanteilen, wenn der Wettbewerber schneller agiert. Lieferanten müssen sich darüber im klaren sein, daß auch ein langfristiges Engagement auf einem Markt einen schnellen und stabilen Markteintritt erforderlich macht.

Der Zusammenhang von „local content" Bestimmung und Markt-Strategie

Die Hauptzielsetzung eines Unternehmens, die mit weltweiten Produktionsstandorten verbunden ist, spiegelt sich in einer einfachen Gleichung wieder:

G = U - K, Gewinn = Umsatz - Kosten

Nach der aktuellen Standort-Diskussion zu urteilen, scheinen Kostenreduzierungen im Inland die primäre Devise zu sein. Die Umsatzsteigerung durch ein offensives Marketing beispielsweise tritt demgegenüber offensichtlich nicht so sehr in den Vordergrund.

Anforderungen die sich aus der Gewinngleichung für die Logistik ergeben, sind unter Beachtung einfacher wirtschaftlicher Grundzusammenhänge darzustellen.

Der Umsatz stellt sich dar als eine Multiplikation von Menge und Preis.

U= M x P

⇨ **G = (M x P) - K** ⇨ **max !**

Hinsichtlich der Produktionsstandort-Frage ergibt sich daraus eine Fallunterscheidung:

(a) Die Absatzmenge oder der Preis werden erhöht.
(b) Die Absatzmenge und der Preis werden gleichzeitig erhöht.

Eine Absatzmengenerhöhung von Endprodukten bedeutet für die Logistik das Handling einer erhöhten Materialmenge. Da eine Preiserhöhung des Endproduktes nur im begrenzten Rahmen möglich scheint, engt sich der Aktionsraum für die Logistik weiter ein.
Auf der Kostenseite gilt für Zulieferteile, hinsichtlich des Teilepreises und der Materialmenge:

Fall I : Der Fertigungsmaterialbedarf steigt und gleichzeitig müssen die Kosten gesenkt werden

Ein „Made by" Konzept wird verfolgt. Das bedeutet, um tarifäre und nicht tarifäre Handelshemnisse vermeiden zu können, muß der „local content" Anteil erhöht wer-

den. Das Bestreben den „local content“ Anteil zu erhöhen wird den Anteil der inländischen Zulieferteile in einem annähernd gleichen Umfang reduzieren.
Im dem Maß, wie der „local content“ Anteil steigt, wird bei Produktteilen, die vom Kunden direkt wahrgenommen werden, eventuell ein Imageverlust der Marke eintreten, die vormals von dem „Made in“ Konzept profitierte.
Auch ist eine Orientierung in ein Käufersegment der unteren Marktbereiche wahrscheinlich, je stärker der „local content“ Anteil zunimmt

Es kann jedoch auch der Fall eintreten, daß der vormals nach Deutschland importierte ausländische Zulieferanteil direkt am ausländischen Produktionsstandort unter den „local content“ Anteil fällt. Es wird gleichsam nur eine Substitution von Importanteilen an den Zulieferteilen nach Deutschland durch den Anteil ausländischer Zulieferteile vor Ort vorgenommen. Ein erheblicher Lieferumfang von Zulieferteilen aus deutscher Produktion bleibt damit.

Fall II : Die Endproduktpreise werden gesenkt, da der Markt keine weiteren Preissteigerungen zuläßt

Sollen Produkte auf dem ausländischen Absatzmarkt billiger werden, kann das unter der Annahme, einer Konstanz aller anderen Bedingungen, über das Lohnniveau erreicht werden (Vorgehensweise ist dann der Fall I). Ein Nachlassen der inländischen Kaufkraft durch Rückgang des Einkommensniveaus bedeutet aber gleichzeitig, daß die inländische Bevölkerung, beispielsweise in Deutschland, als potentielle Kunden für die im Ausland gefertigten Produkte tendenziell ausscheiden werden. Denn der Kostenvorteil der ausländischen Produktion wird dann durch Währungsschwankungen bei Importen kompensiert. Der Import dieser Güter verteuert die Güter zusätzlich für die von einem Einkommensrückgang betroffenen privaten Haushalte.
Die gesamtwirtschaftliche inländische Kaufkraft in Deutschland ist auch für das einzelne Unternehmen keine zu vernachlässigende Entscheidungsgröße.

Lieferantenstruktur

Eine Fallunterscheidung hinsichtlich der Herkunft von Lieferanten drängt sich in diesem Zusammenhang auf. Die Möglichkeit besteht, daß:

(a) lokale Lieferanten und deutsche Lieferanten die Produktions- bzw. Montagestätten einrichten,
(b) ausschließlich lokale Lieferanten die Produktionsstandorte versorgen oder
(c) ausschließlich deutsche Lieferanten die Belieferung übernehmen.

Aus den genannten Darstellungen ergibt sich als wahrscheinlichster Fall (a), denn die „local content“ Bestimmungen vieler Länder verhindern von vornherein, die Etablierung ausländischer Lieferanten in dominanter Weise. Eine Lösungsmöglichkeit bietet die Kombination lokaler und deutscher Zulieferanten in Form von Industrieparks in den ausländischen Produktionsstandorten. Von der Zulieferindustrie erwartet wird dann die entsprechende Ressourcenkapazität im Hinblick auf Personal mit spezifischen Sprachkenntnissen, eine genügende Finanzausstattung, und wenn Kooperationen zwischen deutschen und lokalen Lieferanten nachhaltig eingegangen werden sollen einen gegenseitigen Know-how Austausch. Die Betonung liegt dabei auf dem Prinzip der Gegenseitigkeit (Reziprozität). Systemlieferanten sind geeignet den Anforderungen durch „local content“ Bestimmungen gerecht zu werden.

Von grundlegener Bedeutung ist die Frage, ob von einem ausländischen Produktionsstandort aus auch direkt die Materialversorgung der weltweit verteilten Senken erfolgen kann, oder vielmehr Zwischenpunkte in Form von Verteilzentren erforderlich werden, die diese Aufgabe wahrnehmen. Als Regel läßt sich formulieren: steigt der „local content“ Anteil, nehmen die CKD Lieferumfänge aus den heimischen Produktionsstandorten ab. Denn in dem Maße, wie es gelingt Teileumfänge aus dem ausländischen Markt für den ausländischen Produktionsstandort zu beschaffen, wird die ausländische Produktionskapazität gestärkt. Zerlegte Fertigproduktsätze aus dem inländischen Produktionsstandort werden dann nicht mehr im gleichen Ausmaß benötigt.

Eine endgültige Festlegung auf den räumlichen Sitz der Steuerungszentrale des Produktionsverbundes bewegt sich zwischen einem ausländischen Produktionsstandort oder einer Zentraleinheit des Inlandes, etwa der Konzernzentrale.

Was bedeutet die Marktpräsenz vor Ort in letzter Konsequenz für die Logistik ? Als These läßt sich formulieren, es gibt keine ausschließlich lokale Logistik. Die Logistik muß vielmehr von ihrer Struktur her jederzeit in der Lage sein weite Distanzen zu überwinden. Die räumliche Distanz ist dabei nur ein Bestandteil des logistischen Aufgabenfeldes. Verknüpft werden damit auch die Lagerhaltung, die Qualität, oder die zeitlichen Restriktionen.

Die Qualitätssicherungssysteme der ausländischen Produktionsstandorte sollten dem deutschen Standard entsprechen oder zumindest kompatibel sein. Fraglich ist jedoch, ob weltweit ein einheitlicher Standard überhaupt vorliegt, oder ob nicht vielmehr eine Qualität speziell für den jeweiligen regionalen Absatzmarkt produziert wird. Allein aus logistischen Gründen kann es jedoch nur einen weltweit gültigen Qualitätsstandard geben. Der Nutzeffekt aus der Arbeitsteilung würde in Frage gestellt werden, falls aufgrund einer Strategie des Absatzmarketings regional spezifische Produktqualitäten als Maxime für die Produktplanung gelten würden. Auch ist es nicht akzeptabel, bestimmte Produktkomponenten mit Qualitätsreduzierungen oder gar Qualitätsmängeln zu akzeptieren.
Ferner wäre die Nutzung von Skalenerträgen einer zentralen Produktion für bestimmte Teileumfänge im Rahmen des Produktionsverbundes demnach gar nicht wahrnehmbar. Unterschiedliche Materialsorten für den inländischen und den ausländischen Standort und damit verbunden eventuell noch eine unterschiedliche Beliefe-

rungspräferenz im Sinne einer „first-class“ oder „second-class“ Versorgung sind dennoch abzulehnen.
Die Qualitätssicherungsfunktion direkt beim Lieferanten zu belassen und keine eigene umfangreiche Qualitätseingangskontrolle zu haben ist das Bestreben hiesiger Hersteller. Ob eine ausschließliche Qualitätskontrolle durch den Zulieferanten ausreichend ist und auf die Eingangsprüfung des Herstellers verzichtet werden kann, ist bei langen weltweiten Transportwegen kritisch zu hinterfragen. Ein Produkt ist nur so gut, wie die schlechteste Produktkomponente. Die Gesamtproduktverantwortung liegt immer beim Endprodukthersteller. Systemlieferanten haben in der Innenbeziehung zwischen dem Endprodukthersteller und ihren Unterlieferanten eine besondere Verantwortung. Auf dem Absatzmarkt hingegen steht der Hersteller alleine mit seiner Produkthaftung und etwaigen Imageverlusten, die sich bei mangelnder Qualität einstellen. Das Potential qualifizierter Arbeitskräfte, die speziell für logistische Aufgaben geeignet sind, entscheidet mit über den Komplexitätsgrad logistischer Aufgabenumfänge die an lokale logistische Dienstleister delegiert werden können.

Steuerungsinstrumente und Technologien für den informatorischen Logistikprozeß (Abrufsysteme, eventuell Lagerbestandsführungssysteme, Transportverfolgungssysteme) und den physischen Logistikprozeß (Ladungsträger, Paletten, Gapelstabler), sind in einer Weise zu konzipieren, die eine weitgehende Prozeßsicherheit garantiert. Die Vereinheitlichung der Kommunikationsstrukturen (Odette z. B. kann nur ein erster Schritt sein, da es sich um ein europaspezifisches Instrument handelt) muß zu weltweit gültigen Normen der Kommunikation führen. Ladungsträger sollten ebenfalls einer weltweit gültigen Norm entsprechen. Beispielsweise ist an eine Ausweitung der VDA Behälternormen zu denken, wenn ein reibungsloser Austausch von Voll- und Leergut Ladungsträgern über weite Distanzen beabsichtigt ist.

Die politische Situation in den ausländischen Standorten ist für die Logistik eine wichtige Größe. Denn beispielsweise häufige Streiks beeinträchtigen unmittelbar die Liefersituation und damit eine wichtige Zielsetzung der Logistik.
Streiksicherheit und politische Stabilität sind daher wesentliche Elemente auf die eine Unternehmenslogistik nachhaltig reagiert. Eine fehlerhafte Einschätzung ausländischer Produktionsstandorte in diesen Punkten kann zu einer Existenzkrise des weltweiten Produktionsverbundes führen.

Eine Kostenfunktion der Logistik bei weltweiten Verpflichtungen

Aus Sicht der Logistik sind, um ein Fazit zu ziehen, die Nettoeffekte eines weltweiten Produktionsnetzwerkes relevante Entscheidungsgrößen, und nicht etwaige Standortnachteile des Standortes Deutschland. Die Nettoeffekte einer Standortverlagerung sollten quantifizierbar sein, bevor unter dem logistischen Gesichtspunkt einer Standortverlagerung zugestimmt werden kann.

Die Auftragslage der Logistik im Rahmen eines weltweiten Produktionsverbundes läßt sich unter Kostengesichtspunkten beschreiben. Die Bemühungen gehen dahin eine Kostenminimierung zu erreichen.
Weltweite Kosten der Logistikleistung zur Versorgung von Produktionsstandorten lassen sich in einer Funktion von Handling (inländische und ausländische Löhne), Liefertermintreue, Transporttarifen, Transportwegesicherheit, Lagerbindung und Informationsfluß ausdrücken. Aus Vereinfachungsgründen wird ein linearer Zusammenhang unterstellt.

$$K = f(L_I + L_A + KS_I + KS_A + T_I + T_A + V_I + V_A + L_I + L_A + I_I + I_A) \Rightarrow \text{min!}$$

wobei:

K	:	Gesamtkosten
L_I, L_A	:	Löhne Inland, Löhne Ausland
KS_I, KS_A	:	Konventionalstrafe bei Lieferverzug Inland, Ausland
T_I, T_A	:	Transporttarife Inland, Ausland
V_I, V_A	:	Versicherungsbeiträge
L_I, L_A	:	Lagerkosten, Inland, Ausland
I_I, I_A	:	Informationskosten, Inland, Ausland

Eine Grundannahme dabei ist, daß die ausländischen Produktionsstandorte auch mit Produktkomponenten aus inländischen Produktionswerken versorgt und beliefert werden. Andernfalls macht es keinen Sinn von weltweiten Logistikanforderungen bei weltweiten Produktionsstandorten zu sprechen.

Um welchen Betrag muß ein Standort kostengünstiger sein, damit er den Zuschlag bei einer Standortverlagerung erhält? Rechtfertigt beispielsweise ein Kostenvorteil von 10 % aufgrund niedrigerer Löhne eine Verlagerung des Produktionsstandortes hinsichtlich der logistischen Risiken, die damit verbunden sein können ? Größere räumliche Distanzen, die Stabilität der informatorischen Anbindung, oder eventuell notwendig werdende Zwischenlager sind zu den Unwägbarkeiten zu rechnen.

Das Verhältnis des Ertrages aus den ausländischen Produktionsstandorten zu den weltweiten Logistikkosten muß größer sein, als das Verhältnis des Ertrages aus den inländischen Produktionsstandorten zu den inländischen Logistikkosten.
Nur wenn die Relationen sich in dieser Weise verhalten, lohnt sich unter dem logistischen Gesichtspunkt das Engagement in ausländische Produktionsstandorte.

Nach Aussagen des Instituts der deutschen Wirtschaft in Köln betrugen beispielsweise die Arbeitskosten Osteuropas 1994 sechs Prozent des westdeutschen und zehn Prozent des ostdeutschen Niveaus.

Die Höhe der Arbeitskosten alleine macht noch keinen Standortvorteil für Osteuropa aus. Ein niedriges Lohnniveau hat für das ausländische Unternehmen das investieren möchte nur einen bedingten Wert, wenn die Produktivität und die Qualität nicht stimmen, Rechtsunsicherheit besteht, Vereinbarungen nicht eingehalten werden und Möglichkeiten für die Gewinnrückführung nicht grundsätzlich gegeben sind.

Logistik als Wegweiser für den Aufbau einer Infrastruktur in neu zu erschließenden Beschaffungsmärkten?

Ausgehend von der Aufgabenstellung der Logistik das gewünschte Material in der geforderten Qualität in der richtigen Menge zum geforderten Zeitpunkt zu günstigen Kosten bereitzustellen, ergibt sich für eine Optimierung der logistischen Zielkette beispielsweise in bezug auf die Situation in Osteuropa folgende Möglichkeit für einen Anforderungsrahmen:

Material sollte einfach zu handhaben sein, eine solide Basisqualität aufweisen, und eine Abkehr von dem Prinzip der Vorratswirtschaft und des Bestandsdenkens darstellen.

Qualität betrifft vor allem die Verbesserung der Qualifikation von Beschäftigten im Logistikbereich. Hinsichtlich des Mengenbestandes ist der Ausfall durch Schwund, Transportbeschädigungen und falsche Lagerung, in einen Sicherheitsbestand einzukalkulieren. Eine optimale Bestandshöhe in der logistischen Kette wird deshalb nicht erreicht werden können.

Ein ausreichender Zeitvorlauf ist einzukalkulieren, eine längere Dauer ist wahrscheinlich, da mehr Grundlagenarbeit geleistet werden muß.

Zu den Konditionen zählen niedrige Lohnkosten. Eine Rechtssicherheit der Rahmenverträge muß gewährleistet sein, das Aufstellen von „Notstrategien", und der Abschluß von Versicherungen zur Absicherung der Transportrisiken müssen Berücksichtigung finden.

Die Kombination dieser Faktoren fällt von Fall zu Fall unterschiedlich aus. Eine standardisierte Vorgehensweise des Optimierungsprozesses wäre wünschenswert, ist jedoch noch nicht abzusehen. An dieser Stelle ist das Bild vom Pionier wieder zu bemühen, der neue Wege begehen muß, bevor gesicherte Abläufe für „follower" zur Verfügung stehen.

Rechtssicherheit, zügige Genehmigungsverfahren, Sicherheit für Personal und Material sind oberste Zielsetzungen. Neue Denkhaltungen sind einzunehmen.

Das Selbstbewußtsein ist zu stärken und die Mündigkeit gegenüber dem Staat zu verdeutlichen. Der Human Ressource Ansatz stellt ja generell den Weiterbildungsbedarf des Mitarbeiters in den Vordergrund. Auch die Führungsqualitäten der Mitarbeiter sind marktwirtschaftlichen Anforderungen anzupassen. Die Wünsche und Hoffnungen der einzelnen Wirtschaftssubjekte sind Triebfedern für die Entstehung einer marktwirtschaftlichen Wirtschaftsordnung Weiterbildungs- und Fortbildungsmaßnahmen für Mitarbeiter und Führungskräfte sollten dieser Tatsache verstärkt Rechnung tragen.

Das Vertrauen in die heimische Währung muß hergestellt werden. Akzeptanz einer Währung bedeutet, daß damit zu jeder Zeit und an jedem Ort die gewünschte Ware gekauft werden kann (ähnelt in gewisser Weise der Zielkette der Logistik). Die Intensität der Rechen-, Wertaufbewahrungs-, und Zahlungsfunktion einer Währung macht ihren Akzeptanzgrad aus.

Die Bezugsstruktur und Materialflußsituation weist im osteuropäischen Raum einige Besonderheiten auf. Die Lieferantenstruktur läßt eine teilweise Verlagerung lohnintensiver Tätigkeiten in der Fertigung, aber auch logistischer Umfänge zu. Die Beschaffungsstrategien deutscher Unternehmen müssen deshalb eine vorsichtige Abschätzung des „local content“ Anteils vornehmen. Werden günstige Einkaufspreise erzielt, müssen dem gegenüber eventuell erhöhte Ausgaben für Qualitätssicherungssysteme veranschlagt werden.
Logistisches Know-how, das die Weiterentwicklung eines Lieferanten zu einem Systemlieferanten ermöglicht, ist noch nicht flächendeckend erkennbar.
Die Vorratswirtschaft in Form einer Anhäufung von Materialbeständen ist ein weit verbreitetes Vorgehen, das an anderer Stelle zu Materialengpässen führen kann.

4.4 Anforderungen an die Zulieferer: Systemführerschaft durch den Systemlieferanten?

Die logistische Gesamtleistung die ein Lieferant erbringen können sollte, setzt sich aus den drei Grundpfeilern „Flexibilität“, „Lieferbereitschaft“ und „Informationsversorgung“ zusammen. Je nachdem wie es ein Lieferant versteht den Anforderungen in diesen Feldern gerecht zu werden, weist er sich als kompetenter Kooperationspartner über den Produktlebenszyklus aus.

Diejenigen Lieferanten die in der Lage sind, sich einer JIT-Belieferung zu bedienen, zeichnen sich durch hohe logistische Kompetenz aus und können eindeutig zu den Systemlieferanten gerechnet werden, ihre Befähigung und Beteiligung in Konstruktionsfragen vorausgesetzt.

Die Übernahme und Erstellung logistischer Dienstleistungen durch den Systemlieferanten ist von Fall zu Fall zu prüfen.

Die logistischen Standortstrukturen der Systemlieferanten in Werksnähe des Herstellers lassen sich einmal nach der räumlichen Distanz klassifizieren. Entfernungsradien von zwischen 4 bis 12 Kilometern, kleiner 50 und über 50 Kilometern Distanz beschreiben das Umfeld. Dadurch kann beispielsweise eine Orientierung erreicht werden über die Möglichkeiten von Lieferfrequenzhäufigkeiten oder Transportrisiken im Hinblick auf einzelne Lieferanten.

Eine Vielzahl unterschiedlichster Belieferungsformen ist grundsätzlich in bezug auf einen Lieferanten denkbar. Die prozeßbedingten Notwendigkeiten des Herstellers, das Know-how und die generelle Leistungsfähigkeit des Lieferanten entscheiden darüber welche Belieferungsform, beispielsweise ob mit oder ohne Kommissionierung, gewählt wird. Die Hauptgruppe einer Belieferung mit Kommissionierung beispielsweise, ist wiederum selbst in eine Vielzahl möglicher Belieferungsvarianten unterteilt.

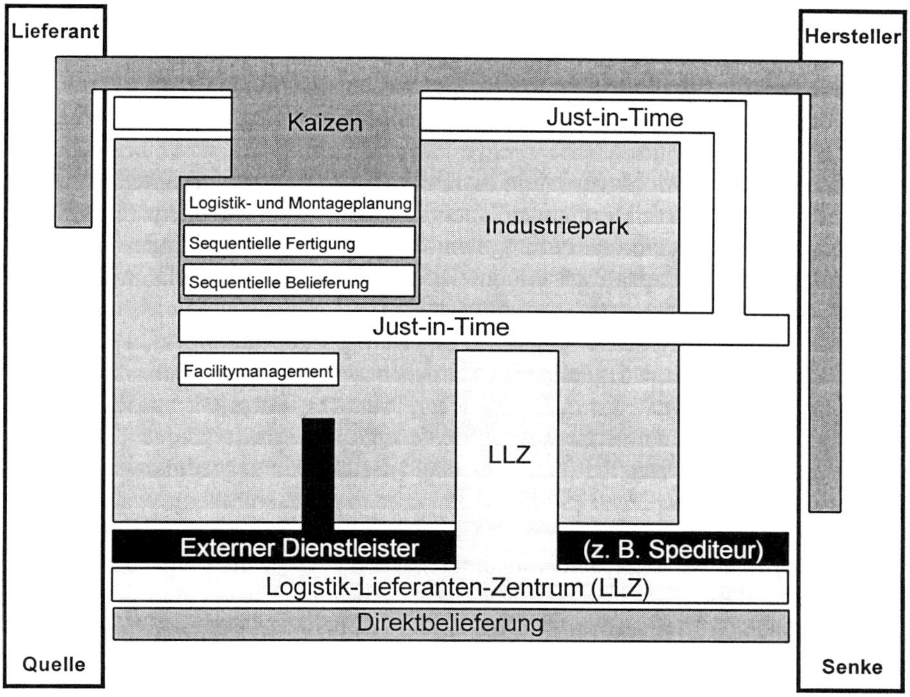

Abb. 29: Struktur von Belieferungs- und Planungskonzepten zwischen Lieferant und Hersteller

Die Fähigkeit eines Systemlieferanten („first tier supplier") zeigt sich auch in den Bereichen eines strategischen Kostenmanagements, dem Ausbau von Kernkompetenzen, einem intensiven Wertschöpfungskettenmanagements, der Fähigkeit zu Simultaneous Engineering in der Produktentwicklung, sequentieller Produktion, Total Quality Management, Total Maintenance Productivity, einem Continuous Improvement-Kaizen und der Fähigkeit zu einer Just-In-Time Belieferung oder Industrieparkkonzeption.

Die Auswahl weniger Lieferanten mit Systemführerschaft kann eventuell eine Reduzierung des Fehlteilerisikos bedeuten. Dem sind aber die Kosten der Verlagerung gegenüber zu stellen. Entsteht ein erhöhter Koordinationsaufwand (Dokumentation,

Disposition) durch vermehrte Fremdvergabe, der die Kosten - oder Leistungsvorteile ausgleicht, ist auf eine Eigenerstellung zurückzugreifen und die Buy Entscheidung aufzugeben.
Bauteile, Din - und Normteile, Hilfs- und Betriebsstoffe, Rohstoffe und Halbzeuge werden von Teillieferanten geliefert. Komponenten und Formen der Komponentenaggregation bezieht der Hersteller von sogenannten Komponentenlieferanten. Systeme und Subsysteme erstellt schließlich der Systemlieferant über eine Systemaggregation. Die Klassifizierung des Komponentenlieferanten läßt sich weiter in den Prozeßlieferant und den Modullieferant fortführen. Der Prozeßlieferant weist Merkmale auf , wie einen geringen Teilepreis, geringe Teilekomplexität oder einen geringen Entwicklungsaufwand. Ein Modullieferant hat mit höherer Teilekomplexität zu tun.
Ein Systemlieferant ist gekennzeichnet durch die hohe Teilekomplexität seiner Produkte, die Übernahme umfassender Entwicklungs- und Vormontageumfänge, unter Umständen auch von Montageleistungen, hohe Produktpreise und einen After-Sales Service, wie z. B. im Hinblick auf die Bevorratung von Ersatzteilen. Die Entscheidung wer von den Lieferanten zum Systemlieferanten befähigt ist oder nicht, weist auch immer ein gewisses Restrisiko im Hinblick auf die Kompetenz und weitere Entwicklung des ausgewählten Systemlieferanten auf. Ein Systemlieferant muß auch in der Lage sein, seine Unterlieferanten im Sinne des Endproduktherstellers zu koordinieren. Unterschiedliche Potentialfelder ergeben sich für Optimierungsbemühungen im Umfeld der Zulieferanten. In den Bereichen Produktspektrum, Prozeßorganisation, Qualitätskonzept, den Fragen eines optimalen Kapitaleinsatzes, der Haftung und Gewährleistung, und einer flexiblen Berücksichtigung der Bedürfnisse des Endproduktherstellers, können durch Optimierungen Potentiale erschlossen werden.

In einer Systempartnerschaft ist es unabdingbar frühzeitig einen enge Zusammenarbeit mit den Lieferanten zu suchen. Mögliche Abstimmungsschwierigkeiten und ungeklärte Kompetenzen dürfen dabei nicht zu nachhaltigen Irritationen führen, die die Beziehung zwischen Lieferant und Endprodukthersteller belasten könnten. Im Mittelpunkt der gemeinsamen Anstrengungen zwischen Zulieferant und Endprodukthersteller steht neben anderen Möglichkeiten das Instrument der Prozeßoptimierung. Eine Prozeßoptimierung kann sich dabei gleichermaßen auf den Informationsfluß, als auch auf den Materialfluß beziehen.
Eine Prozeßoptimierung die sich an Zielen, wie Produktivitätserhöhung und einem umfassenden Zeitmanagement ausrichtet, wird mit dazu beitragen, die Wettbewerbsposition des Lieferanten zu stärken.

Das Verhältnis zu den Lieferanten im Außenfeld spiegelt sicherlich auch den Situationszustand innerhalb des Herstellers wieder. Daher ist eine Abstimmung interner und externer Abläufe angebracht, wenn eine optimale Beziehung zwischen Zulieferant und Endprodukthersteller entstehen soll.
Welche Störungen in den Abläufen auftreten können wenn keine ausreichende gegenseitige Berücksichtigung der Optimierungskriterien des jeweiligen Kooperationspartners stattfindet, läßt sich am Beispiel der Optimierungskriterien, die für die Material-

disposition des Herstellers von Relevanz sind, aufzeigen. Das Ziel einer „Maschinenauslastung“ auf Seiten des Lieferanten z. B. kann konträr laufen zu dem Optimierungskriterium „Losgröße“ des Herstellers, wenn kein organisatorischer oder informatorischer Abgleich zwischen den Unternehmen vorgenommen wird. Als negative Folgen treten unter Umständen Mengen- und Terminabweichungen zwischen den Bedarfsangaben des Herstellers und den Lieferumfängen des Lieferanten auf.

Der Lieferant seinerseits sieht sich vordringlich mit Problemfeldern konfrontiert, die aus seiner Sicht der Zusammenarbeit mit den Herstellern oder Spediteuren resultieren. Da ist zum einen eine unzureichende Prozeßorientierung der Organisationsstrukturen, die der Lieferant auf Seiten des Endproduktherstellers und der Dienstleister/Spediteure zu erkennen glaubt. Auch kritisiert er den mangelhaften Überblick über den gesamten Materialfluß, und Produktionsprozeß.

Abrufschwankungen, ständige Änderungswünsche und verkürzte Anlaufzeiten auf Seiten des Herstellers sind einige Beispiele, wie sie wohl die meisten Lieferanten kennen dürften. Gleichwohl ist ein erfolgreicher Lieferant in der Lage mit diesen Widrigkeiten fertig zu werden.

Kurzfristig auftretende Störungen, die der Hersteller zu verantworten hat, können aus der Komplexität der Produktionsprogrammplanung herrühren. Bei Umstellungen des Produktionsprogramms, zu Lasten der vormals festgelegten Produktionsreihenfolge, wird die Flexibilität des Lieferanten gefordert.
Da die Terminsetzung für den logistischen Ablauf äußerst enge Zielkorridore vorsieht, hat eine Abweichung vom geplanten Ablauf für alle Beteiligten in der logistischen Kette Nachteile, wie z. B. Lieferterminschwierigkeiten, Qualitätsabweichungen, das Vorhalten von zusätzlichen Flächenpuffern oder Falschlieferungen.

Den Zielen, die mit einer internationalen Beschaffung verbunden sind, beispielsweise in Form einer Optimierung der Prozeßabläufe und der Herausarbeitung von Kostensenkungspotentialen und deren Erschließung, kann über unterschiedliche Steuerungsschritte nach gegangen werden. Dazu zu rechnen sind ein schnelles und einfaches „Global Sourcing“ bei Materialgruppen, die keinen besonderen Beschaffungsaufwand nach sich ziehen, und die verstärkte Orientierung an Benchmarking Vorgehensweisen und Ergebnissen. Besuche bei Unternehmen im Rahmen des Benchmarkings, und grundlegende Analysen zur Verbesserung der eigenen Abläufe, erleichtern die Optimierung.

Die Umsetzung von Kostensenkungsprogrammen in Zusammenarbeit mit Systemlieferanten, zur Erschließung von Einsparpotentialen ist ein wesentliches Ergebnis des Beschaffungsmarketings der einkaufenden Bereiche.

Chancen für das Güterverkehrsgewerbe als Systemlieferant für logistische Dienstleistungen

Zu logistischen System - Dienstleistern können auch die Spediteure gerechnet werden, wenn sie in der Lage sind, beispielsweise Kommissionier- oder Montageumfänge mit entsprechenden Qualitäts-Garantien zu übernehmen. Das Speditionsgewerbe ist eigentlich als logistischer Dienstleistungssektor zu verstehen. Wird eine solche Betrachtungsweise zugrunde gelegt, wundert es nicht, wenn Strukturveränderungen, denen die Automobilindustrie unterliegt, auch mehr Wettbewerb und Kostenorientierung für den Güterverkehr bedeuten.

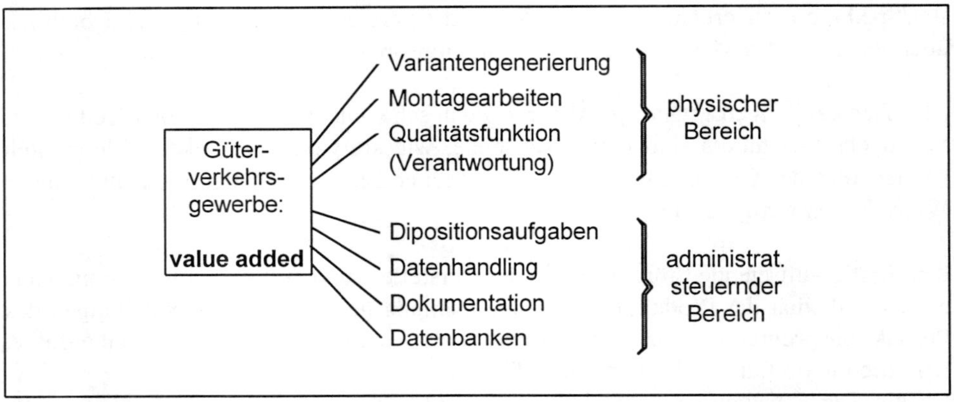

Abb. 30: Der Mehrwert des Güterverkehrsgewerbe für die Logistik

Strukturveränderungen zeichnen sich auf zwei Ebenen ab: sie müssen erkennbar sein und eine gewisse Gültigkeitsdauer versprechen. Dann bieten sie einen Ansatz für positive Veränderungen. Der Standortwettbewerb gilt gleichermaßen für Endprodukthersteller und logistische Dienstleister. Automobilunternehmen und Spediteure sind konfrontiert mit mehr Wettbewerb durch stärker gewordene Konkurrenz, aber auch mit Wettbewerbsverzerrungen, verursacht durch unterschiedliche Reglementierungen zwischen in- und ausländischen Standorten.

Der Bundesverband des Deutschen Güterfernverkehrs (BDF) hat die Nachteile gegenüber ausländischen Wettbewerbern auf den Punkt gebracht (Strampp, Unangenehme Wechselbäder für das Güterfernverkehrsgewerbe, Stuttgarter Zeitung, 24.05.96, S. 13):

- die Mindeststeuer für "Altfahrzeuge" ist viermal so hoch wie von der EU vorgeschlagen,
- die Abgaben für schadstoffarme Euro 2 Lastwagen ist doppelt so hoch, wie von der EU vorgesehen,
- die Mineralölsteuer ist um 40 % höher als in anderen Staaten der EU,
- die höchsten Versicherungssteuern müssen gezahlt werden,

- die technische Überwachung bringt hohe Kosten mit sich, oder
- Autobahnbenutzungsgebühren, die für heimische Speditionsunternehmen z. B. nicht bei der Kfz-Steuer kompensiert werden, wie es im benachbarten Ausland geschieht.

Auf der Nachfrageseite von Speditionsleistungen für den Güterverkehr ergeben sich aus der Internationalisierung umfassende Veränderungen. Die projektierte, aber noch nicht wirklich umgesetzte Deregulierung des Marktes und der daraus entstehende Wettbewerb sind Ausdruck einer veränderten Lage. Anlieferstrategien, müssen auf geänderte Rahmenbedingungen angepaßt werden sei es, daß es sich um Direktbelieferungen, speziell Just-In-Time, oder allgemeine sequentielle Belieferungen handelt.

Für die Logistik der Automobilindustrie hat das eine Reihe von Konsequenzen in der Konzeption von Beschaffungsstrategien: denn die Vorlaufphasen der Beschaffung werden länger, ein erhöhtes Transportaufkommen entsteht, und die Notwendigkeit für den Einsatz von Sammelspediteuren steigt. Hinzu kommt ein Anstieg der Zollformalitäten und des Dokumentationsgrades der Frachtumfänge.

Die Internalisierung bedeutet eine Allpräsenz und Verfügbarkeit von Waren und Dienstleistungen auf den diversen Märkten in kürzester Zeit. Für das Speditionsgewerbe ist das Stichwort Internationalisierung sicherlich ein „alter Hut". Für die Logistik entsteht im Zusammenhang mit der Globalisierung von Produktionsstandorten eine stärkere Orientierung auf ausländische Verbundsnetzwerke, als das bislang der Fall gewesen sein mag.

Kein Verkehrsmittel ist so flexibel einsetzbar und handhabbar im Güterverkehr, wie der Lkw: Änderungen von Fahrtrouten, die spezifische Berücksichtigung von Frachtanforderungen, oder die Umrüstung mit technischen Ladehilfsmitteln sind umgehend möglich. Vor allen Dingen sollte aber nicht vergessen werden, daß ein Lkw noch auf der kleinsten Nebenstrecke eingesetzt werden kann, die Bahn aber nicht.

Ein optimales Datenverwaltung- und Auswertungsverfahren ist auf dem Weg zum Netzwerkmanagementpartner unabdingbare Voraussetzung.
Die verstärkte Einführung der Datenverarbeitung eröffnet dem Spediteur Möglichkeiten zur Entwicklung als Wertschöpfungspartner in der gesamten Prozeßkette. Denn das Leistungsprofil als reine speditionelle Leistung i.e.S. kann von Spediteuren um Dienstleistungen erweitert werden. Dadurch kommen diese potentiell in die Lage Geschäftsfelder der Kunden zu übernehmen, die nicht zu deren Kernaktivitäten gehören, wie beispielsweise Logistikumfänge.

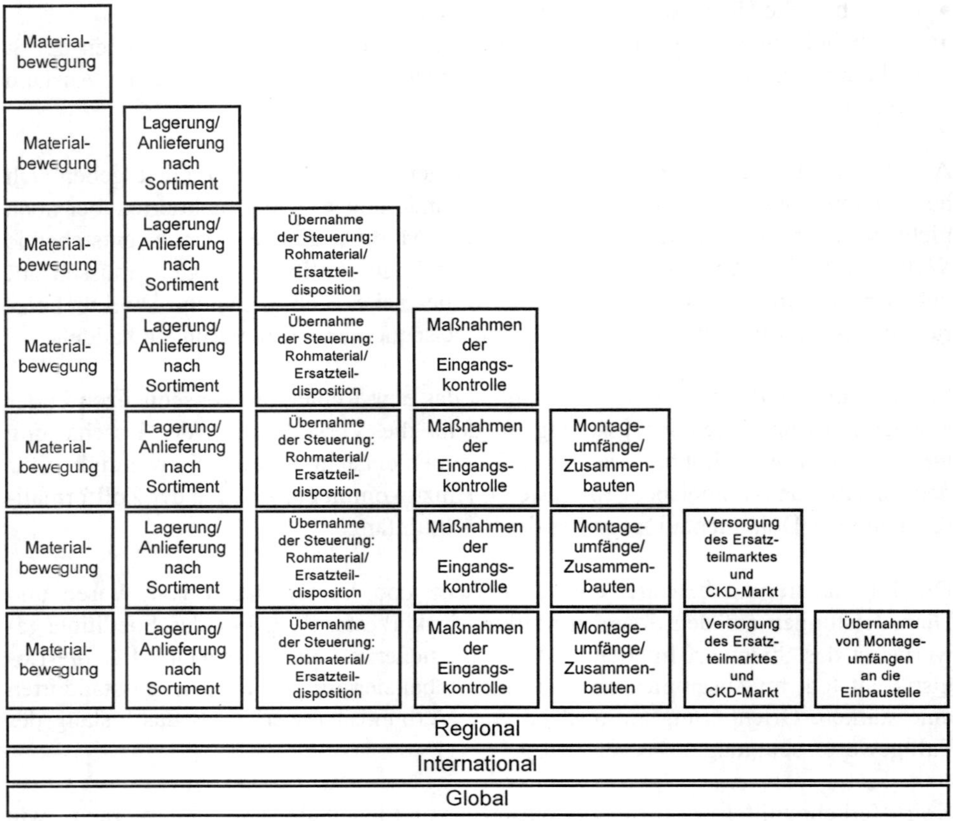

Abb. 31: Stufen des logistischen Leistungsspektrums über den Spediteur (Logistik-Provider) von der Quelle (Lieferant) zur Senke (Hersteller)

Die flächendeckende Einführung und Nutzung der Datenverarbeitung ist Ausdruck eines hohen Leistungsprofils der Spediteure.
In den Bereichen Transportzeiten und Transportzuverlässigkeit können keine signifikanten Vorteile zwischen den Wettbewerbern erreicht werden; sie gehören zu den selbstverständlichen Grundvoraussetzungen die Speditionskunden erwarten dürfen. Deshalb sind in einer Geschäftsfelderweiterung Betätigungsfelder für Spediteure gegeben in denen Qualitäts- und Kompetenzunterschiede in den Augen der Kunden ausgewiesen werden können. Für das Güterverkehrsgewerbe ergibt sich damit aus der Tendenz der Automobilindustrie zur Reduzierung der logistischen Fertigungstiefe eine Chance zur Erweiterung des eigenen Leistungsspektrums durch Übernahme dieser Aufgaben.

In einem Marktszenario lassen sich aus der Zunahme der Verflechtungen und der Nähe zum „point of sales“ im Rahmen einer stärkeren Kundenorientierung eine Mittlerposition des Güterverkehrsgewerbes konstatieren. Zwischen der Anzahl Lieferanten bzw. Beschaffungsquellen und der Automobilindustrie fungiert das Güterverkehrsgewerbe. Unterstützung erfordert diese Orientierung durch die Verkürzung des Kundenauftragsprozesses zur Befriedigung der Kundenbedürfnisse.

Aus einer Umsetzung der Globalisierungsstrategie der Automobil- und Zulieferindustrie ergibt sich zeitgleich für das Güterverkehrsgewerbe die Notwendigkeit für eine parallele Umsetzung. Mit den Zeit-Etappen ab 1945, sechziger Jahre, und seit Beginn der neunziger Jahre, vollzieht sich für das Güterverkehrsgewerbe in der Reihenfolge „lokal", „International" und „Global" ein ähnlich gelagerter Anpassungsprozeß wie in der Automobilindustrie.

5. Steuerungselemente und -methoden/Logistiknavigation

Logistikkosten bewegen sich in einem Spielraum, der durch das Benchmarking und daraus abgeleitete Vorstellungen des Target Costings, eingegrenzt ist. Somit ist für strategische Überlegungen die Kundenorientierung als Ausgangspunkt feststehende Bedingung. Das Target Costing gibt eine Obergrenze für die Kostenstruktur vor und weist damit deutlich einen nicht vertretbaren Kostenaufwand aus. Wie stark die Rolle des Logistik-Controlling angelegt sein soll, als Navigator mit möglichst geringem organisatorischen und damit kostenmäßigen Aufwand, oder in Form eines umfassenden organisatorischen Controlling, wird von Fall zu Fall unterschiedlich zu bewerten sein.

Unterschiedliche Vorgehensweisen bieten sich zur Standortbestimmung oder Situationsanalyse der eigenen Logistikprozesse an. Über Unternehmen wird die Wettbewerbsanalyse (Prozeß- und produktbezogen) eingeleitet. Benchmarking führt zu einer international bezogenen globalen Standortbestimmung.
Auch ist ein Controlling-Ansatz (Stichwort: Zero Base Budgeting) denkbar. Zero base Budgeting steht neben der Prozeßkostenrechnung und der traditionellen Kostenarten- bzw. Kostenstellenrechnung. Dabei wäre eine Ergebnisrechnung nicht nur auf Grenzkosten- sondern gerade auch auf Vollkostenbasis wünschenswert, um eine reelle Vorstellung der Kostenbelastung von Teilprozessen zu bekommen.
Zu bemerken ist, daß der flächendeckende Einsatz der Prozeßkostenrechnung in allen betrieblichen Funktionsbereichen bislang noch nicht erreicht werden konnte und eine gewisse Skepsis in der Praxis über die operative Umsetzbarkeit spürbar ist. Ein Grund liegt in dem Aufwand der damit verbunden ist, aber auch in der Offenlegung und Nachvollziehbarkeit sowie Bewertung aller Tätigkeiten.

Die Darstellung der Leistungsergebnisse kann sich orientieren am Customer und/oder Shareholder Value und den genannten Benchmarking-Erkenntnissen.

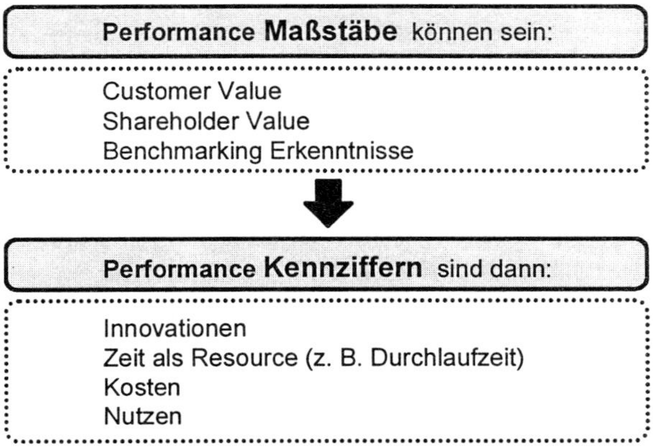

Abb. 32: Leistungsmaßstäbe und Kennziffern

5.1 Benchmarking

Methodische Vorgehensweise im Rahmen des Benchmarking

„Know your competitor as you know yourself. Then strive to be the best of the best."
Owen, Jean V., Benchmarking, World-Class Manufacturing,
in: Manufacturing engineering, March 1992 , S. 29

Benchmarking sieht sich als eine Methode, im Vergleich mit den „Besten der Besten" der Wettbewerber, die höchst mögliche Zielorientierung als Handlungsmaxime aufzustellen und gleichzeitig Möglichkeiten zu ihrer Zielerreichung auszuweisen.

Die durchzuführenden Kosten- und Prozeßvergleiche sollen vor allen Dingen Transparenz in den ablaufenden Prozessen und Methoden innerhalb der Unternehmen erzeugen und daraus abgeleitet das Verständnis für effiziente Prozesse und deren Umsetzung wecken.

Es ist aufgrund der unterschiedlichen Planungsprämissen, die zugrunde gelegt werden, nicht leicht geeignete Vergleichspartner auszuwählen. Dazu muß auch noch die Bereitschaft eines potentiellen Vergleichspartners kommen, sich als Vergleichspartner zur Verfügung zu stellen und geeignete Informationen über seine internen Abläufe publik zu machen. Da die Erhebung von Daten häufig mit einem Besuchsprogramm bei den Wettbewerbern verbunden ist, empfiehlt sich im Vorfeld einer Analyse eine Reihe von vertrauensbildenden Maßnahmen zwischen den Wettbewerbern, um zu einer Atmosphäre zu kommen, die von Vertrauen getragen ist. Der Austausch von Informationen lebt natürlich vom Prinzip der Gegenseitigkeit, ohne das ein nutzenbringendes Benchmarking für alle Beteiligten nicht möglich wäre.

Die Informationen der Benchmarking betreibenden Unternehmung über die eigenen internen Abläufe speisen sich aus unterschiedlichen Quellen.

Beispiele für *Benchmarking-Basisdaten*:

- Arbeitsplatzdateien der Arbeitswirtschaft,
- Stellenpläne des Controlling Bereiches,
- Flächenbilanzen der Logistikplanung,
- Berechnungsdaten der Arbeitswirtschaft in bezug auf den Ladungsträgerumschlag,
- Ladungsträger Bestandsführungsdaten der Logistikplanung,
- Inventurbestandsverzeichnisse der Logistikdisposition in bezug auf das Material,
- Budgetunterlagen des Rechnungswesens und des Controllings zur Ermittlung der Kostensätze.
- Logistik-Managementkennziffern
- Informations- und Kommunikationssystem

Vorgehensweise in der Logistik

Benchmarking Projekt-Teams werden gebildet, die sich aus Vertretern der betroffenen Abteilungen und Fachbereichen zusammensetzen. Um eine effiziente Projektarbeit zu ermöglichen sollten dabei Spezialisten zusammenkommen, die auch in ausreichendem Maße für die Projektaufgaben vorbereitet sind und von ihrem Tagesgeschäft frei gestellt werden.

Die Erschließung der diversen Informationen wird über Fragebögen als wichtigem Analyse-Instrument erleichtert und strukturiert.
In der Vorbereitungsphase eines Benchmarkings dient die Zusammenstellung eines Fragenkatalogs dazu, die Abläufe innerhalb des eigenen Unternehmens und des im Vergleich stehenden Unternehmens transparent zu machen.
Fragen, beispielsweise zu einem Projekt „Industriepark", können sich orientieren an unterschiedlichen Gesichtspunkten in bezug auf:

- den Aufwand den eine Teilefamilie verursacht,
- technische Kenndaten der Gebäudestrukturen (Montage, Lager),
- wirtschaftliche Kenngrößen der Produktionsgebäude,
- die informatorische Anbindung zwischen den „Industriepark - Lieferanten" und den Automobilherstellern,
- den Austausches von Produktdokumentationsdaten,
- die Regelungen hinsichtlich der Frachtkosten,
- das Dienstleistungsangebot von Seiten des Automobilherstellers an den Lieferaten,
- die Transportabläufe im Hinblick auf Beladung, Ladungsträgerformen, Art der eingesetzten LKWs, Verantwortlichkeiten, Aspekte der Bandversorgung, usw.

Ein optimaler Vergleich der Werkstrukturen läßt sich etwa nach folgenden Kriterien strukturieren:

- allgemeinen Kennzahlen zur Fabrik,
- produktspezifischen Informationen,
- Kennzahlen aus den Bereichen Preßwerk, Rohbau, Lackierung, Montage und Qualitätssicherung,
- Aspekten zum Wareneingang und Lagerbereich (z. B. Zwischenlager, Verbauorte, Fläche, Menge, Bestandshöhe).

Eine andere Einteilung der Fragen stellt sich in etwa wie folgt dar:

- nach allgemeinen Aspekten der logistischen Versorgung der Montage,
- der Warenvereinnahmung,
- nach der Art des Steuersystems eines LLZ,
- der Montagebandversorgung,
- den Aspekten der Logistikplanung, und
- der Materialdisposition und der Materialabrufe.

Es läßt sich festhalten, daß es im Zusammenhang mit dem Benchmarking keine festgefügte Struktur der Fragebögen geben kann. Schwierig ist es deshalb den Informationsgehalt unterschiedlicher Benchmarkinganalysen zu vergleichen. Dabei spielt es auch eine Rolle, welche Interessen mit der Durchführung verfolgt werden. Die Struktur des Fragebogens muß klar erkennbar sein, und bei einem Vergleich mit anderen Benchmarkingergebnissen sollte auf die spezifische Konzeption des Fragebogens jeweils hingewiesen werden. Ein besserer Vergleich der Ergebnisse läßt sich damit erreichen.
Die Gestaltung des Fragebogens unterliegt Anforderungen, die nach den jeweiligen Bedürfnissen des Interviewers ausgerichtet sind. Aus Gründen der Übersichtlichkeit empfiehlt es sich bereits beim Niederschreiben der Antworten auf eine strukturierte Vorgehensweise zu achten.

Empfehlung für ein *Benchmarking-Ablaufschema*:

- Konzeption des Projekts
- Planung
- Datensammlung (eigene Daten bzw. Kennziffern, externe Informationen)
- Auswahl der Benchmarking-Partner
- Vereinbarungen treffen zur Durchführung von Besuchen mit Diskussion der Daten
- Vergleich und Bewertung der Ergebnisse
- Maßnahmen zur Umsetzung festlegen
- Verantwortliche Implementierung

Um die Mitarbeiter des eigenen Unternehmens für die Methodik des Benchmarkings zu gewinnen, lassen sich Benchmarking - Workshops durchführen, die anhand exemplarischer Fallstudien die Vorgehensweise des Benchmarking vermitteln sollen (Braun/Lawrence, Den Vergleich mit Vorbildern wagen, S. 122 ff).

Der Wert von Vor-Ort Besuchen beim Wettbewerber, ist hinsichtlich ihres Aussagewertes kritisch zu hinterfragen. Subjektiv gewonnene Eindrücke und Rückschlüsse bedürfen einer grundlegenden Analyse durch das Projektteam, bevor daraus „objektive" Aussagen und Verhaltensempfehlungen für die Prozeßgestaltung im eigenen Unternehmen gewonnen werden können. Auch spielt die Frage des Aggregationsgrades der Informationen eine große Rolle. Ein Kostenvergleich zwischen den Wettbewerbern ist nur auf einer groben Basis möglich, da auf Schätzungen und Erfahrungswerten aufgebaute Bewertungsgrößen keine ausreichende Basis für einen unmittelbaren direkten Kostenvergleich darstellen.

Benchmarkingergebnisse sind im Verbund mit den unternehmens- bzw. bereichsinternen Entwicklungsstrategien zu sehen. Eine Komplementarität oder auch Kompatibilität der Strategien mit den Benchmarking-Ergebnissen ist erstrebenswert und unabdingbar. Strategieüberlegungen die Benchmarkingergebnissen entgegenstehen, sind in einem interaktiven Prozeß zu überdenken und gegebenenfalls neu zu formulieren.

Benchmarking vollzieht sich in mehreren Stufen. Der Vergleich mit Wettbewerbern derselben Wertschöpfungsstufe ist in einem naheliegenden ersten Schritt Gegenstand der Analyse. In einem zweiten Schritt kommt ergänzend die Analyse von Unternehmen in Frage, die aus Sicht der Benchmarking betreibenden Unternehmung auf einer vertikalen Wertschöpfungsstufe stehen.

Benchmarking ist eine sinnvolle Methode, Einsparpotentiale zu identifizieren, Ansätze und Strategien weiterzuentwickeln. Originäre eigene Ideen und Maßnahmen können jedoch keinesfalls durch „benchmarks" als ausschließliche Leitlinien ersetzt werden.

Benchmarkinguntersuchungen können aber immer nur so gut sein, wie die Fähigkeiten der Benchmarkgruppe dies zulassen. Aus diesem Grunde muß bei den Mitarbeitern sowohl Methodenkompetenz, wie auch Sozialkompetenz geschult werden.

Methodenkompetenz:

- Intelligenz
- Rhetorik
- Fähigkeit zur Ergebniszusammenfassung
- Fähigkeit zur Definition verbindlicher Maßnahmen
- Fähigkeit zur Problemstrukturierung
- souveräne Gesprächsführung
- strukturiertes, zielgerichtetes Vorgehen
- klare Zieldefinierung

Sozialkompetenz:

- Intelligenz
- Führungskompetenz
- gute Umgangsformen
- Autorität
- Zielstrebigkeit

Die Darstellung von Deckungslücken zu Wettbewerbern

Kostenvorteile von Wettbewerbern herauszuarbeiten ist der wesentliche Analyseschritt des Benchmarkings. Dem wird die Kostenposition des eigenen Unternehmens gegenüber gehalten.

Besuchserfahrungen: Logistisches Vorbild Japan?
• konsequente Durchsetzung der logistischen Philosophie • gesamtheitliche Verantwortung • absolut ausgewogene Planung • Logistik ist keine nachrangige Funktion • wenig Vormontage im Automobilmontagewerk • Flächenverhältnis: 40 % Montage 60 % Logistikfläche • Ladungsträger, Transportfahrzeuge und Lagereinrichtungen sind auf das absolut Notwendige reduziert • 3-Behälterprinzip • optimierte Wege • unverändertes Programm während der ersten 5 Tage • Logistik schließt immer und in allen Belangen Lieferanten und deren Vorlieferanten mit ein • minimale Bestände

Abb. 33: Benchmarking-Erfahrungen Japan

Basisdaten für die Beurteilung der Analyseobjekte haben unterschiedliche Quellen. Neben den bereits genannten originären Besuchen vor Ort durch die Analyseteams, bieten sich als Quellen Vergleichsstudien an, die bei anderen Gelegenheiten und zu einem anderen Zeitpunkt angefertigt wurden, Studien von Unternehmensberatungsgesellschaften, die Auswertung von diversen Fachpublikationen, und persönliche Gespräche. Häufig sind diese Quellen eher zu den Sekundärinformationen zu rechnen. Sie können auch nur eingesetzt werden, wenn genügend Informationen über die Qualifikation des Teams vorliegt.

Anhand der Betrachtung von Montagegebäuden sollen beispielhaft operative und strategische Deckungslücken in der Logistik aufgezeigt werden.
Ausgehend von der Bezugsgröße des IST-Zustandes der Benchmarking betreibenden Unternehmung werden im Vergleich zum IST-Zustand des Wettbewerbers drei Blökke in den Deckungslücken ausgewiesen: der Faktoreinsatz, die Faktorkosten und die normierte Position des Wettbewerbers.
Der Faktoreinsatz gibt Auskunft über die Menge der Produktionsfaktoren, die eingesetzt werden und die für eine vergleichbare Leistung stehen. Dabei können für ein und dieselbe Leistung bei einem der Vergleichspartner weniger Produktionsfaktoren notwendig werden.
Die Faktorkosten gehen auf den Preis einer vergleichbaren Leistung ein, der unterschiedlich hoch ausfallen kann.
Die normierte Position des Wettbewerbers wird erreicht durch Umrechnungsfaktoren. Dabei werden Verhältniszahlen gebildet, die sich zusammensetzen aus der Leistung

des Benchmarking betreibenden Unternehmens zu Bedingungen der Abläufe und Strukturen des Wettbewerbers.
Die Darstellung erfolgt sowohl auf einer Gesamtkostenbasis, als auch auf einer Kostenarten-Ebene.

Im Falle eines Personalkostenvergleichs der Lohnempfänger und Angestellten beispielsweise, werden die Blöcke „Unterschied Faktoreinsatz", „Unterschied Faktorkosten", „Sonstige Abwesenheit", „Tariflich bedingte Abwesenheit" zwischen den IST-Zuständen der untersuchten Unternehmen, aufgeführt. Die Normierung wird dabei nach Sachnummern, Ladeeinheiten und Fahrzeugen pro Tag vorgenommen, um eine Vergleichbarkeit herzustellen. Wird die Normierung nicht vorgenommen, kann überhaupt kein tragfähiger Vergleich zustande kommen.

In einem Anlagenkostenvergleich, um eine weitere Kostenart zu nennen, kann hinsichtlich der einzelnen Betriebsmittelart unterschieden werden nach Regalanlagen, Flurförderzeugen und Ladungsträgern. Die kostenmäßige Relevanz des Einsatzes dieser Betriebsmittelarten wird ebenfalls vergleichbar gemacht durch eine Normierung nach Ladeeinheiten pro Tag.

Die Erfassung der Flächenkosten, getrennt nach Außenlagerkosten und originären Flächenkosten, bedient sich der Normierung nach Ladeeinheiten pro Tag, wohingegen ein Bestandskostenvergleich im Bereich der Kaufteile durch Fahrzeugstückzahlen normiert wird.
Die jeweilig unterschiedliche Normierungsgrundlage der Kostenarten darf bei der Würdigung der Ergebnisse nicht außer acht gelassen werden.

In einem abschließenden Schritt werden die Kostenvorteile des Wettbewerbers hinsichtlich der Kostenarten Bestände, Flächen, Anlagen und Personal in einer Summenbetrachtung dargestellt. Aus dem vorhandenen Zahlenmaterial werden Berechnungsfaktoren einmal für den Faktoreinsatz und zum anderen für die Faktorkosten zusammengestellt. Die Berechnungsfaktoren ergeben sich dabei aus den Verhältniszahlen des Faktoreinsatzes des Benchmarking betreibenden Unternehmens zum Wettbewerber und des Verhältnisses bei den Faktorkosten. Die dadurch gewonnenen Berechnungsfaktoren ergeben in einer Multiplikation mit den IST-Werten in den jeweiligen Kostenarten der Benchmarking betreibenden Unternehmung die normierten Werte des Wettbewerbers zum Vergleich.

Ursachenanalyse und Maßnahmen zur Schließung der Deckungslücke

Treten Differenzen zum Wettbewerber in den einzelnen Kostenarten auf, stellt sich die Frage nach den Ursachen. Bei einer negativen Differenz ist es für das Benchmarking betreibende Unternehmen entscheidend die Kostentreiber auf der eigenen Seite zu identifizieren und wertmäßig auszuweisen. Bei der gewählten Betrachtungsweise den Vergleich über Montagebauten hinweg durchzuführen, ergeben sich fünf Hauptkostentreiber hinsichtlich des Faktoreinsatzes :

- die Programm u. Fertigungsflexibilität,
- die Lieferantenstruktur und Lieferantenleistungen,
- das Produkt,
- die Logistikabläufe,
- und die Fabrikstruktur.

Im folgenden sollen die genannten Kostentreiber ausführlich betrachtet werden, um potentielle Ansatzpunkte für Verbesserungen in der eigenen Unternehmung auszumachen.

Die Programm- und Fertigungsflexibilität kann gekennzeichnet sein durch hohen Personaleinsatz, oder Materialbestände in den Lägern, die eine große Reichweite und Bestandshöhe aufweisen, bedingt durch Programminstabilitäten. Darunter hat man zum einen kurzfristige Änderungen in der Produktionsreihenfolge zu verstehen, aber auch durch Sonderausführungen und Länderausführungen ausgelöste Bedarfsschwankungen.
Als dritter Faktor für eine Programminstabilität kann die Festlegung der Fertigungsprogramme auf die Montagekapazität in den jeweiligen Montagehallen genannt werden. Fragen der Festlegung eines Typenmixes oder der Verteilung von Sonderausstattungen stehen dabei im Vordergrund.
Fehlteile, Fragen einer Querverteilung des Materials und die erhöhten Dispositionstätigkeiten im Zusammenhang mit den Instabilitäten des Programms treten bei allen drei Auslösefaktoren auf.

Die Lieferantenstruktur spiegelt sich in der Anzahl der Lieferanten. Eine hohe Anzahl Lieferanten, die sich auch auf ein und dieselbe Sachnummer beziehen können, und zum Teil weite Entfernungen der Lieferanten zum Abnehmerwerk, bewirken einen Kostennachteil zum Wettbewerber.
Eine große Anzahl Lieferanten bringt mit sich einen erhöhten Verwaltungsaufwand, eine aufwendige DV-Welt und eine Qualitätsüberwachung, die aufgrund ihrer Komplexität nur mehr eingeschränkt handhabbar ist.
Bei einer großen Entfernung zum Abnehmerwerk treten hohe Wiederbeschaffungszeiten auf, die natürlich auch zu erhöhten Materialbeständen führen.
Der Bezug von mehreren Lieferanten pro Sachnummer bedeutet zum einen einen erhöhten Dispositionsaufwand, eine lieferantenspezifische Leergutbereitstellung, aber auch einen erhöhten Steuerungsaufwand der innerbetrieblichen Versorgungsfahrten.
Der Umfang der Lieferantenleistungen gibt Auskunft darüber, wie hoch die eigene logistische Fertigungstiefe ist. Liegt eine hohe logistische Fertigungstiefe vor, kann das erhöhte Bestände, eine aufwendige Lagerhaltung und hohe Ladungsträgerkosten zur Folge haben.

Die Produktkonzeption entscheidet mit über den Komplexitätsgrad der logistischen Abläufe. Bei Sperrigkeit, großem Gewicht, Empfindlichkeit der Teile, einer großen Variantenanzahl und einer hohen Zahl Sachnummern werden zwangsläufig eine Reihe von unterschiedlichen Ladungsträgern notwendig. Die Ladungsträgergestaltung und -planung wird dann konfrontiert mit einer aufwendigeren Bauweise, dem Umstand, daß lieferantenspezifische Ladungsträger festgelegt werden müssen und daß der Umlaufbestand an Ladungsträgern steigt.
Permanente Änderungen der Produktgestaltung in Form von technischen Änderungen an der laufenden Serie ziehen einen erhöhten Personalaufwand nach sich. Änderungen in der Dokumentation, und in den dispositiven DV-Systemen werden notwendig. Die hohe Variantenvielfalt bewirkt einen verstärkten Handlingsaufwand, einen verstärkten Flächenbedarf, und erhöhte Bestände.

Die Konzeption der Logistikabläufe, die nicht auf einen hohen Anteil von Direktbelieferungen ausgerichtet ist bewirkt, daß der Personalbedarf steigt. Werden nämlich logistische Aufgaben, wie die LKW-Entladung, oder eine dezentrale Leergutabwicklung, d.h. die Reinigung, das Zusammenlegen und die Sortierung der Ladungsträger, nicht durch den Lieferanten selbst wahrgenommen, verursacht das einen erhöhten Personalbedarf im Beschaffungs-, aber auch im Leergutentsorgungsprozeß.
Wird der Just-In-Time Anteil an der Direktbelieferung nicht ausgebaut, kommt es verstärkt zu einer Benutzung von Zwischenlagern (Werk- und Außenlager), die die logistische Prozeßkette verlängern und wieder unsicher machen.
Die Entladung der eingetroffenen LKWs durch eigenes Logistik Personal der belieferten Unternehmung, verursacht weit höhere Kosten, als wenn die Entladung beispielsweise durch die LKW-Fahrer selbst vorgenommen würde.
Erschwerend und damit kostenwirksam kann die Abwicklung der Anlieferungen im Wareneingangsbereich zu Buche schlagen. Das Verhalten bei der Papierbearbeitung, die Leistungsfähigkeit der DV-Welt und die Art des verwendeten Abgleichs- und Buchungsverfahrens entscheiden darüber, wie wirtschaftlich die Wareneingangs-Erfassung angelegt ist.

Die Fabrikstruktur spielt eine große Rolle bei der Gestaltung logistischer Prozesse. Historisch gewachsene Fabrikstrukturen weisen einen entscheidenden Nachteil gegenüber einer „green field site" Fabrik aus: die logistischen Belange haben sich nach den Örtlichkeiten zu richten und sind in ihrer Ablaufgestaltung an die Vorgaben gebunden, die von der Gebäudestruktur ausgehen.
Am Beispiel einer mehrgeschossigen Bauweise läßt sich aufzeigen, welcher Mehraufwand dadurch entstehen kann. Durch lange Wege innerhalb eines Gebäudes wird der logistische Prozeß verlängert. Eine kapitalintensive Senkrechtförderung in Form von Aufzügen oder Hebern wird notwendig, und die Einrichtung von Pufferplätzen ergibt sich zwangsläufig, bei vielen Haltepunkten, die eine mehrgeschossige Gebäudestruktur mit sich bringt.

Montagelinien, die sich auf unterschiedlichen Ebenen befinden, wie z. B. auf Hochbändern und Bühnen, gehören mit zu den Ursachen für zusätzliche Versorgungsfahrten.
Wenn ein Lager räumlich getrennt ist vom Verbauort, resultiert daraus generell ein hoher Personalaufwand in der Versorgung der Verbraucherorte und der Steuerung der Materialflüsse.
Auch stellt sich das Problem der räumlichen Distanzen, wenn der Wareneingang weit entfernt vom Verbauort liegt, mit all seinen Folgen hinsichtlich eines erhöhten Transportverkehrs, Handlings - und erschwerten Steuerungsaufwandes.
Dazu kommt ferner ein großer Flächenbedarf, denn die langen Prozeßzeiten, ausgelöst durch die umständlichen Transportwege (die Entfernungen zwischen Wareneingang, Lager und Verbraucherort werden komplexer) binden Materialbestände, die natürlich auch umgeschlagen werden müssen.
Die räumliche Enge auf den Materialstellflächen am Verbraucherort und die Tatsache, daß ein und dieselbe Sachnummer auf mehrere Verbraucherorte geliefert wird, bewirken einen Anstieg der Kosten.
Material das aufgrund von Platzmangel, nicht unmittelbar am Verbraucherort plaziert werden kann verursacht zusätzlichen Handlingsaufwand. Darüber hinaus können sich Schwierigkeiten bei der Handhabung von Ladungsträgern ergeben, wenn keine ausreichende Manövriermöglichkeit besteht. Der Materialabruf erschwert sich in dem Maß, wie unübersichtlich die Plazierung der Materialbestände vorgenommen wird.
Mehrere Verbauorte pro Sachnummer verursachen einen erhöhten Steuerungs - und Dispositionsaufwand, eine zusätzliche Dokumentation in den DV - Systemen und wenn keine Direktbelieferung vorliegt, einen zusätzlichen Aufwand für die Kommissionierung. Daß es bei all diesem Mehraufwand leichter zu Fehlteilen kommen kann, erscheint einleuchtend, wenn auch vermeidbar.

Nachdem die Aspekte des Faktoreinsatzes eingehend dargestellt wurden, steht die Behandlung der Faktorkosten beziehungsweise ihrer Kostentreiber, noch aus.
Der Vergleich zwischen der Benchmarking betreibenden Unternehmung und dem Wettbewerber bezieht sich hierbei auf die Unterschiede in den Faktorkosten. Im folgenden wird auf die Faktorkostenarten näher eingegangen, ohne konkret die quantitativen Werte auszuweisen.

Als Kostentreiber bei den Faktorkosten lassen sich nennen :

- Flurförderzeuge,
- Außenlager - Frachten,
- Material,
- Flächen,
- Ausfallzeiten,
- Ladungsträger,
- Löhne und Gehälter.

Die Lohn- und Gehaltskosten sind einschließlich der Lohnnebenkosten auszuweisen. Bei einem Vergleich international tätiger Unternehmen schlagen Standortnachteile und firmenspezifische Unterscheide bei den Lohn- und Gehaltskosten zu Buche. Größen, wie die tarifliche Erholzeit, der Urlaubsfehlstand oder die Freischichtregelung schlagen sich in unterschiedlicher Ausprägung auf die Kosten nieder.

Um ein Beispiel für Kostenunterschiede eines Werkes gegenüber einem ausländischen Wettbewerber zu geben, betrachten wir die Größen in ihrer quantitativen Ausprägung :

Tarifliche Erholzeit 8,33 %
Erklärung : Die tariflich garantierte Erholzeit verringert die effektive Arbeitszeit von 480 min auf 440 min pro Schicht und Mitarbeiter.

Urlaubsfehlstand 10 %
Erklärung : Bei 30 Tagen Tarifurlaub und 250 Tagen zugrunde gelegter Betriebsnutzungszeit ergibt sich, nach Berichtigungen des Wertes auf Seiten des Wettbewerbers um 2 % , die oben aufgestellte Differenz zum Wettbewerber.

Freischichtregelung 5,3 %
Erklärung : Ein Freischichtausgleich wird gewährt, bei einer Arbeitszeitverkürzung von 40 h / Woche auf 37 h / Woche und einer Betriebsnutzungszeit von 40 h

Eine nicht direkt beeinflußbare Größe ist der Krankenstand, der als Kostentreiber in beachtlichem Umfang zur Geltung kommen kann.

Die Flächenkosten ergeben sich inklusive der Betriebskosten.

Zusätzliche Frachtkosten treten auf, sobald das Logistikkonzept auf externe, nicht auf dem Werksgelände liegende Lager zurückgreifen muß.

Die Kosten für Flurförderzeuge im Bereich der Instandhaltung und der Abschreibung lassen sich aufsplitten, je nach Art der zum Einsatz kommenden Betriebsmittel.
Auch die Ladungsträgerkosten ergeben sich aus den Instandhaltungs- und Abschreibungsaufwendungen und sind bezogen auf die einzelne Ladeeinheit auszuweisen.
Regalkosten werden pro Stellplatz ausgewiesen und beziehen sich ebenfalls auf Instandhaltung und Abschreibung.
Die Nennung der Materialeinsatzkosten je Flurförderzeug rundet die Auflistung der Betriebsmittelkosten ab.

Maßnahmen zur Schließung der Deckungslücken

Aufbauend auf die vorangegangene Darstellung wird deutlich, daß zwischen direkt beeinflußbaren und nicht direkt beeinflußbaren Kosten unterschieden werden muß. Geeignete Maßnahmen zur Schließung der Deckungslücken im Verhältnis zum Wettbewerber können sich immer nur auf die direkt beeinflußbaren Kosten beziehen. Fachbereichsbezogene Strategien hinsichtlich einer Logistikkonzeption sollten herangezogen werden um die Deckungslücke nicht größer sondern kleiner zu machen.
Die Deckungslücke die sich zusammensetzt aus dem Faktoreinsatz und den Faktorkosten kann damit nicht zu 100 % geschlossen werden, solange bei unmittelbar vergleichbaren Prozeßabläufen (zwischen Benchmarking betreibenden Fachbereich und dem Wettbewerber) durch einen Fachbereich nicht direkt beeinflußbare Kosten, wie die Gehalts- und Lohndifferenz, Materialkosten oder andere standortbedingte Faktoren, zum Tragen kommen.
Das Benchmarking weist auf Schwachstellen in den eigenen Logistikabläufen hin. Eigenständige, von den unternehmensspezifischen Rahmenbedingungen losgelöste neue Strategien können daraus nicht abgeleitet werden. Probleme die in den eigenen Abläufen erkannt wurden, erfahren allerdings durch das Benchmarking eine Bestätigung und somit den nötigen „push“ schnell zu Verbesserungen zu kommen.
Die Hintergründe für kostentreibende Entwicklungen können mittels Benchmarking transparenter gemacht werden, was ein wesentlicher Schritt in Richtung einer effizienteren Gestaltung von Logistikprozessen ist.

Die innerbetriebliche Kennzahlen sind für das Benchmarking eine wichtige Informationsquelle. Im Zusammenspiel mit weiteren Kenngrößen, die über die zu vergleichenden Strukturen Auskunft geben, bilden sie die Datenbasis für ein Benchmarking.

Im Bereich der Montage und des Produktes bieten sich folgende Kenngrößen an:

- das Produktionsprogramm, das Auskunft gibt über die Baureihen,
- die Gebäudestruktur,
- die Montageanordnung in Form der Linienaufteilung oder Mixfertigung,
- die Anzahl der Bandstationen,
- die Taktzeiten der Montagelinien in min,
- die Variantenanzahl des Produktes,
- die Anzahl der verbauten Teile (Kaufteile incl. Aggregate),
- die Anzahl der Verbraucherorte,
- die Werkerdichte pro Station,
- der Abstand zwischen den Karossen,
- die Breite der Materialbereitstellflächen,
- der Grad der Flächennutzung in Prozent,
- die Breite der Fahrstraßen in Metern.

Im Bereich der Produktionssteuerung und Disposition interessieren vor allem die Kenngrößen:

- die zeitliche Reichweite der Programmvorschau,
- die Reichweite des Einplanungspunktes,
- die Häufigkeit der normalen Dispositionsmitteilungen alle Lieferanten betreffend,
- die Beschaffenheit der synchronen Dispositionsmitteilungen an die Lieferanten,
- die gewählte Form der Schlußabnahme,
- die Art des Bandabrufes hinsichtlich Bedarfserkennung und deren Dokumentation.

Der Wareneingang wird charakterisiert durch:

- die Anzahl und Beschaffenheit der Anliefertransportmittel für das Material, d.h. zum Beispiel wieviele LKWs pro Arbeitstag Material anliefern,
- den Behälterumschlag gemessen in Ladeeinheiten pro Arbeitstag,
- die Art der Lieferscheinerfassung (manuell oder DFÜ - Anteil),
- die Verteilung der Verantwortung für die Behälterkennzeichnung,
- die Art des Entladevorgangs, also ob Heckentladung, zweiseitige Seitenentladung, oder Andockstellen für JIT - Teile vorliegen.

Die Beschaffenheit der Lieferantenstruktur wird durch nachstehende Kenngrößen aufgezeigt:

- der Anzahl der Lieferanten unterteilt nach der räumlichen Verteilung und dem Bezug zu einer Single Sourcing Beschaffungsstrategie,
- der Beschaffenheit der Volumenströme gegliedert nach räumlichen Entfernungen,
- dem Bezugsumfang von Systemen, z. B. nach Art der im JIT Verkehr bezogenen Teilefamilien,
- dem Aufteilungsgrad in Gebietsspediteure.

Das Versorgungs - und Behälterkonzept wird an folgenden Strukturdaten gespiegelt:

- der Behälterstruktur nach Spezialladungsträgern, Universalladungsträgern und den dazu notwendigen Einrichtungen und Transportmitteln (z. B. Kommissionierlager, Wagen, Roller usw.),
- der Behälterreichweite am Montageband, gemessen in Tages - bzw. Schichtbedarf
- der Vorgehensweise der Behälteranlieferung, z. B. ob Direktanlieferung erfolgt oder über ein Lager,
- dem Werkstoffeinsatz - und der Werkstoffbeschaffenheit in den Ladungsträgern, getrennt betrachtet nach Klein- und Groß-Ladungsträgern.

Die Personalstruktur und Arbeitssituation wird wiedergegeben durch:

- die Arbeitszeit,

- das Durchschnittsalter der Belegschaft,
- den Krankenstand incl. Fehlzeit für Fortbildung,
- die Fortbildungsmöglichkeiten und den Anteil realisierter Job-Rotationen.

Allgemeine Kenngrößen können sich beziehen auf:

- den Aufbau und den Umfang der Qualitätssicherung,
- die Anzahl der Verbesserungsvorschläge pro Monat,
- die Beschaffenheit der Planungs -, Umsetzungs-, und Arbeitsmethoden, einschließlich der Behandlung der Nacharbeitsfragen,
- allgemeine Daten über den Anteil der zur Verfügung stehenden Logistikfläche, den Variantenreichtum der Produkte, die Art der Montageversorgung usw.

Zusammenfassend läßt sich sagen, daß ein Benchmarking in enger Wechselbeziehung zu den Logistikkennzahlen steht. Für gesonderte Aufgabenstellungen wird es notwendig sein Kennzahlen zusammenzustellen, die nur für einen bestimmten Zweck Verwendung finden können. Der damit verbundene Aufwand bestimmt letztendlich darüber, wie sinnvoll Kennzahlen zum Einsatz gebracht werden können.
Ein Benchmarking macht nur dann Sinn, wenn der Wille und die Fähigkeit besteht Erkenntnisse über den Wettbewerber und das eigene Unternehmen, zur Verbesserung der eigenen betrieblichen Abläufe auch umzusetzen.
Auf Informationen aus Kennzahlen wird wohl niemand verzichten können und wollen, dem die Steuerung von Informations- und Materialflüssen obliegt. Eine Tatsache bleibt dabei offensichtlich: der Grad der Datenpflege entscheidet über die Qualität von Kennzahlen.

5.2 Prognose- und Steuerungswert von Logistikkennzahlen

Die Aussagefähigkeit innerbetrieblicher Kennzahlen

Logistikkennzahlen für den unternehmensinternen Gebrauch werden unabhängig von einem Benchmarking Vorhaben erhoben. Sie sind jedoch als mögliche Vorstufe für einen zwischenbetrieblichen Vergleich zu sehen, da auf diesem Weg die speziellen Bedürfnisse bei der Kennzahlenerhebung und -pflege des eigenen Unternehmens deutlich werden. Damit wird zugleich aber auch eine Grundlage für den zwischenbetrieblichen Leistungsvergleich gelegt.

Die Verdichtung von Zahlen oder Zahlenverhältnissen zu Kennzahlen ist ein Vorgang, der in Abhängigkeit von der Zweckbindung der Kennzahlen zu sehen ist. Die Betrachtung der betrieblichen Querschnittfunktion „Logistik“ bedeutet, daß Logistikkennzahlen nicht nur als Informationsmedium zu sehen sind, sondern als Entscheidungsgrundlage bei der Festlegung von Vorgaben für die Prozesse der Logistik zum Tragen kommen. Daran knüpft sich konsequenterweise die Kontrollfunktion.

Die Logistik kann als eine Art Dienstleister für die Produktion angesehen werden, was vor allem Vertreter aus den Produktionsbereichen unterstreichen würden. Vor diesem Hintergrund ist es sinnvoll einmal logistikrelevante Kennzahlen zu betrachten, die von den Produktionsbereichen erhoben werden:
Tägliche Produktionsmeldungen umfassen für die Hauptelemente der Herstellungsprozesses, z. B. den Rohbau, die Lackierung oder die Montage den Produktionsoutput in Form eines Soll- Ist Standes. Für jede Baureihe wird eine Datenreihe getrennt ausgewiesen: die absoluten Stückzahlen an Nacharbeiten, und die prozentualen Anteile der Nacharbeiten am Output, die dann mit einem Zielwert (ebenfalls ausgedrückt in Prozent) abgeglichen werden. Wenn ein Fahrzeug (als Beispiel für eine Produktionseinheit) den Herstellungsprozeß durchlaufen hat, kann es zu einer Nacharbeit von Schäden und Fehlern kommen, die nicht unmittelbar zuvor am Entstehungsort erkannt und folgerichtig auch behoben wurden. Diesen Meldungen, quasi eine Form der Selbstkontrolle der Prozeßbeteiligten im Herstellungsprozeß, stehen als kundennaher "Gegencheck" die Kundenbeanstandungen im Bereich der Fahrzeugauslieferungen gegenüber. Wiederum getrennt nach den unterschiedlichen Baureihen aufgeführt, werden z. B. Funktionsfehler, Oberflächenfehler oder Falsch- bzw. Fehlteile aufgelistet. Auch eventuelle Terminverzögerungen, die bei der Selbstabholung durch den Kunden auftreten können, werden erfaßt.
Durchschnittswerte über alle Baureihen können gebildet werden, die auf einem Blick eine Veränderung über den Zeitablauf in den jeweiligen Herstellungsprozessen erkennen lassen.

Eine andere logistikrelevante Produktionskennzahl stellen Fehlteilmeldungen dar. Im Bereich der Montage werden getrennt nach den einzelnen Baureihen und den örtlichen Montagebauten Fehlteile erfaßt. An der Einbaustelle in der Montage bei der zum ersten Mal ein Einbauteil benötigt wird und wo das Fehlen dieses Teiles zu Störungen im Produktionsablauf führt, wird eine erstmalige Erfassung von Fehlteilen durchgeführt.
Bis zum Zeitpunkt der Kontrolle besteht die Möglichkeit das Fehlteil, das zum Einbauzeitpunkt eingetreten war, heranzuschaffen. Aber spätestens zum Zeitpunkt der Kontrolle Inneneinbau muß das Material bereitgestellt werden, wenn nicht bereits vorher bei sogenannten K.O.-Teilen, die bei einem Fehlen den Produktionsablauf zum Stillstand bringen würden, unmittelbar Abhilfe geschaffen werden konnte.
Die verantwortlichen Bereiche für Fehlteile werden explizit aufgeführt. Jeder Bereich wird dadurch natürlich bestrebt sein, die Quote an Fehlteilen möglichst gering zu halten. Die Fehlteilmeldung erfolgt auf täglicher Basis und wird zusätzlich auf Monatsbasis in eine grafische Visualisierung übertragen. Die absoluten Fehlteile werden in Bezug gesetzt zu den gemeldeten und realisierten Tagesproduktionsprogrammen. Die daraus ableitbare prozentuale Fehlteilquote ist ein wichtiges Kontroll- und Steuerungsinstrument zur optimalen Versorgung der Produktion mit den benötigten Materialien.

Um diese Aufgabe für die Produktion erfüllen zu können, ist es notwendig, daß Kennzahlen als Informations- und Steuerungsinstrumente zur Verfügung stehen.

Die herkömmliche Unterteilung in Grundzahlen und Verhältniszahlen erleichtert den Zugang zum Grundverständnis von Logistikkennzahlen.
Grundzahlen in Form von Einzelzahlen, Mittelwerten oder Summen kommen in den operativen Tätigkeiten der Logistik täglich zum Einsatz. Beispielsweise ist die Zahl der jährlich produzierten PKW Einheiten für den Logistikbereich eines Montagewerkes eine wichtige Einzelzahl, die auch als Mittelwert in Form der durchschnittlich produzierten Einheiten pro Monat ermittelt wird.
Diese Arten von Kennzahlen sind für die Logistik Daten, die als Orientierungswerte den äußeren Rahmen für Logistikkonzepte und die operative Aufgabenbewältigung darstellen.

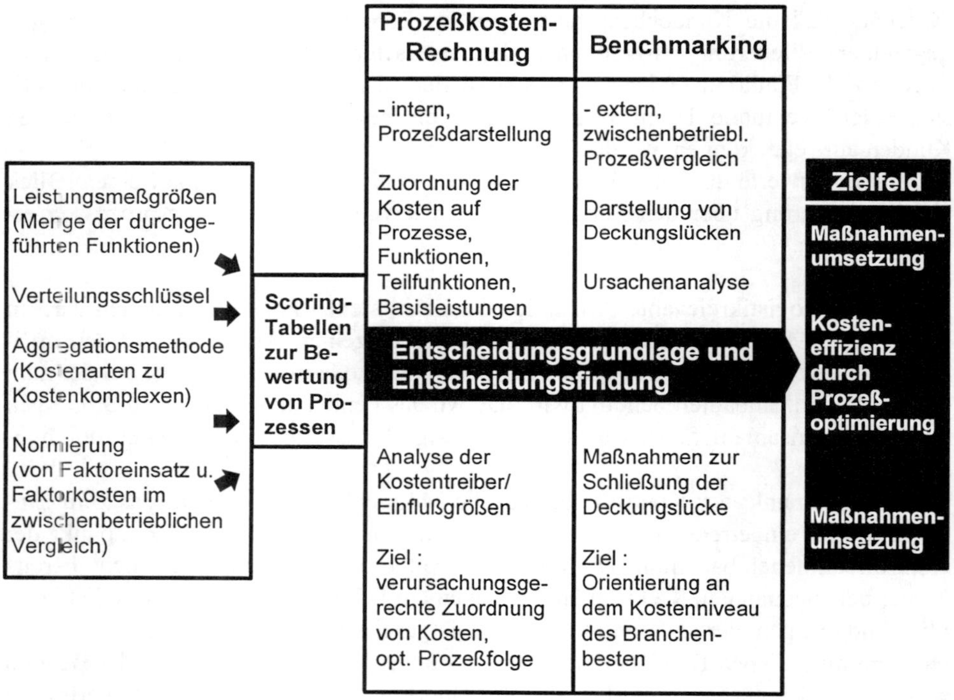

Abb. 34: Methodischer Zusammenhang zwischen Prozeßkosten Rechnung, Benchmarking, Scoring Tabellen

Bei Verhältniszahlen ist das Bild differenzierter zu sehen. Zu den Verhältniszahlen werden bekanntermaßen Gliederungs-, Beziehungs- und Indexzahlen gerechnet.

Gliederungszahlen stellen eine Teilemenge im Verhältnis zum Ganzen dar. Als Beispiel dafür wären der „Anteil Fehlteile in Prozent“ oder „Qualitätsaudit-Zahlen“, die den Anteil durch Transport beschädigter Teile explizit ausweisen, zu nennen.

Für einen Zeitvergleich sind die Gliederungszahlen mit Vorsicht zu verwenden, da Teilmenge und Bezugsgröße gleichermaßen den Zeiteinflüssen unterliegen, und deswegen oftmals ein verzerrtes Bild zum Vorschein kommt, das keine eindeutigen Aussagen zuläßt.

Beziehungszahlen sehen die Verknüpfung unterschiedlicher Daten zueinander vor. Gleichwohl ist ein sachlicher Zusammenhang zu unterstellen. Beispielhaft lassen sich nennen die „Ladungsträger Ausgangsfracht“ im Verhältnis zu den produzierten „PKW-Einheiten“ oder der „Warenausgang im Verhältnis zu den produzierten PKW Einheiten.“
Entwicklungstendenzen werden deutlich durch den Gebrauch von Beziehungszahlen, die sich ansonsten im Falle einer ausschließlichen Verwendung von Gliederungszahlen, nicht ergeben würden.
Indexzahlen als weitere wichtige Kategorie der Verhältniszahlen entstehen, wenn die zeitliche Entwicklung, also die relative Veränderung im Vordergrund des Interesses steht. Ausgehend von einem Basiszeitpunkt und Basiswert, der als Hundertprozentmarke fungiert, beziehen sich alle Veränderungen prozentual auf diesen Wert. Die Wahl des Basiszeitpunktes entscheidet mit über den Wert der Indexierung, denn wird ein Zeitpunkt gewählt, der mit einen stark von der sonstigen Entwicklung abweichenden Wert versehen ist, wird die Aussagekraft eines Index mit unveränderlicher Basis nicht sehr groß sein. Aus dieser Betrachtung heraus wird häufig ein Index mit veränderlicher Basis konzipiert, der damit hilft Schwankungswerte einer Bezugsbasis von vornherein zu minimieren.

Aspekte eines Bestandsmanagements mittels Kennzahlen sind vielschichtiger Natur. Das Ziel ist eine Reduzierung der Kapitalbindungskosten bei gleichzeitiger Versorgungssicherheit.
Erreicht wird damit eine Stärkung der Finanzliquidität des gesamten Unternehmens.
Die „Bestandshöhe“ ist von zentraler Bedeutung. Ideal wäre eine Bestandshöhe die gegen Null geht. Voraussetzung dafür wäre allerdings eine das gesamte Montagewerk umfassende Direktbelieferung oder eine nahezu hundertprozentige eigene Wertschöpfung innerhalb der Werksgrenzen des Unternehmens. Beide Vorstellungen sind illusorisch, deshalb bleibt die Optimierung des Bestandes und damit die Verwendung der Kennzahl „Bestandshöhe in AT“ die zentrale Größe im Bemühen um optimale Bestandshöhen. Sowohl als Indikator, aber auch als Stellgröße zur Umsetzung einer antizyklischen Bestandshöhensteuerung ist die Kennzahl „Bestandshöhe in AT“ bzw. „Reichweite in AT“ entscheidend.

Aggregationsgrad von Kennzahlen

Die Reduzierung der Bestände vollzieht sich wie bereits erwähnt in einzelnen Schritten. Der Aggregationsgrad von Kennzahlen kommt dabei zur Geltung. Die verschiedenen Kennzahlenarten spiegeln sich dabei gut wieder. Logistische Kennzahlenarten lassen sich hiernach unterscheiden in endogene, d.h. durch das verfolgte Logistikkonzept veränderbare Größen und exogene Kennzahlenarten, also durch das Logistikkonzept nicht veränderbare Größen. Exogene Kennzahlen für die Logistik wären z. B. die „Menge produzierter Produkteinheiten", „Anzahl Kundenwünsche" und wenn ein Mitspracherecht der Logistik nicht gewährleistet ist, auch „Variantenvielfalt in der Produktgestaltung". Endogene Größen wären bei einer Beständereduzierung die „Lieferzyklen", „Losgrößen", „Sicherheitsbestände" und „Notpuffer".

Warum werden Kennzahlen überhaupt erhoben ? Die Antwort darauf weist meistens auf das Vorhandensein von Einsparpotentialen, die man über eine Kennzahlensteuerung und - kontrolle auf diese Weise glaubt realisieren zu können.

Grundvoraussetzung für den Einsatz von Kennzahlen zur Realisierung von Einsparpotentialen

Einflußgrößen in Form von exogenen Störungen begrenzen den Prognosewert. Ex post kann eine bestimmte Bestandsentwicklung erklärt und nachvollzogen werden. Um aber eine exakte Prognose über die künftige Entwicklung daraus ableiten zu können, reicht die methodische Grundlage nicht aus.

Der Steuerungswert einer logistischen Kennzahl, ergibt sich aus dem Grad an Aussagefähigkeit, der gleichzeitig verwandt werden kann als Stellgröße für die Einflußnahme auf logistische Prozesse. Grundlegende Kennzahl bei dem Versuch einer Bestandsoptimierung ist die „Bestandshöhe in Arbeitstagen gemessen."

Der Grad der informatorischen Anbindung der Abteilungen innerhalb eines Werkes aber auch zwischen Lieferanten und der beschaffenden Unternehmung als Ganzes, entscheidet in wesentlichem Maße darüber, wie der Steuerungswert von Kennzahlen einzustufen ist. Bei JIT - Leitständen, die in bezug auf die von ihnen zu disponierenden Teilefamilien über sehr genaue Bestandsdaten verfügen, ist der Steuerungswert als sehr hoch einzuschätzen.
Bei nicht JIT gesteuerten Teilen ist dementsprechend der Steuerungswert geringer anzusetzen.

Es sind methodischen Einflüsse auf die Aussagekraft von Logistikkennzahlen kritisch zu hinterfragen und zu relativieren, weil:

- Schwankungsbreiten vorliegen,
- zyklische Schwankungen bestehen,

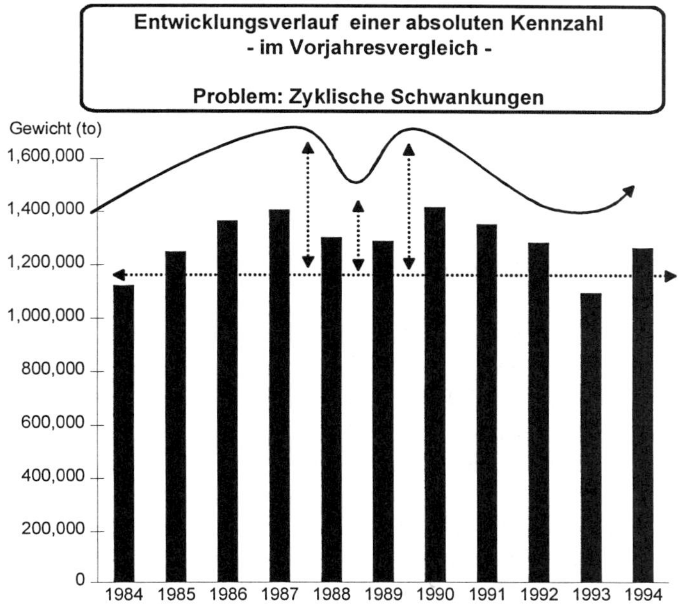

Abb. 35: Kennzahlenproblem: zyklische Schwankungen

- Trendbrüche bestehen,

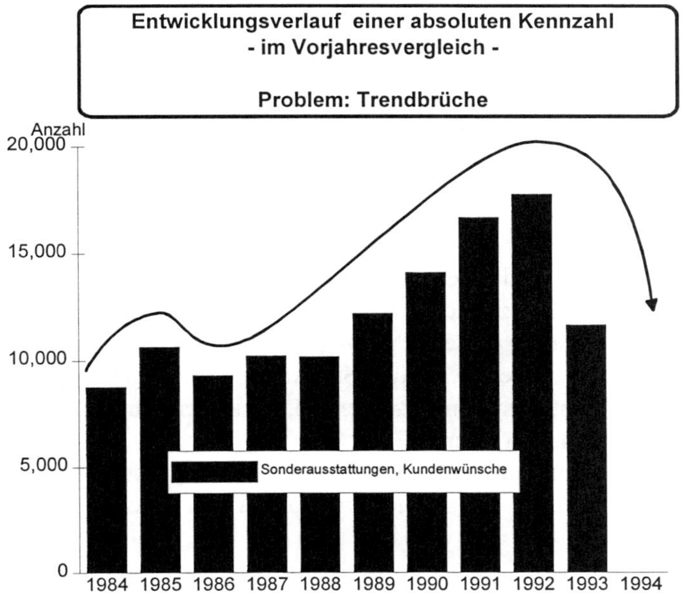

Abb. 36: Kennzahlenproblem: Trendbrüche

- die Wahl eines Basisjahres entscheidend auf eine Aussagefähigkeit einwirkt.
- Bandbreiten zu bestimmen sind, als Eckdaten für ein steuerndes Eingreifen.

Diese Faktoren entscheiden über den Aussagewert von Kennzahlen.

5.3 Planung von Just-In-Time Logistikabläufen für Teilefamilien

Rahmenbedingung der Planung

Der Planung und Steuerung von Logistikabläufen stehen gewisse Hilfsmittel zur Verfügung. Checklisten, Kennzahlen (als Führungsmittel) und Planungshilfen von Instituten, wie VDI, RKW, DIN und TÜV sind aber nur in eingeschränktem Maß für die spezifischen betrieblichen Erfordernisse verwendbar.
Die Dispositionsmethodik eines Logistik-Leitstandes, der verantwortlich die Materialbelieferungen koordiniert und überwacht ist vielmehr geprägt durch exakte Berechnungen und Erfahrungswerte. Die Dispositionstätigkeit eines Leitstandes stützt sich aber ebenso auf die Bedarfsplanung, Kanban- bzw. Just-In-Time- Prinzipien und den Einsatz von EDV Systemen in Anlehnung an PPS-Systeme.
Unter idealer Disposition ist demnach die optimale Materialmengenfestlegung und Terminpflege im Rahmen der durch den Materialeinkauf festgelegten Beschaffungsquellen zu verstehen.

Aufgabenfelder für ein Management Consulting in logistischen Bereichsfeldern liegen in den Bereichen Geschäftsprozeßoptimierung, der Formulierung und Umsetzung von Standort- und Logistikstrategien mit dem Ziel der Effizienzsteigerung. Produktions- und Logistikstrukturen in „alten" Produktions- und Montagestandorten bieten ausreichend Ansatzpunkte für Optimierungsbemühungen.
Die Logistikplanung kann die Felder der Beschaffungs-, Produktions-, Distributions-, und Redistributionslogistik umfassen. Detaillierte Planungsaufträge fallen beispielsweise auf der Ebene der Lagerverwaltung oder der Errichtung von (Versorgungs-) Leitständen an.
Die Bestandteile einer standortbezogenen Industrieplanung liegen in einer funktionalen Fabrikplanung, der Konzeption von PPS und Werkleitsystemen, die aufbauen auf einer Werkstrukturplanung, in der Fertigungs- und Montagesysteme aufeinander abgestimmt werden. Bei „green field site" Strukturen ist zwingend erforderlich an Erfordernisse von Demontagesystemen zu denken, die später einmal die Entsorgung von Altprodukten übernehmen werden.
Als begleitende Planungsaufgaben ergeben sich Umfänge aus der Versorgung der Mitarbeiter, die auch unter der Bezeichnung „Food and Catering Engineering" Leistungen rangieren.

Generell ist Planung dann sinnvoll, wenn Kreativität freigesetzt werden kann, als Ausdruck einer Antwort auf noch nicht gestellte logistische Fragen.

Idee, Maßnahmengenerierung, Umsetzung, Kontrolle und wieder einsetzende Optimierung ergänzen sich. Von einem Gesetz des Effektes kann dann gesprochen werden, denn ohne Rückmeldung kann eigenes Handeln nicht richtig eingestellt werden.

Die Planung von Just-In-Time Logistikabläufen für Teilefamilienumfänge unterschiedlicher Baureihen vollzieht sich nach dem nachstehend beschriebenen Ablauf.

Projektvorgehensweise

Die Grobplanung beginnt mit einer Ablaufanalyse der Teileanlieferungen für eine aktuelle Baureihe. Nur Teile der Nachfolgerbaureihe kommen für eine JIT-Anlieferung in Frage, die folgenden Kriterien genügen:

- Großvolumigkeit
- Hoher Wert
- Hohe Variantenvielfalt
- Der Zeithaushalt läßt Anlieferungen mit kurzen Bestandsreichweiten zu.
- Die Lieferanten sind in der Lage die DV - technischen Anforderungen zu erfüllen,
- und die räumliche Nähe der Lieferanten.

Die Kriterien sind Bestandteil eines Scoring-Modells das ihr Verhältnis zueinander festlegt. Jeder Teilefamilie wird in Abhängigkeit von der Kriterienausprägung ein Scoringwert zugeordnet. Je nach Höhe des pro Teilefamilie erzielten Scoringwertes werden Teilefamilien für die JIT Planung ausgewählt.

Zu den Teilefamilien die für eine JIT Belieferung geeignet erscheinen, gehören bei einem Fahrzeug beispielsweise Kraftstoffbehälter, Stoßfänger, Teppich, Auspuffleitung, Türbelag, Klima-/Heizkasten, Lenkrad, Türenleitungssatz, Radio, Fertighimmel, H-Struktur, Rammschutz, Außenspiegel, oder die Gelenkwelle.

Sobald die Vorentscheidung für die in Frage kommenden Teilefamilien einer 1. Stufe getroffen wird, kann die Grobplanung von Anlieferalternativen erfolgen. Die getroffene Konzeptentscheidung leitet in die Feinplanung über. Zeitlich nach hinten verschoben, werden Teilefamilien der 2. Stufe in die Grobplanung aufgenommen.

Die zu Beginn des Projektzeitraumes getroffene Auswahl von Teilefamilien ist dynamischer Natur, d.h. im Verlauf des Planungszeitraumes können Teilefamilien herausgenommen werden oder hinzukommen, je nachdem wie sich ihre Eignung entwikkelt.
Die steigende Variantenvielfalt führt zu einer wachsenden Zahl von JIT-Planungen um die Anlieferumfänge bewältigen zu können.

Zugrunde liegende Planungsprämissen sind dabei folgendermaßen festgelegt:

- Es hat eine durchgängige Planung vom Lieferanten bis an das Montageband zu erfolgen.
- Die Optimierung der Transportkette wird, unter den Gesichtspunkten der LT-Gestaltung, der Erreichung voller LKW-Ladungen, eines minimalen Warenumschlags und einer möglichst direkten Belieferungsform, angestrebt mit Zero-defect-Ziel.

Die Analyse für die in Frage kommenden Teileumfänge erfolgt anhand von Arbeitsschritten, die die nachstehenden Punkte untersuchen:

- Darstellung des Handlingsablaufs
- Erfassung der Teile - Daten
- Erfassung der LT - Daten
- Festhalten des KWE - Ablaufs
- Überschlägige Ermittlung des Flächenbedarfs bei verschiedenen Anlieferungsformen.
- Eignungsgrad der Abrufformen: Kommt eine tagesgenau oder mit Fertigungsimpuls gesteuerte Abrufform in Frage? Für die Entscheidung ist eine Überprüfung des Zeithaushalts erforderlich, die vor allem festhalten soll wann der Lieferant nach Erhalt des Abrufes frühestens anliefern kann.
- Quantifizierung des Volumenstroms im Anliefer- LKW pro AT wird vorgenommen. Dabei ist darauf zu achten, daß das Laderaumvolumen des LKWs ausgelastet wird.

An die Grobplanung schließt sich die Feinplanung an.
Anhand von Übersichtsblättern wird der jeweilige Realisierungsstand in den einzelnen Projektteams festgehalten. Die nötige Transparenz wird geschaffen um bei Planungsunsicherheiten und auftretenden Problemen über geeignete Maßnahmen, Planungs- und Realisierungsfehlern vorzubeugen.
Sobald die Entscheidung für eine bestimmte Anlieferform getroffen ist, sollte mit Maßnahmen der Feinplanung begonnen werden. Diese umfassen unter anderem Bandbelegungsfragen, Ladungsträger-Beschaffung, notwendige DV-Maßnahmen, die Erstellung eines LKW-Fahrplans, und die Feststellung von Abladestellen.
Ein Lageplan der Teilefamilien einer bestimmten Baureihe zeigt die Situation der Materialflüsse zu Beginn der Planung für die nachfolgende Baureihe.
Für alle Teilefamilien getrennt, werden Übersichtsblätter mit dem jeweiligen JIT - Konzept erstellt.

Beispiele von Feinplanungsmaßnahmen für alle Teilefamilien sind hinsichtlich des Spediteurs oder der Ladungsträger gegeben.
Um eine logistisch optimale Anlieferung durch LKW gewährleisten zu können, ist es wesentlich die Eckdaten des zu transportierenden Materials (z. B. Ladeeinheit-Gewicht oder Ladeeinheit-Maße) mit den Laderaumkapazitäten der LKW abzugleichen. Ein „Anforderungsprofil Spediteur“ hält diejenigen Daten fest, die bei einer

zentralen Auswahl von Spediteuren für JIT-Teile, die von „Frei Werk" auf „Ab Werk" umgestellt werden, von Bedeutung sind.

Die Büroplanungen für den JIT-Leitstand können parallel mit den Planungen hinsichtlich der Teilefamilien aufgenommen werden. Ausstattungs- und Flächenanforderungen erstellt das Planungsteam in Abstimmung mit den beteiligten Bereichen, wobei Vorstellungen bezüglich einer optimalen Lage in den Montagegebäuden berücksichtigt werden.
Der Personalbedarf für den Leitstand bemißt sich nach Erfahrungswerten die aus vorhergegangenen JIT - Leitständen resultieren. Modellberechnungen erlauben ebenfalls eine Festlegung: In Abhängigkeit von Abladestellen-, Varianten - und Lieferantenanzahl einer Teilefamilie wird der Arbeitsaufwand für einen Leitstand, ausgedrückt im Arbeitskräftebedarf, prognostiziert.Es ist auch denkbar den JIT-Leitstand durch Lieferanten auf dem Werksgelände des Herstellers führen zu lassen.

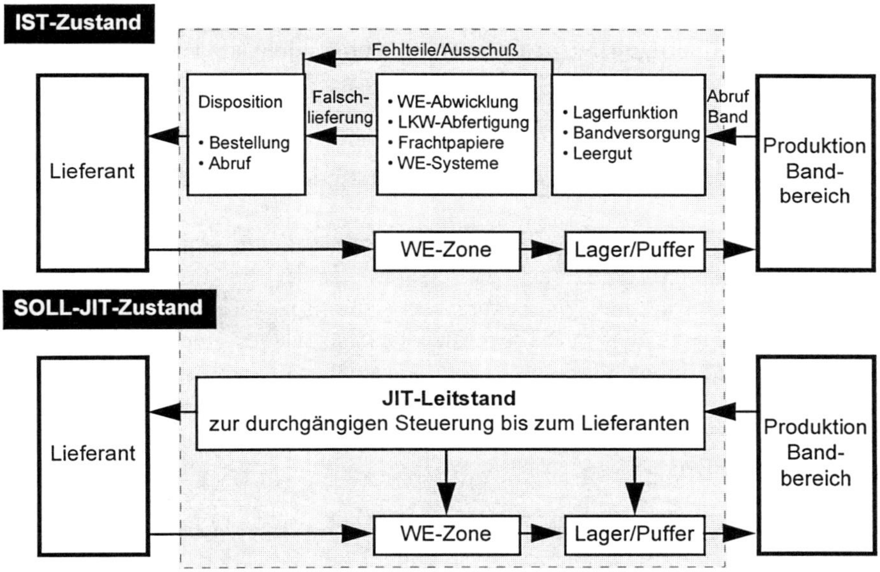

Abb. 37: JIT-Belieferungskonzept

Anhand der Kriterien Handling, Transport, Bestand, Ladungsträger, Disposition, Steuerung und Flächen werden die Kostenarten pro Teilefamilie quantifiziert. Als Orientierungspunkt dienen die Logistikkostenarten der aktuellen Baureihe. Daran orientiert werden die Kosten für eine hypothetisch angenommene „Nicht - JIT Belieferung" der neuen Baureihe (auch als „Modifizierte-Ist-Situation" bezeichnet), einer möglichen „JIT Belieferung dieser neuen Baureihe" (auch als „Soll-Situation" bezeichnet) gegenübergestellt, um das Einsparungspotential das durch eine JIT- Belieferung erreicht werden kann, auszuweisen.

Es bleibt festzuhalten, daß das Einsparungspotential nicht gleichbedeutend mit einer Budgetwirksamkeit ist, da die ausgewiesenen Einsparungen aus einem Vergleich von einer nicht realisierten Alternative mit einem durchzuführenden Ablauf herrühren. Das Einsparungspotential gibt somit an, um wieviel mehr eine „Nicht-JIT Anlieferung“ kosten würde, aber nicht wieviel im Budget konkret eingespart wird. Vermeidung von Ausgaben.
Der Mehraufwand für den JIT-Leitstand und die Datenverarbeitung muß mit dem Gesamteinsparpotential über alle Teilefamilien verrechnet werden.
Die Kostenerfassung sollte über den gesamten Planungszeitraum erfolgen und immer wieder aktualisiert werden. Die logistischen Gesamtkosten der Baureihe werden als absolute und relative Größen erfaßt.

Eine Ladungsträgerbestandreduzierung kann als ein generelles Ergebnis einer JIT-Belieferung gelten. Dabei muß das Einsparungspotential in Preisverhandlungen des Einkaufs mit den Lieferanten realisiert werden.
Um die Versorgung der Teilelieferanten mit Ladungsträgern sicher zustellen ist eine Überwachung der termingerechten Lieferung von Ladungsträgern (Leergut) angebracht.

5.4 Prozeßbetrachtung und Organisationsentwicklung der Logistik

Die Organisationsentwicklung in der Logistik durchläuft eine Wellenbewegung. Ausgangspunkt der Logistik in den achtziger Jahren war der Funktionalaufbau. Mit Beginn und im Verlauf der neunziger Jahre wurde die Prozeßorientierung vordringlich. Die These sei gewagt, daß in der nächsten Dekade wieder eine Hinwendung zum Funktionalaufbau erfolgen wird. Dies bringt die Beachtung der Geschäftsprozesse mit sich.

Einkauf und Logistik

Die Trennung von Entwicklungs-, Produktions- und Dienstleistungsumfängen erscheint generell nicht immer sinnvoll zu sein. Logistik und Einkaufsfunktion beispielsweise gehören für die Beschaffung der Materialumfänge zusammen. Denn es gilt einen Beitrag zur Gewinnmaximierung durch vernünftige Reduzierung der Einkaufspreise zu leisten, der gleichzeitig zur Risikominimierung in der Versorgungssicherheit beiträgt.

Einkaufsentscheidungen ohne Berücksichtigung aller Auswirkungen in der gesamten Prozeßkette sind isolierte Entscheidungen, die bestenfalls ein Teiloptima garantieren können. Die Aufwendungen in Logistikbereich müssen aber gegengerechnet werden. Die Aufgabe der Versorgungsverantwortung kann nur erfüllt werden, wenn die Verantwortung für Einkauf und Logistik zusammengeführt wird.

Die informatorische Vernetzung und die Schnelligkeit des Datentransfers nehmen weltweit zu. „Weiße Flecken“ für Einkaufsinformationen werden tendenziell seltener. Von fast jedem beliebigen Ort aus lassen sich einmal gesammelte Informationen abrufen.
Die Position des strategischen Einkaufs steht und fällt mit seiner Fähigkeit Informationen über die Beschaffungsmärkte zu sammeln, aufzubereiten, in Entscheidungsvorlagen einzubringen und schließlich auch in einem permanenten Prozeß zu aktualisieren.
Die dynamische Komponente der Beschaffungsmarktinformationen ist eine nicht zu unterschätzende Größe, wenn es darum geht eventuelle Dysfunktionen des Beschaffungsmarktes (z. B. Konkurs von Lieferanten) zu prognostizieren. Datenpflege wird zu einer originären Aufgabe.

Ein „Global Sourcing“ verlangt eventuell nach anderen Voraussetzungen, Ressourcen, und Abläufen, als eine ausschließlich auf einen heimischen Beschaffungsmarkt bezogene Beschaffungsstrategie. In der Automobilindustrie beispielsweise gab es immer ein Nebeneinander von inländischen und ausländischen Beschaffungsquellen.

Die Möglichkeiten des Sourcing (Modular, Single, Double/Multiple) und die Anwendungserfahrungen müssen mit den Anforderungen, die aus einem weltweiten Bezugsrahmen herrühren, abgeglichen werden.

Der Anteil ausländischer Beschaffungsquellen soll steigen, zum einen wegen möglicher Kostenreduktionspotentiale und zum anderen wegen der weltweiten Marktorientierung und Erschließung ausländischer Märkte, aus der sich konsequenterweise eine Marktnähe auch für den Materialeinkauf ergibt. Vertriebsstrategieen, die verstärkt auf bestimmte Währungsräume focussiert sind, müssen Einkaufs- und Beschaffungspolitik zu einer synchronisierten Verhaltensweise veranlassen.

Ein „lean management“ Ansatz der für die gesamte Unternehmensstruktur Gültigkeit hat, steht eventuell den Notwendigkeiten eines erweiterten Aktionsfeldes für den Einkauf entgegen. Hier ist ansatzweise darüber nachzudenken, wie organisatorische Voraussetzungen, personeller und technischer Art, geschaffen werden können, um eine Umsetzung erfolgreicher Einkaufstätigkeiten zu gewährleisten.
Nur ein Einkauf der sich den weltweiten Anforderungen stellt, wird sich auch in seiner Funktionsfähigkeit auf dem inländischen Beschaffungsmarkt auf Dauer behaupten können. Eine deutliche Abhängigkeit von den Fähigkeiten und Fertigkeiten der Mitarbeiter (Performance) sei hier aufgezeigt.

Die Anforderungen die sich aus einem verstärkten Auslandsengagement für den Einkauf ergeben sind unterschiedlicher Natur. Dazu zu rechnen sind u.a. folgende Tätigkeiten:

- Beschaffungsquellen sind zu finden und zu dokumentieren,

- Lieferantengespräche sind zu führen,
- potentielle Lieferanten sind in den Auswahlprozeß einzubeziehen,
- dynamische Betrachtungen über das Entwicklungspotential der Lieferanten sind anzustellen,
- gleichzeitig ist die Entwicklung inländischer Bezugsquellen zur Auswahl möglicher alternativer Lieferanten zu verfolgen, und
- ein ausgewogenes Verhältnis von inländischen und ausländischen Lieferanten ist anzustreben.

Ein internationaler Einkauf des Herstellers erfordert auch von seinen Systemlieferanten eine verstärkte Orientierung auf den ausländischen Beschaffungsmärkten; es kann nicht mehr dem Endprodukthersteller alleine überlassen werden für alle Unterlieferanten Sorge zu tragen.
Eine Form der Teamarbeit zwischen dem Hersteller und seinen Lieferanten, aber auch innerhalb des eigenen Unternehmens in Form eines abteilungsübergreifenden Informationsaustausches ist zu realisieren.

Hinzu kommt, daß „Local content" Bestimmungen in den ausländischen Beschaffungsmärkten verstärkt berücksichtigt werden müssen. Ein hoher Anteil ausländischer Lieferanten an einen ausländischen Produktionsstandort trägt dazu bei , dieser handelspolitischen und unternehmenspolitischen Auflage gerecht zu werden.

Veränderte Perspektive für den Einkauf

Eine aktuelle Sichtweise der Einkaufsfunktion und Organisation betont heute verstärkt die strategische Ausrichtung. Diese stellt sich dar in Form der Aspekte :

- Beschaffungsmarktforschung und Lieferantenförderung,
- der Möglichkeiten eines Beschaffungsmarktes als potentieller Absatzmarkt und
- einer verstärkten Internationalisierung der Beschaffungsquellen. Dabei steht nicht nur das Material im Vordergrund, sondern auch das Personal, das Know-how und der Informationspool der Einkaufsorganisation, und
- der mittel- und langfristigen Orientierung.

Die strategische Orientierung des Einkaufs zeigt sich an:

- der langfristigen Orientierung und der Abkehr von einer kurzfristigen Sichtweise,
- dem wichtigen Beitrag für den Unternehmenserfolg,
- der Weichenstellung für die Produktqualität,
- der damit verbundenen gestaltenden Wirkung; speziell die Marktgestaltung steht dabei im Mittelpunkt,
- bedeutende Ressourcen werden benötigt und gebunden, um die Einkaufsfunktion erfüllen zu können.

Als Empfehlungen für den strategischen Einkauf wären u.a. denkbar:

- eine organisatorische Verbindung der Beschaffungsmarktforschung des „indirekten“ und „direkten“ Einkaufs auf ausländischen Märkten (Stichwort Rationalisierung des Einkaufs),
- das Verhältnis von dezentralen und zentralen Einkaufsbereichen ist vor dem Hintergrund der wachsenden Bedeutung des internationalen Einkaufs zu überdenken,
- die organisatorische Regelung die Einkaufszuständigkeiten an bestimmte Wertgrenzen des Einkaufsvolumens koppelt, bedarf einer Anpassung, wenn Markttendenzen eine Neupositionierung erforderlich machen,
- auch ist die informatorische Vernetzung der Einkaufsabteilungen zu verstärken. Das muß natürlich Hand in Hand gehen mit der Weiterbildung des Einkaufspersonals in diesen Bereichen.

Die Optionen des Einkaufs werden eingeschränkt u. a. durch:

- die Festlegung auf bestimmte Lieferanten für Systeme (Systemlieferanten), impliziert zumindest eine mittelfristige Bindung an Lieferanten,
- die Lieferantenförderung in Ausnahmefällen, d.h. der Unterstützung von wirtschaftlich gefährdeten Lieferanten mit unterschiedlichen Ressourcen, um die aktuelle Lieferbeziehung aufrecht zu erhalten. Die Vorgaben der Entwicklungs- und Produktionsbereiche stellen dabei dominierende Einflußfaktoren dar.
- den Stand der Ressourcenausstattung des Einkaufs, hinsichtlich Qualität und Ausbildungsstand der Beschäftigten in den Einkaufsfunktionen, sowie durch die Ausstattung mit informationsverarbeitenden Einrichtungen.

Diese Rahmenbedingungen des Einkaufs stehen prinzipiell dem strategischen Entscheidungsfeld, wenn nicht entgegen, so doch zumindest einengend gegenüber.

Das Element des Controllings findet sich wieder in der Formulierung von Zielvorgaben bzw. Planwerten, der Transparenz bei der Durchführung der Tätigkeiten auf dem Weg zur Zielerreichung und der anschließenden Überprüfung der Ist-Werte hinsichtlich der Erreichung der Soll-Werte. Übertragen auf den Einkauf bedeutet das z. B. für die Tätigkeiten in der Ablauforganisation und der Aufbauorganisation, daß sie gemäß der neuen Anforderungen zu überarbeiten sind.
Konkret ist beispielsweise zu prüfen, ob für die inländische oder ausländische Beschaffungsmarktorientierung gesonderte Abläufe zu schaffen sind, oder ob vielmehr keine getrennten Anforderungen bestehen.

Dem strategischen Einkauf kommt die Aufgabe zu den veränderten und neuen Anforderungen gerecht zu werden. Das Controlling besteht dabei in der Anwendung von Steuerungselementen mit strategischer Wirkungsweise.
Betrachtet werden soll nicht ein operatives Einkaufs-Controlling mit seinen Kennzahlen, wie z. B. die Anzahl bearbeiteter Bedarfsaufgaben aus den Fachabteilungen, sondern ausschließlich der strategische Aspekt ist hier entscheidend.

Verschiedene Ebenen des Controllings lassen sich in diesem Zusammenhang unterscheiden. Qualitative Controlling Instrumente haben dabei neben den quantitativen Kenndaten eine wesentliche Rolle zu spielen.

Zu den qualitativen Instrumenten beispielsweise sind zu zählen:

- das Benchmarking, das das eigene Stärken und Schwächenprofil im Vergleich zu den Weltbesten unterstreicht,
- „Best practice visits" in deren Verlauf internationale Einkaufsorganisationen untersucht werden, wie sie ihre Einkaufstätigkeiten koordinieren,
- die Generierung von Verbesserungsvorschlägen im Rahmen eines „Reengineering", das einen weltweiten Informationsaustausch und Zusammenarbeit vorsieht oder
- die Beschaffungsmarktforschung und das Beschaffungsmarketing.

Quantitative Kennzahlen, wie beispielsweise das Einkaufs- oder Anfragevolumen mit Umsetzungsergebnissen, auf aggregierter Ebene, ergänzen das Controlling des strategischen Einkaufs.

Am Beispiel des Global Sourcing von Produktivmaterial, das keinen besonderen Beschaffungsaufwand nach sich zieht („Quick win" Aspekt) wird die Überlagerung von qualitativen und quantitativen Elementen des Controllings deutlich (Kearney,A.T., Internationales Beschaffungsmanagement, Mercedes-Benz AG, 1996):

In einem ersten Schritt werden die unterschiedlichen Materialgruppen/Teilefamilien in einer Matrixform den unterschiedlichen Phasen der Einkaufstätigkeit gegenüber gestellt. Meilensteine in dieser Matrix geben den Ausgangspunkt und den aktuellen Stand wieder. Zielmarke ist der Zeitpunkt zu dem das Material bereitgestellt sein muß. Die Phasen die auf der horizontalen Ebene der Matrix abgetragen werden, bestehen aus:

- der Vorbereitung,
- dem Beschaffungsmarketing,
- der Angebotseinholung,
- der Angebotsauswertung,
- der Vorentscheidung,
- der Musterprüfung/Zertifizierung,
- der Realisierung der Einsparungen (Leverage back).

In einem zweiten Schritt werden für die unterschiedlichen Materialgruppen anschließend das Gesamtvolumen für die jeweiligen Materialgruppe ausgewiesen, das verlagerbare Volumen, das Anfragevolumen und die Anzahl der Angebote. Auf Grundlage der Angebote kann dann ein Einsparpotential ausgewiesen werden.

Zu beachten ist, daß das Anfrage-Volumen im Rahmen des „Global Sourcing“ betrachtet wird.

Kennzahlen mit einem jeweiligen Zeitbezug, die in diesem Zusammenhang auftreten sind:

- das Einkaufsvolumen,
- das Anfragevolumen, unterteilt in Baureihen (Produktreihen),
- das Einsparpotential,
- die Einsparrealisierung
- der Realisierungszeitplan pro Teilefamilie

Um den veränderten Anforderungen gerecht werden zu können steht der organisatorische Aufbau des Einkaufs und der Ablauf der Beschaffungstätigkeiten selbst vor Veränderungen.
Der organisatorische Aufbau einer jeden Einkaufsfunktion sollte einem Benchmarking Prozeß unterliegen, d.h. die Orientierung an den Weltbesten in diesen Funktionen erfolgt, um die Einkaufsfunktion nicht losgelöst von ihren Rahmenbedingungen zu sehen.

Eindeutige Vorteile einer zentralen Beschaffung sind gegeben bei
- dem Aufbau von Verhandlungspotential und Einkaufsmacht,
- der Schaffung von Einkaufs Know-how und einer optimalen Auslastung,
- einer Bestandsoptimierung, die durch die zentrale Beschaffung umfassender gelingt, als das bei einer dezentraler Beschaffung möglich wäre.

Von entscheidender Bedeutung ist es, ob es dem dezentralen Einkauf über die Beschaffungsfunktion gelingt einen hohen Grad an Flexibilität, Schnelligkeit und Know-how in puncto Technologie zu realisieren. Allein bereits über die Nähe zu den Fachabteilungen weisen dezentrale Einkaufseinheiten gegenüber dem Zentraleinkauf einen wesentlichen Vorteil auf. Eine sorgfältig abgestimmte Mischform zwischen strategisch-zentralem Einkauf und operativ-dezentralem Einkauf dürfte wohl die beste Form darstellen. Die Übergänge und Zuständigkeiten müssen aber ständig überprüft werden.

Der Bearbeitungsablauf, wie er beispielsweise im Fall des Materialeinkaufs von „unproduktiven“ Materials (z. B. Betriebsstoffe) erfolgt, kann in Werksverantwortung vollzogen werden oder über einen Zentraleinkauf.

In Fall der Werksverantwortung erfolgt nach der Auslösung eines Bedarfs ein Antrag an die Einkaufsabteilung, die unter Berücksichtigung der Wünsche der Fachabteilungen einen Anbieterkreis festlegt. Über die Ausschreibung und Anfrage werden Angebote der potentiellen Lieferanten zur Prüfung durch die Fachabteilungen eingeholt. In dem weiteren Verlauf kommt es zu Verhandlungen mit den Fremdfirmen und einer

Aufbereitung des Ergebnisses. Als formaler Ausdruck der Entscheidung für einen bestimmten Lieferanten wird ein Bestellschein übermittelt.

Erfolgt der Ablauf über den Zentraleinkauf ist ein zusätzliches Verhalten zu beobachten: der Zentraleinkauf tritt zusätzlich auf bei der Abstimmung des Anbieterkreises, der Abstimmung der zu verhandelnden Firmen, der Genehmigung durch den Zentraleinkauf, der anschließenden Zurückleitung an die dezentrale Einkaufsabteilung und der abschließenden Kontrolle durch den Zentraleinkauf in Form der Gegenzeichnung und Prüfung der Anzahlungsrechnungen.

Es erscheint erforderlich zu sein die Betriebszeiten des Lieferanten mit derjenigen des Herstellers zu synchronisieren. Denn Arbeitszeitflexibilisierung auf Herstellerseite muß auch zu Arbeitszeitflexibilisierung auf Seiten des Lieferanten führen oder der Lieferant produziert auf Lager.

Die Prozeßbetrachtung und das Prozeßmanagement (Logistikkettenmanagement)

Über die Modellierung von Regelkreisen (Kybernetischer Regelkreis) und die Planung mit den Tools simulativer Darstellungen (Simulationstechnik) kann eine rechnergeführte Logistikplanung ermöglicht werden.

Eine nach Teilefamilien ausgerichtete und nach Montagegebäuden organisierte und damit kundenorientierte Prozeßkette stellte gewisse Anforderungen an Planungsablauf, den ein sogenannter Logistikketten Manager zu begleiten hat. Ausgehend von einer strategischen, über eine operative Planungsebene, hin zu der Umsetzung der Planungsvorhaben, erstreckt sich der Logistikprojektgegenstand. Dieser wird begleitet und betreut, angefangen von der Idee bis zur konkreten Umsetzung durch den „Logistikkettenmanager“. Mit dem zeitlichen Ablauf ändert sich das Rollenverständnis. Steht zu Beginn des Prozesses die Planungsarbeit im Vordergrund, geht am Ende die Linienfunktion der Montageversorgung, natürlich nur bezogen auf das konkrete Projekt, in den Verantwortungsbereich des Logistikkettenmanagers über. Damit ist aber ein neuer Typus von Logistikplaner geschaffen: der Mitarbeiter, der seine Planungsprojekte in einem interaktiven Prozeß anhand der Umsetzungserfahrungen permanent optimiert.

Mit dem Logistikkostenmanagement sind bestimmte Ziele verbunden, wie:

- der sukzessive Abbau der Materialfluß- und Ladungsträgerplanung wird angestrebt,
- der Wegfall interner Detailplanungen von Logistikanbindungen, die sowieso bereits Bestandteil der Planungen des Systemlieferanten sind, hat zu erfolgen,
- die Übertragung der Ladungsträgerplanung an Lieferanten und Systemlieferanten wird möglich, und

- speziell, die befähigten Systemlieferanten übernehmen die Ausplanung von Logistikanbindungen.

Zusammenfassend ergibt sich daraus für eine Logistikplanung, daß sie schneller, kostengünstiger, und sicherer gestaltet werden kann.

Aus diesen Zielsetzungen ergeben sich folgerichtig bestimmte Aufgabenstellungen für einen Logistikkettenmanager, die sich in die Wirkungsbereiche „Lieferant“ und „Werk“ unterteilen lassen.
In der Außenwirkung auf den Lieferanten ergibt sich als Aufgabe die gesamtverantwortliche Projektkoordination über die gesamte logistische Prozeßkette, strukturiert nach Teilefamilien bzw. Baureihen. Hinzu kommt die Erstellung und Betreuung von Pflichtenheften für den (System-) Lieferanten und den Einkauf. Ein Schnittstellenmanagement gegenüber den Lieferanten und der Montage beinhaltet auch die Weitergabe von Informationen über die beschaffende Unternehmung an den Lieferanten, wenn dieser Informationsbedarf hat, z. B. über Ansprechpartner in den EDV Abteilungen. Die Projektverfolgung hinsichtlich Belieferungsform, Ladungsträger-Planung, Ladungsträgerkonstruktion, und Ladungsträger-Beschaffung wird ergänzt durch die Logistikkostenkontrolle hinsichtlich des Einsatzes von Personal und Betriebsmitteln. Schließlich kommt die Anlaufbetreuung der Anlieferung neuer Teilefamilien in das Aufgabenspektrum hinzu.

In der Innenwirkung ergeben sich folgende Aufgabenstellungen :

- die Grob - und Vorplanungen,
- die Verfolgung von Materialflußentwicklungen auf einer Macro Ebene,
- die Durchführung von Budgetplanungen,
- das Anfertigen von Flächenbilanzen,
- die Berücksichtigung unternehmerischer Zielvorgaben,
- die Anlaufbetreuung bei Neuanläufen.

Wird eine Logistikplanung nach dem oben beschriebenen innovativen Prinzip konzipiert, erscheint die Aufgabenbewältigung effizienter möglich, als nach der traditionellen funktionalen Aufbau - und Ablauforganisation der Logistikplanung. Diesem Prinzip positiv verpflichtete Denkhaltungen werden eine beschleunigte Neuorientierung ermöglichen, die um so notwendiger wird, je größer der Wettbewerbsdruck auf allen betrieblichen Prozessen, speziell dem Logistikprozeß lastet.

Wichtige Grundlage eines Prozeßkostenmanagements ist die Neuorientierug oder auch Reaktivierung der Lieferanten - Hersteller Beziehung, die gewissen Prämissen unterliegt. Grundvoraussetzung ist es, daß der Hersteller klare Zielvorstellungen seines Logistikkonzeptes dem Lieferanten übermitteln kann. Der Lieferant seinerseits ist aufgefordert seinen eigenen Logistikprozeß bis zum Übergabepunkt an den Hersteller transparent zu machen. Stehen beiden Beteiligten die Informationen über logistische

Belange erstmals zur Verfügung, geht es in einem Verhandlungsprozeß darum, die ökonomischen und logistischen Belange zu klären und in konkrete Absprachen und Ausarbeitungen zu fassen. Ein Einkaufs- und Logistikvertrag sollte drei wichtige Bestandteile enthalten. Zum einen sind natürlich die Auftragskonditionen aufzuführen. Dazu kommen die von der beschaffenden Unternehmung geforderten Produktspezifikationen und schließlich die konkreten Anliefermodalitäten, die Fragen logistischer Kernfelder betreffen.
Eine Neuorientierung in bestehenden Lieferanten-Hersteller Beziehungen ist erfahrungsgemäß nicht so leicht vorzunehmen, wie wenn eine Beziehung neu begründet wird. Gelegenheit dazu ergibt sich speziell bei Neuanläufen von Modellen oder einem Modellwechsel.

Die allgemeine Vorgehensweise eines Logistikkettenmanagers läßt sich anhand von ca. sieben Hauptschritten umreißen :

- eine Festlegung der Abrufart/Teileprogrammierung die für die jeweilige Teilefamilie geeignet erscheint,
- die Verhältnisse am Verbauort (Senke) werden erfaßt und festgelegt,
- die Verbauortbedingungen (Quelle) werden dem Lieferant nahegebracht,
- die Anlieferungsart wird festgelegt, also z. B. die Frage geklärt, ob eine sortenreine Anlieferung erfolgen soll, ob kommissioniert werden soll oder nicht und ähnliche Fragen,
- die Umlaufbestände an Teilen und Ladungsträgern werden bestimmt,
- die Materialumschlagsflächen werden festgelegt, und
- die Realisierung der Logistik - Anbindung wird betrieben.

Diese Vorgehensweise ist natürlich gekoppelt an das Selbstverständnis einer Logistikplanungsabteilung, die sich zum einen nicht auf zu eng eingegrenzte Sachverhalte, wie z. B. die Verringerung von Beständen oder die Optimierung von Ladungsträgern konzentrieren darf. Das Hauptinteresse liegt bei der Sicherstellung der Anlieferung. Davon ausgehend wird eine permanente Optimierung bestrebt sein Logistikkonzeptbestandteile, wie die Logistikkosten, Bestände, Abläufe, Verteilungsfragen, Bereitstellung, etc in einen effizienten Gesamtzusammenhang zu bringen.

Wird ein Logistikplanungsumfang an einen Lieferanten weitergegeben, ergibt sich daraus für die Zusammenarbeit eine gewisse Schrittfolge :

1. Schritt: Analyse des Teilespektrums

Zwischen Logistikplanung, Fertigungsplanung und dem Einkauf wird in Hinblick auf einen potentiellen Lieferanten geprüft inwieweit Vormontageumfänge durch den Lieferanten bewerkstelligt werden können. Die Beantwortung der Frage „Make or Buy“ hängt von vielen Faktoren ab, darunter beispielsweise der Aspekt der Beschaffenheit des Teilevolumens, der Variantenvielfalt und die Anzahl der in Frage kommenden

Lieferanten. Erfahrungsgemäß entscheidet der Kosten - und Komplexitätsgrad darüber, wie die Entscheidung über das „Make or Buy“ ausfällt. Ist die Buy - Entscheidung einmal gefallen, ist es im Interesse des Logistikkettenmanagers ein Single Souring Konzept verfolgen zu können, da dann eine weitgehende und vollständige Planungs- und Realisierungsverantwortung auf den Lieferanten übertragen werden kann.

2. Schritt: Auswahl der Systemlieferanten

Nur ein Lieferant kommt in Frage, der die Befähigung zum Systemlieferant ausweist, wie sie im 4. Kapitel beschrieben wird. Auch ist es wichtig, speziell bei einer JIT Anlieferung, daß räumliche Nähe und ein ausreichender zeitlicher Vorlauf für Disposition und Anlieferung gegeben sind. Erfüllt ein Lieferant diese Anforderungen, dann kommen eine Reihe von Aufgaben auf ihn zu, wie die Beteiligung an der Entwicklung und Dokumentation von Baugruppen, der Entwicklung und Realisierung des Vormontageprozesses, die Qualitätssicherung, die Entwicklung, Konstruktion und Beschaffung von Ladungsträgern, und die Beherrschung der EDV technischen Anforderungen gemäß der jeweils gewählten Abrufart. Der Planungsumfang der logistischen Anlieferung bis zu den Verbauorten der beschaffenden Unternehmung erfordert einen zusätzlichen Arbeitsaufwand.

3. Schritt: Erfassung der technischen Randbedingungen je Teilefamilie

In einem Lastenheft werden alle diejenigen Informationen festgehalten, die in Zusammenarbeit von Logistikplanung, Konstruktion, Fertigungsplanung, Qualitätswesen, Arbeitssicherheit und Montage erarbeitet werden. Darunter befinden sich Details über allgemeine Produktinformationen (Varianten, Baugröße, etc.), den Produktionsprozeß des Herstellers, Ladungsträgerentwicklungen und Anforderungen der Qualitätssicherung. Mit diesen Informationen wird speziell die Behältervorplanung versorgt, wenn es um Anforderungen an Ladungsträger geht.

4. Schritt: Erfassung globaler Rahmenbedingungen

Gemeint sind hiermit Informationen z. B. über logistische Basisdaten über eine Vorgängerabwicklung einer Belieferung die jetzt neu geplant werden soll, Aspekte eines Fabriklayouts, wie die Infrastruktur, Hallenlayouts und Logistikflächen, aber auch über die Unternehmensphilosophie beispielsweise hinsichtlich der „lean production“ oder einer „Kaizen-Planung“.
Ausgestattet mit diesem Informationen können bereits erste Zwischenschritte der Planung geleistet werden. So lassen sich der Materialfluß in bezug auf Volumen, das LKW - Aufkommen, die Gestaltung der Anlandezonen, die Nutzung der Logistikflächen und die Belastung der internen Transportwege untersuchen. Auch wird es ermöglicht, einen Anforderungskatalog an die vorhandenen Abrufsysteme zu erstellen. Die Informationen sind permanent zu aktualisieren und können stellenweise für Simu-

lationszwecke verwandt werden, die bei Betrachtungen des Materialflusses auf einer Macro - Ebene hilfreich sind.

5. Schritt: Abfassung der Anlieferspezifikation

An dieser Stelle beginnt die konkrete Ausplanung der logistischen Anbindung, die in schriftlicher Form festgehalten wird. Dabei geht es um Punkte, wie:

- die Definition der Verantwortlichkeiten,
- Behälteranforderungen,
- Klärung von Fragestellungen im Zusammenhang mit der Anlieferung, wie Fahrrouten, Abladestellen, etc.,
- Produktionsdaten ,
- den Informationsfluß und den Teileabruf,
- die Warenannahme,
- die Festlegung von Sicherheitsbeständen, und
- einen Zeitplan.

Die Spezifikation der oben aufgeführten Punkte ist Grundlage für ein verbindliches Angebot, das der Lieferant gegenüber dem Einkauf des Herstellers abgibt und in dem die Logistikkosten transparent dargestellt werden sollen.

6. Schritt: Simultan ablaufender Planungsprozeß

Im Anschluß an eine Anlieferspezifikation kommt es zu einer Auftragsvergabe, die dazu führen sollte, daß nur noch ein Lieferant als Ansprechpartner pro Teilefamilie fungiert. Kommt es dazu, hat der Logistikkettenmanager vier gleichzeitig ablaufende Planungsaufgaben aufeinanderabzustimmen, als da wären die Feinplanung der Ladungsträger durch die Lieferanten, die weitere Konkretisierung der logistischen Anbindung durch den Lieferanten, die Bewältigung der informatorischen Anforderungen durch den Lieferanten zu überwachen und schließlich einen Gesamt - Matrialfluß zu gewährleisten, der die unterschiedlichen Informations- und Materialströme aufeinander abstimmt.

Die Ladungsträgerplanung die den Lieferanten betrifft, umfaßt dabei die Hinzunahme des Lieferanten zu Besprechungen, die Ermittlung des Zeithaushaltes, die Ermittlung von Logistikfläche, die Ermittlung der Abrufart, die Einweisung in die Methodik der Ladungsträgerinhaltes, die Punkte wie den Zeithaushalt, Fläche, Reichweite, Gewichtsbeschränkungen usw. betrifft. Auch Kriterien einer Ladungsträgergestaltung hinsichtlich Gewicht, Abmessungen, Lebensdauer und einer Wiederverwendbarkeit sind dem Lieferanten zu vermitteln. Der Bereich der Ladungsträgerplanung umfaßt noch weitere Punkte auf die an dieser Stelle nicht näher eingegangen werden kann (z. B. Material, Pooling usw.).

Die logistische Anbindung und deren maßgebliche Planung durch den Lieferanten kann mit der Zielsetzung Optimierungspotentiale zu erschließen dazu führen, daß externe Logistikdienstleister, Gebietsspediteure, oder fremdbewirtschaftete Lager als Konzepte verfolgt werden. Die Neubewertung der eingesetzten Betriebsmittel und des Personals kann neben der Festlegung eines Gesamtablaufs stehen.

Die Erreichung eines harmonischen Materialflusses, der alle Zusammenhänge berücksichtigt, wird erreicht durch eine Machbarkeitsanalyse des gesamten Materialflusses beispielsweise anhand einer Analyse der werksinternen und -externen Verkehrsbelastung. Denkbar ist auch eine permanente Plausibilitätsprüfung hinsichtlich der gleichzeitig ablaufenden Einzel-Planungsaktivitäten. Die Versorgungssicherheit ist bei allen Planungsüberlegungen präferiert zu berücksichtigen. In diesem Zusammenhang stellen sich auch Fragen nach Not- und Gegenmaßnahmen, wenn Störungen auf den Planungsprozeß einwirken sollten.

7. Schritt: Planungsabschluß und Freigabe (Homologierung) der Logistikketten

Nach erfolgter Ausplanung der logistischen Konzepte durch den Lieferanten hat der Logistikkettenmanager die Aufgabe den Prozeßablauf auf Sicherheit, Wirtschaftlichkeit, Einfachheit und Schnelligkeit in Zusammenarbeit mit den betroffenen Bereichen zu überprüfen. Dabei bedient es sich einer Art „Generalprobe“ des Lieferanten, in deren Verlauf eine Anlieferung unter realen Produktionsbedingungen durchgeführt wird. Bei erfolgreicher Generalprobe werden die Hauptkriterien der Logistikkette vertraglich festgehalten und als genereller Anlieferweg von den Beteiligten akzeptiert, die das durch die Unterzeichnung auch zum Ausdruck bringen.

8. Schritt: Anlaufphase der Logistikkette

Als Personalqualifizierungsmaßnahme bietet das Logistikkettenmanagement vielseitige Ansatzpunkte. Die Mitarbeitermotivation und - Rotation wird gestärkt. Mitarbeiter, die den Betreungsprozeß begleitet haben, können in eine operative Position z. B. einen JIT-Leitstand versetzt werden, wenn der Anlauf der betreuten Teilefamilien positiv erfolgt ist. Aufstiegsmöglichkeiten können damit verbunden sein. Höhere Verantwortlichkeit ist in jedem Fall gegeben.

Ein Reengineering in der Organisation weist dynamische Elemente auf, man könnte auch von Überführungstendenzen von einem Zustand in einen anderen sprechen. Der Übergang von einer Funktional- zu einer Prozeßorientierung, von einer Linienorganisation zu einer Matrixorganisation, oder der Weg von einer Linienorganisation, über eine Matrixorganisation zu einer Projektorganisation sind in diesem Zusammenhang beispielhaft zu nennen. Eine Teamorientierung nimmt insofern eine gewisse Sonderstellung ein, weil der interaktive Austausch zwischen den Teammitgliedern zum wesentlichen Ausdruck der Organisationsform „Team“ gehört. Organisatorische Dynamik als Beleg der Anpassungsfähigkeit an sich ändernde Prozeßanforderungen sind in der kleinsten organisatorischen Einheit „Team“ grundsätzlich gegeben.

(Logistische) Führung in einer dezentralen Unternehmensgruppe

Vom Selbstverständnis einer dezentral angelegten Unternehmensgruppe aus gesehen, werden in der Zentrale (Headoffice) Vision, umfassende Strategiefindung, Leitlinien der Unternehmenskultur und Qualitätskriterien für Prozeßabläufe, Produkte oder Personalanforderungen, festgelegt. Über Zielvereinbarungen mit den dezentral geführten Werken wird eine Controllingfunktion ausgeübt. Dadurch kann die Unternehmensentwicklung in die von der Zentrale gewünschte Richtung gelenkt werden. Drei Elemente sind für das Verhältnis zwischen der Unternehmenszentrale und ihren Werken maßgebend: Kooperation im gemeinsamen Interesse, Kommunikation in beide Richtungen und das Wettbewerbsprinzip, das auch zwischen den einzelnen Werken gültig ist.

Eine Veränderung der Organisationsstruktur erfolgt beispielsweise durch die Einführung von Leistungscentern, die gewisse Vorteile mit sich bringt:

- eine Kostentransparenz,
- ein eigenverantwortliches Wirtschaften,
- die Umsetzung des Konzeptes „Unternehmer im Unternehmen",
- eine Stärkung des Wettbewerbsgedankens innerhalb der eigenen Unternehmensorganisation.

Die Gefahr besteht natürlich, daß zuviel Energie und Ressourcen in den innerbetrieblichen Wettbewerb gesteckt werden (Stichwort: Kostenverrechnungen zwischen den Centern) und der eigentliche und entscheidende Absatzmarkt vernachlässigt wird. Hinsichtlich des Beschaffungsmarktes bedeutet es einen Vorteil wenn Center in einem gewissen Rahmen befugt sind eigenständig Lieferantenleistungen einzukaufen, beziehungsweise gesonderte spezifische Abmachungen einzugehen.
Individuelle Bereichsstrategien der Center sind immer in dem Gesamtkontext eines Werkes zu stellen. Die centereigene Entscheidungsfreiheit findet dort ihre Grenzen, wo sie Strategieinteressen des Werkes betreffen und nicht kompatibel sind mit der Ausgestaltung.

Auf einer höheren Ebene ist jedes Werk quasi eine selbständige Einheit, die in ihrer Leistungsdarstellung permanent in einem Optimierungsprozeß stehen muß, wenn nicht andere Organisationseinheiten im Unternehmen, sprich andere Werke, einen Wettbewerbsvorteil erzielen sollen.

„Lernende Organisationen" sind gefragt; denn nur nach einem solchen Verständnis ausgerichtete und in der Umsetzung dieser Leitlinie auch erfolgreiche Unternehmen, werden bestehen können.
Die Centerstruktur hält ein Dilemma bereit, das in jedem Einzelfall individuell gelöst werden muß: die Center dürfen nicht immer das auch umsetzen, was sie eigentlich projektiert haben und in der Lage sind zu verwirklichen: das „Gemeinwohl" des Wer-

kes oder eines Zentralbereichs geht unter Umständen zu Lasten einer dezentralen Unternehmenseinheit, die über einen Vorsprung verfügt.

Führungsverhalten

Der Idealtypus eines Unternehmers ist für ihn derjenige, der sein geistiges und moralisches Kapital einsetzt (neben dem Einsatz von finanziellen Ressourcen) um Dinge kreativ zu gestalten. Ein Unternehmer sollte nach seinem Selbstverständnis auch eine „dienende“ Haltung gegenüber der unternehmerischen Verantwortung einnehmen, d. h. auch eine gesellschaftliche Verpflichtung erkennen.

Selbst diese Verhaltensregeln werden meßbar, da sie das Wechselspiel zwischen Markt, Mitarbeitern und Kapital zeigen (Loyality Based-Management). Auch ein Mitarbeiter-Kapitalismus i. S. v. Thurow über Förderungsintensität von Humankapital wird zu einem wesentlichen Erfolgsfaktor.
Mitarbeiter sollten an ihr Unternehmen im positiven Sinne gebunden werden, da sie das wichtigste Kapital eines jeden Unternehmens sind. Ihr Know-how und ihre Leistungsbereitschaft sind die Schlüsselfaktoren.

Als Entwicklungsprojektion erscheint, daß durch eine Globalisierung eine Angleichung der Faktorpreise eintreten wird, der nur durch eine höhere Wertschöpfung entgegengewirkt werden kann. Der Wohlstandsverfall kann jedoch vermieden werden, wenn massive Investitionen in die Qualifikation der Mitarbeiter und im Bereich der Forschung und Entwicklung vorgenommen werden.

Als außerordentlich schwierig hat sich erwiesen, Mitarbeiter zu einem ausgeprägten eigenverantwortlichen Handeln zu bewegen und auch Entscheidungen zu treffen.

Zu beachten ist, daß hoch qualifizierte und wenig qualifizierte Arbeitsplätze nicht unbedingt voneinander getrennt werden können, sondern teilweise komplementär zueinander stehen. Auch folgt der Verlagerung von niedrig qualifizierten Arbeitsplätzen mit einer Zeitverzögerung auch die der hoch qualifizierten Arbeitsplätze. Der soziale Friede, ein hohes Gut, kann bedroht werden, wenn der Abstand zunimmt.

Konkurrenzbeurteilung

Eine Maßnahmenfestlegung als Reaktion auf die Konkurrenzbeurteilung beginnt mit einem Stärken-/Schwächenprofil an das ein Maßnahmenkatalog anschließt. Darin sind festzulegen Verantwortlichkeiten für die Durchführung, der zeitliche Ablauf und die kostenmäßige Auswirkung, dargestellt in Budgetveränderungen, der Zieldaten oder eines Ist/Soll Vergleiches.
Ansatzpunkte für eine Beurteilung von Konkurrenzunternehmen oder für eine Kooperation in Frage kommenden Unternehmen im Logistikbereich bilden zum einen das geschäftliche Klima als Ausdruck der wirtschaftlichen Rahmenbedingungen. Die de-

taillierte Strukturkenntnis über die Abläufe bzw. Geschäftsprozesse einer Organisation stellt ein weiteres wichtiges Beurteiliungskriterium dar. Grundlegene und aktuelle Informationen aus Fakten, Meinungen, aber auch aus Fiktionsbildern, ergeben zusammen mit der Führungskompetenz, ebenfalls wichtige Beurteilungskriterien.

Führungskompetenz und Führungsqualität in der Logistik bedingen einander. Führungskompetenz als potentielles Know-how zur Mitarbeiterführung ist die Voraussetzung für Führungsqualität, die sich in der Effizienz der Mitarbeiterleistungen in der Logistikorganisation widerspiegelt.

Führungskompetenz in der Logistik drückt sich für die Führungskraft aus in Selbstachtung, Zielorientiertheit, Leistungsbereitschaft, die in Verbindung mit Wissen und Kooperationsbereitschaft, in ein Verantwortungsbewußtsein und Vorbildfunktion des Vorgesetzten münden sollte. Nur wenn es gelingt diese Merkmale glaubwürdig zu vereinen weist Führungskompetenz diejenige Identifikationskraft für den Mitarbeiter auf, die der einzelne Mitarbeiter braucht, um seine Fähigkeiten als „Human Resource“ für das Unternehmen zielorientiert einbringen zu können.

„Human Resources“ sind in der modernen Logistik ein entscheidender Wettbewerbsfaktor geworden. Unter den Mitarbeitern sollte die Freisetzung von Kreativität, Engagement und Begeisterung für die Logistikaufgaben erreicht werden. Diese mit einem „Commitment“ vereinbarte Einsatzbereitschaft zielt einmal ab auf die Vermeidung von Verschwendung (Kaizen), aber auch auf die Teamfähigkeit des Individuums in Arbeitsgruppen. Leistungswille und erreichte Leistung erfahren durch Belohnung und Anerkennung dann einen Motivationsschub, wenn Arbeitszeitflexibilität, leistungsorientierte Bezahlung und Freiräume für kreative und innovative Projektarbeiten gewährt werden können.

Leitbilder in der Logistik können durch Überwachungsformen des Monitoring, der Selbst-Auditierung oder durch Mitarbeiterbefragungen gestärkt werden.

Prozeßorientierung in der Organisationsentwicklung

Wie sieht nun eine denkbare Antwort auf die geschilderten Herausforderungen aus?
Die Prozeßorientierung steht im Mittelpunkt der aktuellen Überlegungen zur Organisationsgestaltung. Bei allen Vorteilen, die das für eine Aufbauorganisation mit sich bringt, sollte nicht übersehen werden, daß prozeßbedingte Organisationsformen eine permanente Strukturpflege bei sich ändernden Prozeßabläufen nach sich zieht, die im Gegensatz zu einer Funktionalorientierung der Aufbauorganisation, unproduktive Unruhefaktoren mit sich bringen kann.
Vielleicht hat der Ansatz des „lean management“, der zu einer Überprüfung der betrieblichen Funktionsbereiche auf ihre offenen und versteckten Sicherheitspuffer und Potentiale geführt hat, dazu beigetragen die Chance auf Kostenreduktion vornehmlich beim Personal zu sehen.

Die Gefahr, die durch eine Nichtanpassung einer Prozeßorganisation auf veränderte Rahmenbedingungen entsteht, ist unter Umständen größer, als wenn ein funktionaler Aufbau etwas zu viel Speck auf seinen „institutionellen Rippen“ hat. In der Diskussion um „lean management“ und „reengineering“ ist inzwischen eine gewisse Ernüchterung eingetreten, ob es per se sinnvoll sein kann, sich jener entscheidenden Ressource und Reservekapitals zu entblößen, auf die es speziell in Wachstumsphasen ankommt: einen Stamm von gut ausgebildeten und qualifizierten Mitarbeitern, in die ein Unternehmen ja auch eine Menge Ressourcen investiert hat.
In Phasen einer flauen Auftragslage sich als erstes von der wichtigsten Ressource eines Unternehmens zu trennen, dem Mitarbeiter Know-how, ist von der langfristigen Betrachtungsweise her sicher ein kardinaler Fehler, wenn alleine dadurch eine Produktivitätssteigerung erreicht werden soll.
Der Motivationslage der Mitarbeiter kommt gerade in Phasen des Markteintritts, der Marktdurchdringung und Marktpflege bestehender und neuer Märkte eine herausragende Rolle zu , wenn es darum geht die persönliche Kundenorientierung eines jeden Mitarbeiters in den Mittelpunkt der Überlegungen zu stellen.
Da die Zukunft der Logistik vor allem auf den steuernden Tätigkeiten des Leistungsspektrums zu liegen scheint, wird die Konzentration auf die Mitarbeiter, die Daten erheben und pflegen, informationstechnische Systeme bedienen und weiterentwickeln sollen, zu einem ganz wesentlichen Erfolgsfaktor unternehmerischer Tätigkeit.

Transportkonzepte, die beispielsweise eine weitgehend staplerlose Versorgung der Produktionsbereiche mit Material vorsehen, sind wiederum auf Mitarbeiter angewiesen, die eigenverantwortlich und umsichtig mit den knapp kalkulierten Beständen umgehen können und vor allen Dingen auch umgehen wollen.

Wie sieht die ideale Organisationsform aus?: schlank, flexibel, schlagkräftig, motivierend, kreativ, innovativ, belastbar und stabil, ressourcensparend - kurzum Kunden-, Aufgaben- und Mitarbeiter orientiert.

Ein starrer formaler Aufbau wird nur vermieden werden können, wenn die Motivation der Mitarbeiter so stark ausgeprägt ist, daß Selbständigkeit, Kreativität und Aufgabenerfüllung Hand in Hand gehen mit Selbstkontrolle, Eigenverantwortung und Zielorientierung. Diese Vorstellung entspricht für manchen vielleicht einer fernen Vision - erfolgreiche Unternehmen befinden sich aber auf dem Weg dorthin.

Ein „lean management“ führt zwangsläufig zu einem 'mean management', wenn mehr Aufgaben und Verantwortlichkeiten auf wenige in einem Unternehmen verbliebene Mitarbeiter verteilt werden, anstatt wenige Aufgaben mit maximaler Verantwortlichkeit im Sinne von „job enlargement“ und „job enrichment“ auf Mitarbeiter aufzuteilen.

Wenn Systemlieferanten in einem Industriepark angesiedelt werden, fungiert quasi der einzelne „Systemlieferant“ als Erfolgsfaktor des Herstellers. In einem „Kaizen“

Projekt, tritt der einzelne Mitarbeiter mit seinem Verantwortungsbewußtsein als Erfolgsfaktor des Herstellers auf. Beide Wirtschaftssubjekte verlangen ein hohes Maß an Vertrauen und Freiräumen und geben umgekehrt dem Endprodukthersteller die notwendige Kreativität in Optimierungsfragen von Prozeßabläufen.

Zentrale Einkaufsorganisationen, die in Form einer Matrixorganisation aufgebaut sind, können zweierlei bewirken: eine Kerneinheit legt die Einkaufsstrategie fest und koordiniert die Vorauswahl von Lieferanten. Gleichzeitig arbeitet der operative Einkauf unmittelbar mit den Fachabteilungen zusammen.

Eine Optimierung der Ablaufprozesse wird beispielsweise mit den Projektbausteinen „Industriepark" und „KVP-Kaizen" bewerkstelligt. Für den letzteren gilt, daß hauptsächlich eine Materialbestandsreduzierung im Vordergrund steht. Eine Optimierung der Fertigungstiefe und der Flächennutzung steht hingegen bei einem Industriepark Projekt im Vordergrund. Gemeinsam ist beiden Projekten, daß eine intensive Prüfung des logistischen Ablaufes auf sogenannte „stale points", also nicht wertschöpfende Ruhepunkte in der logistischen Kette, erfolgt, die dann auf unterschiedliche Weise in einen optimalen Zusammenhang gebracht werden.

Prozeßkettenoptimierung durch Prozeßkettenmanagement

Welche Rolle Mitarbeiter spielen können, zeigt des Bild des Prozeßkettenmanagements.

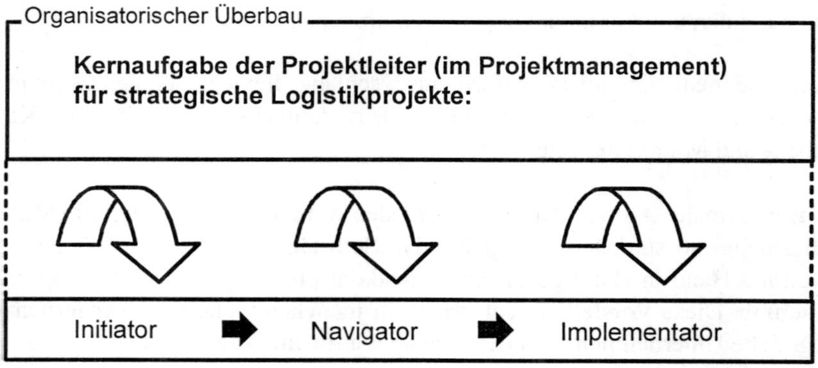

Abb. 38: Kernaufgaben eines Projektleiters

Der Entwicklungsprozeß für Teileumfänge und Produktteile beeinflußt und bestimmt in einem wesentlichen Umfang den Logsitikprozeß und die Logistikkette. Die Teile- und Produktqualität, die Abgrenzung von innerbetrieblichen und außerbetrieblichen Schnittstellen, oder der zeitliche Rahmen sind nur einige der Einflußfaktoren auf den Logistikprozeß, die aus dem Entwicklungsprozeß herrühren.

Während der Konzept-, Gestaltungs-, Serienentwicklungs-, und Anlaufphasen werden richtungsweisende Entscheidungen auch für den Logistikprozeß getroffen, so z. B. wenn die Teile- oder Variantenvielfalt festgelegt wird, mit allen Folgen für den logistischen Folgeprozeß und damit für das betriebliche Geschehen.

Flexibilisierung der Arbeitszeiten

Eine Möglichkeit Freiräume für Mitarbeiter zu generieren, die die dem Unternehmen zugute kommen sind flexible Arbeitszeiten.
Die Weiterentwicklung der Vorstellung von einer Wochenarbeitszeit hin zu einer Jahresarbeitszeit mit gesondertem Freiraum für Teilzeitlösungen wäre speziell für die Logistik von Vorteil. Beispiele aus der Praxis machen es deutlich: aufbauend auf der tariflichen Wochenarbeitszeit bleibt der Lohn bzw. Gehalt monatlich gleich.
Bei Mehrarbeit gibt es Freizeitgratifikationen, die ohne Mehrvergütung dem Mitarbeiter gutgeschrieben werden. Als ein Resultat wird dabei eine Halbierung des Krankenstandes und eine höhere Mitarbeiterverantwortung erreicht.

Geschäftsfeldpositionierung

Neue und alte Geschäftsfelder sind zu überprüfen, zu erhalten und zu erschließen. Reengeneering ist quasi ein Dauerauftrag.
Ein interessanter Fall ist die Morgan Motor Company Ltd., die seit 1909 Sportwagen in ihrem Werk Malvern in England herstellt (Fischer, Heftige Hammerschläge, Wirtschaftswoche, 04.04.96). Mit 138 Beschäftigten und viel Handarbeit sind für 1996 500 Produktionseinheiten geplant. Die Umsatzrendite vor Steuern liegt bei 14 %. Durch eine Straffung der Arbeitsabläufe und Vereinfachung der Materialwege soll eine Durchlaufzeitverkürzung von bislang 21 Arbeitstagen auf 14 Arbeitstage erreicht werden, was einer Erhöhung des Outputs auf 3 anstatt bisher nur 2 Fahrzeuge pro Arbeitstag entsprechen würde.
An diesem Beispiel sind vor allem zwei Aspekte bemerkenswert. Zum einen wird deutlich, daß mit Traditionsbewußtsein und Qualitätsmanagement Geschäftsfelder besetzt und ausgebaut werden können, gerade im Automobilbau. Zum anderen zeigt sich, daß eine Aufbau- und/oder Ablaufoptimierung unabhängig von einer bestimmten Unternehmesgröße erfolgen kann, die sich veränderten Rahmenbedingungen anpaßt.

Das Ausweichen auf den Dienstleistungssektor kann Strukturprobleme in der Industrie nicht beheben. Der tertiäre Bereich des Dienstleistungssektors wird immer als Auffangbecken für Arbeitsplätze angesehen, die im sekundären Bereich wegfallen. Laut dem Münchner Ifo Institut nahmen zwischen 1992 und 1994 die Zahl der Service Jobs um jährlich 1 % zu, in der gleichen Zeit schrumpfte die Zahl der Industriearbeitsplätze um jährlich 5 % (Grenze erreicht, Wirtschaftswoche Nr. 16, 11.4.1996).
Als Erklärung wird aufgeführt, daß der hohe Anteil industrieller Dienstleistungen, allein 1994 entfielen von 928 Milliarden DM Umsatzvolumen im tertiären Bereich

der Bundesrepublik Deutschland, ca. 80 % auf Industrieaufträge, in Form von Dienstleistungen, die komplementär zu den Produkten sind, und damit eine Abhängigkeit des Dienstleistungssektors von den industriellen Bereichen manifestieren. Dies ist der entscheidende Zusammenhang. Der Dienstleistungsanteil an den deutschen Ausfuhren lag bei 13 %.

Die Kundennähe ist als Selbstverständlichkeit zu begreifen. Durch die Kundennähe der Logistik, sei es daß es sich um einen „internen" Kunden innerhalb der eigenen Unternehmensorganisation, oder einen „externen" Kunden auf dem Absatzmarkt handelt, wird sie immer ein wichtiges Stell- und Verbindungsglied für alle betrieblichen Funktionsbereiche sein.
Eine positive Organisationsentwicklung vollzieht sich als Prozeßvereinfachung, die unmittelbar an den Produkten selbst ansetzt. Eine verstärkte Modulfertigung, die in weitgehender Vernetzung mit Systemlieferanten erfolgt, und unter Nutzung der Mitarbeiterkreativität erfolgt, erleichtert damit die Handhabung des logistischen Ablaufs.

5.5 Kaizen: Minimierung der Durchlaufzeiten, der Bestände, und Disziplinierung der Abläufe

Die Kaizenkonzeption ist ein Führungsprojekt in flächendeckender Umsetzung. Durch Bewußtseinsänderungen aller Hierachieebenen erfolgt in Linienverantwortung und unter Berücksichtigung des Unternehmensleitbildes ein Top-Down Ansatz der Durchführung. Gleichzeitig besteht das Bestreben eine kontinuierliche Verbesserung von Arbeitsprozessen in einem Bottom-Up Ansatz zu erreichen. In diesem Rahmen sind die Mitarbeiter bestrebt den erreichten Zustand einer Verbesserung als Ausgangsbasis für weitere Verbesserungen (spiralförmiger Prozeß) zu verstehen und zu nützen.
Zielkriterien der KVP-Kaizen Aktivitäten liegen in der Reduzierung des Zeitbedarfes, der Abkürzung von Zeitketten und der Verminderung von Material-Liegezeiten.
Durch die systematische Kombination einzelner Aktivitäten (Kaizen-Schritte) wird eine Verbesserung des Zeitkriteriums angestrebt.

Minimierung der Durchlaufzeiten über KVP

Im vorliegenden Zusammenhang sprechen wir über „logistische Durchlaufzeiten". Die logistische Durchlaufzeit ist diejenige Zeitspanne, die im Verlauf des Transportprozesses von Materialien zwischen der Zusammenstellung des Materials beim Lieferanten bis zum Einbau des Materials in der Montage des Abnehmers vergeht. Auch die Bindung des Materials in Vormontagen, durchgeführt durch den Montagebereich, zählt bis zum Einbau der Vormontageumfänge in das Gesamtprodukt zur logistischen Durchlaufzeit. Als Hauptbestandteile lassen sich nennen: die Handlingszeiten, d.h. die Häufigkeit und Dauer des Materialumschlags, die Transportzeiten zwischen den Knoten des Logistiknetzes und die Verweilzeiten des Materials.

Eine Logistikprozeßoptimierung zielt auf eine Vermeidung von Wartezeiten in der Durchlaufzeit des Materials. Die Logistikplanung, -prozeßsteuerung und -kontrolle hat sich dieser Zielsetzung zu verpflichten.

Die Rolle von Kaizen als Planungs - und Realisierungsinstrument

Eine Durchlaufzeitenreduzierung kann im Rahmen eines Kaizenplanungsverfahrens erreicht werden. Kaizen ist eine umfassende Methode, Probleme in der logistischen Kette aufzudecken, Lösungskonzepte zu entwickeln und sie konsequent anzuwenden, wobei dieser Prozeß nicht einen endgültigen Abschluß erfährt, sondern im Sinne einer kontinuierlichen Verbesserung permanent abläuft.
Generell können z. B. als Zielgrößen Verbesserungen in den Bereichen Kosten, Produktivität, Qualitätsstandard, oder Bestände angestrebt werden.

Abb. 39: Der Kaizen-Schirm

Die Wettbewerbssituation einer Unternehmung ist vor dem Hintergrund des gesamten Prozesses, von der Beschaffung der Materialien, d. h. von der Angebotseite auf dem Beschaffungsmarkt, bis hin zu einer Durchdringung des Kundenmarktes mit dem fertigen Endprodukt, zu sehen. Die logistische Durchlaufzeit spielt dabei eine entscheidende Rolle, wenn es darum geht die Marktkontakte schnell aufzubauen.

Folgende grundlegende Planungsprinzipien, auch bekannt als „5 S", nehmen einen wichtigen Stellenwert im Kaizen-Konzept ein:

„Seiri“ bedeutet das Notwendige vom Unwesentlichen zu trennen und das als unwesentlich Charakterisierte umgehend abzubauen.

„Seiton“ zielt darauf ab, die notwendigen Dinge als solche zu kennzeichnen und unmittelbar verfügbar zu machen. Voraussetzung dafür ist, daß Örtlichkeiten und Materialbestände genau dafür vorgesehenen und ausgewiesen werden. Als Hilfsmittel dienen dabei Schilder, Plakate und Fußbodenmarkierungen einfachster Art.

„Seiso“ fordert dazu auf, die Handlung oder den Handlungsablauf sauber durchzuführen.

„Seiketsu“ steht für physische Sauberkeit der Situation vor Ort.

„Shitsuke“ legt einen Schwerpunkt auf die "Disziplin der Arbeiter".

Das Verständnis von Kaizen findet sich zusammengefaßt wieder in dem inhärenten Kreislaufgedanken (Regelkreise).

Wesentliches Element ist dabei die Kontrolle, die vor allem unter zwei Gesichtspunkten zum Tragen kommt. Zum einen muß Kontrolle deutlich gemacht werden in dem Sinne, daß die Abläufe vor Ort mit einem Blick erfaßt, verstanden und verantwortlich gesteuert werden, durch Reduzierung auf das absolut Notwendige.

„Sichtbare Kontrolle“ weist auf den Visualisierungsaspekt hin. Visualisierung ist ein wichtiges Instrument zur vereinfachten und schnellen Informationsaufnahme und deswegen geeignet, Handlungs - und Prozeßabläufe effizienter zu gestalten.

Stagnationspunkte

Die Verweilzeiten oder Stagnationspunkte des Materials („Stale points“) lassen sich durch Kaizen in notwendige (good) und überfüssige (bad) stale points unterteilen, die wenn sie abgebaut werden, eine Bestandsminimierung ermöglichen. Denn es gilt, je mehr Puffer und Lager in der logistischen Kette bestehen, desto länger wird die Durchlaufzeit des Materials und damit auch die Bestandshöhe. Jede zusätzliche Haltestufe im Logistikprozeß erhöht die Durchlaufzeit ohne wertschöpfenden Charakter.
Die Stagnationspunkte umfassen u.a. Lager, Material auf wartenden LKW, oder Bestände entlang einer Montagelinie.
„Gute“ Stagnationspunkte existieren im Fall von berechtigten Beständen, die gemäß der Planung festgelegt werden. „Schlechte“ Stagnationspunkte bzw. Bestände hingegen kommen aus unerklärlichen Gründen zustande und bauen sich sukzessive im Zeitverlauf auf.

Verschwendung

Überhöhte Durchlaufzeiten resultieren aus unverhältnismäßig hohen Beständen, oder wie es die Japaner ausdrücken aus „Muda“, einer Form von Verschwendung und den daraus resultierenden Kosten. Dieser Begriff für Ineffizienzen der Prozesse und Bestände ist immer dort angebracht, wo:

- Arbeit entsteht mit der Zählung und Kontrolle der überflüssigen Bestände,
- die Lagerung der überflüssigen Bestände Arbeitskräfte und Lagerkapazitäten bindet,
- Bestände keinem produktiven Zweck mehr zugefügt werden können und nur durch Verschrottung abgebaut werden,
- Bestände durch entwicklungsbedingte Änderungen entstehen, die ebenfalls als letztes Mittel nur durch Verschrottung reduziert werden können,
- Ladungsträger erforderlich sind, um die Lagerung der Bestände zu ermöglichen, und schließlich
- die Investitionen in Sach- und Gemeinkostenkapital die erforderlich werden, um die Bestände bewegen zu können (z. B. Stapler). Das Fifo-Prinzip ist nachhaltig gefährdet.

Die Stellung im Rahmen eines innovativen Logistikkonzeptes

Kaizen hat u. a. die Produktivitätssteigerung zum Ziel. JIT-Anlieferungsformen stellen ein möglichen Baustein zur Zielerreichung dar.
Wesentlich ist eine Verknüpfung der Steuersysteme mit dem Materialfluß, um eine Durchlaufzeitenreduzierung zu unterstützen.
Als Analyseobjekte kommen in Betracht der Informationsaustausch, die Frachten und Ladeeinheiten (Transportfahrzeuge, Transportmittel), der externe Transport, die Entladevorgänge, die Gebäude- und Lagerplanung, der interne Transport und die Bestände.

Ergebnisse

Mit Kaizen-Methoden können beachtliche Resultate erzielt werden, wie sich am Beispiel von durchgeführten Pilotprojekten anhand einzelner Material-Sachnummern zeigen läßt:

- Stagnationspunkte lassen sich zwischen 40 - 50 % abbauen,
- Bestände können zwischen 50 - 90 % reduziert werden,
- und insgesamt läßt sich eine Durchlaufzeiten - Reduzierung zwischen 25 - 90 % erreichen.

5.6 Steuerungsmöglichkeiten in der Zusammenarbeit mit Lieferanten: Projektplanung und -umsetzung

Kernaufgaben der Projektleiter im Projektmanagement für strategische Logistikprojekte bestehen in den Rollen als Initiator, Navigator und Implementator.

Für das Projektmanagement bestehen Zielkriterien und Erfolgsfaktoren strategischer Logistikprojekte in den Feldern Zeit, Produktivität, Qualität und Know-how der Problemlösungsfähigkeit.
Zeit ist eine irreversible Ressource, die in der gesamtheitlichen Betrachtung der Geschäftsprozesse, des Prozeßkettenmanagments und im „Simultaneous Engineering" zum Ausdruck kommt.
Die Problemlösungsfähigkeit besteht in der methodischen Analyse und einer geeigneten Maßnahmenumsetzung, die über Kontrollschleifen in permanente Optimierungsbemühung mündet. Qualität, die von Qualitätssicherungssystemen durch Auditierung und Zertifizierung angestrebt wird, und Produktivität als Ausdruck von Effizienz und Effektivität, bilden die eigentlichen herausragenden Aktionsfelder der Problemlösungsfähigkeit.

Kooperationen

Durch eine verstärkte Zusammenarbeit zwischen dem Hersteller und seinen Lieferanten soll vor allem eine Zusammenfassung von Kompetenzen und die Nutzung von Standortvorteilen erreicht werden. Auch lassen sich weltweite Globalisierungsprojekte umsetzen, die im Alleingang nicht zu bewältigen wären. Durch eine Zusammenlegung von Ressourcen lassen sich über Größeneffekte verstärkt Marktanteile gewinnen. Die alle Einzelziele umfassende Gesamt-Zielsetzung läßt sich mit einer Optimierung der gemeinsamen Wertschöpfungskette umschreiben.

Formen der Kooperation

Zusammenarbeit zwischen Lieferanten und Automobilherstellern, Herstellern und Logistikunternehmen, zwischen Herstellern und dem Handel sind auf der vertikalen Wertschöpfungsebene denkbar. Auf der horizontalen Ebene können Formen der Zusammenarbeit zwischen Logistikdienstleistern untereinander und zwischen Herstellern untereinander festgestellt werden.
Wie weit eine Zusammenarbeit gehen kann zeigt das Beispiel der Volkswagen AG, die in Resende, zwischen Rio de Janeiro und Sao Paulo gelegen, eine Lastwagenfabrik aufbaut (Busch, A., Vor Neid erblassen, Wirtschaftswoche, Nr. 17, 18.4.96). Man muß sich dabei aber auch fragen, ob der Hersteller mit seiner Marke dann beliebig austauschbar wird, was zu vermuten ist.
Neuartig ist dabei die Arbeitsteilung mit den Lieferanten:
der aus fünf Modulen (Chassis, Achsen, Rädern, Motor, Fahrerkabine) zusammengesetzte Lastwagen wird von fünf Lieferantenkonsortien gebaut werden. Jedes Modul wird von einem Lieferantenkonsortium in Eigenverantwortung betreut, von der Entwicklungsarbeit angefangen bis hin zur Entscheidung in Montagefragen. Ein Hauptvorteil für Volkswagen besteht dabei in einem verringerten Koordinationsaufwand, der Aufteilung der Investitionskosten und der Arbeitsfaktor Personal wird vorwiegend durch die Lieferanten eingebracht.

Die Zusammenarbeit von Unternehmen auf der horizontalen Wertschöpfungsebene in Form von strategischen Allianzen wird in der wirtschaftspolitischen Diskussion als eine Möglichkeit genannt eine Ressourcenbündelung zu erreichen, Größeneffekte („economies of scale“) wahrzunehmen, oder eine Risikoaufteilung zu bewirken. Als Allheilmittel kann die zwischenbetriebliche Kooperation sicherlich nicht empfohlen werden, zumal der Nachweis einer generellen Erfolgsgarantie nicht erbracht werden kann. Vertrauen, Befähigung und eine gemeinsame Zielsetzung der Kooperationspartner sind entscheidend für den gemeinsamen Kooperationserfolg. Das „organisational fit“ der beteiligten Unternehmen stellt quasi die Eintrittsbarriere für die organisatorische Umsetzung dar.
Mit Unternehmen derselben Branche auf einer horizontalen Wertschöpfungsebene zusammenzuarbeiten ist bei logistischen Aufgabenumfängen sicherlich nur in ausgewählten Bereichen denkbar, wie:

- dem Betreiben eines gemeinsamen (Coil)-Lagers,
- der Umsetzung eines überregionalen Warehouse-Konzeptes,
- der Teilnahme an einem gemeinsamen Gebietsspediteur Konzept, oder der
- gemeinsamen Beschaffung z. B. von C-Teilen.

Es darf dabei nicht überraschen, daß eine solche Zusammenarbeit aufgrund extrem unterschiedlicher Firmenkulturen und Verhaltensweisen zu großen Schwierigkeiten führt und besonders in der Anfangsphase durch Zeitverbrauch und Reibungsverluste auffällt. Trotzdem ist dieser Ansatz zu empfehlen, da mit hoher Wahrscheinlichkeit schlußendlich die beste Lösung umgesetzt wird.

Die Gefahr besteht bei einem derartigen Vorgehen, daß als Gegengewicht Lieferanten/Verkäufer Kartelle entstehen, um sich einer starken Einkaufsmacht der Automobilhersteller gegenüber behaupten zu können. Strategische Allianzen in puncto Logistik stoßen auch an kartellrechtliche Grenzen, wenn Logistik als Kernkompetenz verstanden wird oder verstanden werden soll. Steht z. B. das Bundeskartellamt in der Bundesrepublik Deutschland Formen von Beschaffungskartellen bei kleinen und mittleren Unternehmen noch aufgeschlossen gegenüber, so würde beispielsweise ein gemeinsames Speditionsunternehmen, gegründet als joint venture von allen deutschen Automobilherstellern auf breite Ablehnung stoßen.

Eine Untersuchung von ca. 700 internationalen strategischen Allianzen ergab, daß der durchschnittliche „Return on Investment“ von Unternehmen, die eine erfolgreiche Zusammenarbeit in Form von strategischen Allianzen betrieben haben über dem Industriedurchschnitt liegt. Es zeigt sich also, daß es für Lieferanten auf derselben Wertschöpfungsebene durchaus sinnvoll sein kann, z. B. diese Form der Zusammenarbeit zu suchen, um sich auch gegenüber dem Hersteller eine gestärkte Position zu verschaffen.

Ein weiteres mögliches Steuerungsinstrument stellen Einkaufskooperationen dar, die jedoch selten sind. Bei veränderten Marktstruturen ist grundsätzlich eine Zusammen-

arbeit denkbar. Als generelles Instrument ist ein solches Verhalten jedoch nicht zu empfehlen, sondern nur von Fall zu Fall denkbar. Ein wichtiger Grund steht dem vor allem entgegen: eine noch weiter verstärkte Einkaufsmacht auf Seiten der Automobilhersteller hätte auf der Lieferantenseite Tendenzen zu einem „Verkäuferkartell" zur Folge, was sicherlich nicht im Interesse einer Kundenorientierung zu sehen ist.
Darüber hinaus stehen einer solchen Entwicklung die Bestimmungen des Kartellrechtes entgegen, die Einkaufskooperationen unter bestimmten Umständen zwar ausdrücklich zulassen, für Großunternehmen jedoch einzuschränken.

Die Zusammenarbeit ist dabei von vielerlei Gestalt. Angefangen bei einer projektorientierten Zusammenarbeit, über Lizenzvereinbarungen, bis hin zu Joint- Ventures und Formen der Kapitalverflechtung, gestaltet sich die Zusammenarbeit für jede Kooperationsbeziehung individuell unterschiedlich.
Erfolgsfaktoren für eine Zusammenarbeit bestehen zum einen in der Förderung des Teambildungsprozesses, der Umsetzung der Tandem-Philosophie, dem Abbau von Kooperationshemmnissen und der komplementären Zusammenlegung von unternehmensspezifischen Stärken.
Es gilt dabei, daß die Kooperationsfähigkeit aller beteiligten Unternehmen eine entscheidende Grundvoraussetzung für den Kooperationserfolg ist.

Eine zwischenbetriebliche Zusammenarbeit eröffnet eine ganze Reihe von Perspektiven : die Wettbewerbsfähigkeit wird gestärkt, Systemkompetenzen werden aufgebaut, und eine Globalisierungsstrategie kann verfolgt werden. Über flexible Netzwerke läßt sich dadurch eine Wertschöpfungspartnerschaft etablieren, die auch einem starken Wettbewerbsdruck Stand hält. Speziell für kleine und mittlere Zulieferanten eröffnen sich neue Chancen, ebenso für die Mitarbeiterebene.

Eine Hersteller-Lieferanten Zusammenarbeit, unabhängig davon, ob sie in Richtung vertikale Integration geht oder auf eine weniger intensive Form der Zusammenarbeit beschränkt bleibt, stellt eine gute Option für eine Logistikoptimierung dar. Systemlieferanten unter den Lieferanten werden in der Lage sein die spezifischen Logistikanforderungen der Hersteller auch umzusetzen.
Dabei kann es nicht darum gehen, in kurzfristig orientierter Sichtweise Einkaufspreise für Beschaffungsvolumina gegenüber den Lieferanten „zu drücken", wenn die strategische Kostenposition verbessert werden soll. Nur ein Lieferantenstamm der langfristig in der Lage ist Innovationen zu generieren und damit dem Endprodukthersteller Entwicklungs Know-how zur Verfügung stellen kann, wird sich in einem weltweiten Ideen- und Umsetzungswettbewerb behaupten können. Das Denkmuster müßte schleunigst aufgegeben werden, daß nur eine Verlagerung von Produktions- und Montageumfängen weltweit denkbar ist und Entwicklungs- und Ingenieursleistungen immer an den heimischen Standort gebunden sein müßten. Die Maxime, die Entwicklungsabteilungen hätten dort zu sein, wo sich letztlich auch die Produktion befindet ist nicht neu. Warum sollte jetzt plötzlich im Wettbewerbsverhältnis der Standorte diese „Faustregel" nicht mehr gelten?

Beispiel: Umsetzung im Rahmen des Tandem Konzeptes

Die Zusammenarbeit von Mercedes-Benz mit den Zulieferanten ist durch folgende grundlegenden Faktoren gekennzeichnet:

- von einem bilateralen Charakter, der eine offene und konstruktive Zusammenarbeit erlaubt,
- eine Einseitigkeit der Vorgaben durch den Hersteller wird im Interesse einer Gemeinsamkeit der Vorgehensweise vermieden,
- dem Lieferanten ist der notwendige Freiraum für eigene Vorstellungen einzuräumen.

Das Kooperationskonzept der Mercedes-Benz AG läßt sich als eine Art Maßnahmenbündel beschreiben, das auf drei wesentlichen Säulen beruht (Mercedes-Benz AG, Tandem: Das Kooperationskonzept, o. J.). Das quasi als Überbau fungierende Motto „Miteinander die Zukunft gestalten" stellt eine Art Dach dar. Getragen wird es von den drei Grundpfeilern „*Veranstaltungen*", „*Organisation*" und „*Information*".

Die Grundsatzsäule „*Veranstaltungen*" besteht aus folgenden Bausteinen:

Aus einem Tandem Plenum, als eine Form des regelmäßigen Zusammentreffens der Zulieferer. Dabei werden zwischen Mitarbeitern des Lieferanten und der Mercedes-Benz AG weitere Vorgehensweisen festgelegt. Zur Sprache kommen neben den spezifischen Fragestellungen, die konkrete Zusammenarbeit betreffend, auch allgemeine Themen der Automobilindustrie.
Die Präsentation konkreter Projekte wird in diesem Rahmen ebenfalls durchgeführt.

Das Tandem Forum ist ein Workshop, der für Themen eingerichtet wird, die für Lieferanten von Interesse sind. Mehrmals im Jahr finden diese Veranstaltungen statt. Fachleute können zu Themen hinzugezogen werden, die an gemeinsamen Problemlösungen für den Lieferanten und Hersteller arbeiten.

Mit den Tandem Projekten wird die operative Arbeitsebene wiedergegeben. Die in diesem Zusammenhang stattfindenden „Runden Tische" beurteilen einzelne Projekte nach ihrem Ergebnis, wobei eine Analyse mit dem gemeinsamen Ziel der Optimierung vorgenommen wird.

Die Grundsatzsäule „*Organisation*" setzt sich aus folgenden Bausteinen zusammen:

Die Tandem Ideenbörse nimmt die Verbesserungsvorschläge der Zulieferer auf, die diese aufgrund ihrer guten Kenntnisse der Abläufe auch der beim Hersteller erarbeiten können.

Die Tandem Patenschaft sieht einen Firmenpaten im Einkauf für einen Lieferanten vor. Wenn dieser zuvor durch den Kontakt mit mehreren Ansprechpartnern Zeitverluste hinnehmen mußte und mit Abstimmungsschwierigkeiten zu kämpfen hatte, stellt dies dann eine Erleichterung dar. Der Firmenpate ist Ansprechpartner für Fragen der Zusammenarbeit.
Bei auftretenden Unstimmigkeiten tritt er als Moderator und Vermittler auf, wenn es darum geht die Anliegen des Lieferanten an die entsprechenden internen Stellen weiterzuleiten.

Tandem Support bietet Hilfe und Unterstützung demjenigen Lieferanten, der sie benötigt und nachfragt. Dabei wird Spezialwissen zur Bearbeitung gemeinsam definierter Aufgaben zur Verfügung gestellt.
Mit der Säule „*Information*" werden die informatorischen Aktivitäten näher beschrieben:

Tandem Journal ist das Sprachrohr des Tandem Kooperationskonzeptes. Damit werden die Lieferanten über die Aktivitäten im Rahmen des Tandem Kooperationskonzeptes informiert. Inhalt sind dabei die Ergebnisse der Zusammenarbeit und Hintergrundinformationen über Mercedes-Benz oder Zulieferanten.

Mit Tandem Dokumentation wurde eine Schriftenreihe für die Zulieferanten aufgelegt. Die inhaltlichen Ergebnisse der Veranstaltungen der Tandem Foren werden hierin wiedergegeben.

Mit Tandem Konkret schließlich liegen Merkblätter für die Zulieferanten vor, die einen weiteren Informationsbestandteil darstellen.

Die Bestandteile der Maßnahmenbündel, wie sie in den vorstehend aufgeführten „Säulen" zum Ausdruck kommen, sind gekoppelt an sieben grundlegende Leitsätze. Gerichtet sind die Grundsätze an die Lieferanten, aber auch an die eigene Adresse des Herstellers.

(1) Die Zukunft wird positiv mitgestaltet durch gemeinsames Handeln von Lieferant und Hersteller.

Die Zusammenarbeit sollte dabei auf einem gemeinsamen Verständnis von Produkten, Kunden und Umwelt beruhen. Das wiederum führt zwischen Lieferant und Hersteller zu einer verbesserten Abstimmung bezüglich der Maßnahmenumsetzung in einzelnen Projekten.

(2) Die Produkte müssen höchsten Qualitätsanforderungen entsprechen. Der Wettbewerb läßt keine Qualitätsverschlechterungen zu.

Die Qualität stellt sich für den Kunden als subjektiver und objektiver Nutzen dar. Die Wahrnehmungsfelder sind im einzelnen die Produktlanglebigkeit, Wirtschaftlichkeit, Design und Innovation, und eine hohe Umweltverträglichkeit von Produkt und Prozessen.

(3) Eine langfristige Kooperationspartnerschaft entsteht, wenn der Lieferant sich mit der Philosophie des Herstellers identifizieren kann.

Zu Beginn einer solchen Kooperationspartnerschaft steht die Formulierung gemeinsamer Ziele. Entwickelt sich die Ergebnissituation der Zusammenarbeit positiv kann es zu einer langfristigen Beziehung zwischen Lieferant und Hersteller kommen.

(4) Die Kreativität und Eigeninitiative der Zulieferanten wird vom Hersteller gefördert.

Eigeninitiative und kritisches Verhalten auf Seiten der Lieferanten werden ausdrücklich gewünscht und erwartet. Im Interesse einer Optimierung der Prozesse und Projekte ist Eigeninitiative ausdrücklich erforderlich.
Freiräume können einem Lieferanten dann zugestanden werden, wenn er sich als verantwortlich und zuverlässig agierender Kooperationspartner herausstellt.

(5) Das Kostenbewußtsein nimmt einen hohen Stellenwert ein. Eine Reduzierung der Kosten sollte den Beteiligten gleichermaßen zu Gute kommen.

Nur wenn ein angemessenes Preis-Leistungsverhältnis aus Sicht des Kunden erreicht werden kann, können die Endprodukte des Herstellers erfolgreich abgesetzt werden. Daran muß aber auch dem Zulieferanten gelegen sein, der seine Produkte als Zwischenprodukte für das Endprodukt beisteuert. Das Kostenbewußtsein ist daher von einem elementaren Interesse für Lieferant und Hersteller gleichermaßen. Eine Einschränkung erfährt jedoch das Kostenbewußtsein immer dann, wenn es zu Lasten der Qualität gehen würde. Eine Kostenreduzierung um jeden Preis ist wegen der kurz - und mittelfristigen Folgen die eine solche Verhaltensweise mit sich bringen würde abzulehnen.

(6) Die Zusammenarbeit sollte langfristig angelegt sein.

Ein systematisches Zusammenarbeiten, die ständige Dialogbereitschaft und die Bereitschaft von einander lernen zu wollen, führen in der Folge zu einer Vertrauensbildung. Das jedoch ist die Grundvoraussetzung für eine langfristige Zusammenarbeit.

(7) Fairneß im Umgang miteinander und ein offener Informationsaustausch sind die Grundlagen für eine von Vertrauen geprägte Kooperationspartnerschaft.

Die Offenheit im Umgang miteinander ist nicht leicht zu realisieren. Wird jedoch vertrauensvoll kommuniziert und die Kooperationspartner tauschen bereitwillig Informationen aus, kommt dies mittelbar der Produktqualität zugute. Zufriedene Mitarbeiter auf Seiten des Lieferanten und auf Seiten des Herstellers bewirken eine Arbeitsatmosphäre, die die Qualität, sowohl der Prozeßabläufe, als auch die Produktqualität selbst positiv beeinflußt.

Die Tandem Lieferbeziehung zwischen dem Hersteller und den Lieferanten betont die atmosphärische Situation zwischen den Kooperationspartnern.
Die Kombination aus den Anforderungen, die spezielle Belieferungsformen mit sich bringen, und den Eigenschaften, die ein Lieferant ausweisen muß, greift in fundamentaler Weise auf die Bestandteile der Tandem Philosophie zurück.

Steuerungsmethoden in der Zusammenarbeit mit Lieferanten

Den Hauptzielen, die mit der internationalen Beschaffung verbunden sind in Form einer Optimierung der Prozeßabläufe und der Herausarbeitung von Kostensenkungspotentialen und deren Erschließung, kann über unterschiedliche Steuerungsschritte nach gegangen werden. Dazu zu rechnen sind: ein „Quick win“ Aspekt durch das „Global Sourcing“ bei Materialgruppen, die keinen besonderen Beschaffungsaufwand nach sich ziehen, und die verstärkte Orientierung an Benchmarking Vorgehensweisen und Ergebnissen. Besuche bei Unternehmen im Rahmen des Benchmarking, die ein „best practice“ pflegen, und zu grundlegenen Analysen zur Verbesserung der eigenen Abläufe führen, erleichtern eine generelle Prozeßanalyse mit dem Ziel der Ableitung von Möglichkeiten für weitere Optimierungen.
Aber auch über die folgenden Tools wird eine Zielerreichung des strategischen Einkaufs realisiert:

Qualifikation des Personals

Die strategischen Entscheidungen auf den Beschaffungsmärkten erfordern qualifizierte Einkaufsmitarbeiter, die möglichst eine interdisziplinäre technische und betriebswirtschaftliche Ausbildung absolviert haben und durch Weiterbildung im strategischen Beschaffungsdenken geschult werden müssen. Bei der Qualifikation des Einkaufpersonals ist speziell zu achten auf gute Fachkenntnisse und langjährige Erfahrungen. Umfassende Sprachkenntnisse können idealerweise ergänzt werden durch Auslandsaufenthalte. Eine Hochschul- oder Fachhochschulausbildung ist Grundvoraussetzung bei der Einstellung von Berufsanfängern.

Der Marketing Gedanke als Auftrag

Das Verständnis für die Märkte und das Denken von der Marktseite her, verbunden mit dem Willen auf Märkte gestaltend einzuwirken, machen das Wesen des Marketingansatzes aus.

Die Marktpräsenz für ein Unternehmen stellt sich vornehmlich in zwei Marktformen dar: dem Absatz- und dem Beschaffungsmarkt.
Der Marketing Aspekt dem sich der strategische Einkauf zu stellen hat ist in Konsequenz vielschichtig:

- handelspolitische Aspekte sind zu berücksichtigen (Bsp. „local content"),
- eine verstärkte Erschließung weltweiter Produktionsstandorte ist zu verzeichnen,
- eine schnelle und tiefgreifende Entwicklung der weltweiten Lieferantenstruktur (Bsp. Systemlieferant) findet statt,
- ein anhaltendes Kostenbewußtsein kennzeichnet alle Unternehmensbereiche,
- währungspolitische Einflüsse (Bsp. Wechselkursschwankungen) überlagern die unternehmerischen Entscheidungen.

Die Kundenorientierung, die in der aktuellen Diskussion im Hinblick auf den Absatzmarkt oft beschworen wird, stellt ein Prinzip dar, das überall seine Gültigkeit behält. Unabhängig, ob ein „externer" (marktbezogen) oder „interner" (unternehmensintern) Kunde/Ansprechpartner gemeint ist, deutlich wird, daß die Bedürfnisse, Wünsche und Anliegen des Ansprechpartners zu berücksichtigen sind. Als eine Leitlinie dabei kann gelten, die Art und Weise mit der man selbst als einzelnes Unternehmen behandelt werden möchte.
Die Umsetzung von Kostensenkungsprogrammen zur Erschließung von Einsparpotentialen ist ein wesentliches Ergebnis des Beschaffungsmarketings der einkaufenden Bereiche. Wenn es gelingt Kosten zu sparen:

- in der eigenen unternehmensinternen Organisation des Einkaufs,
- in der externen Zusammenarbeit mit den Lieferanten,
- oder durch gleichzeitige Beobachtung des Absatzmarktes zur Generierung von Informationen für den Vertrieb zu kommen, wird damit der Beitrag des Einkaufs für den Unternehmenserfolg deutlich.

Büros für Einkaufskoordination

Ein Beispiel für Konzernbüros für Einkaufskoordination sind die Stützpunkte der Daimler Benz AG in Frankreich, Großbritannien, Italien, Australien, Hong Kong, USA und Japan, um nur die größten zu nennen. Diese Einkaufsbüros nehmen wichtige Funktionen war. Sie tragen dazu bei Ziele der internationalen Beschaffung zu realisieren, wie (Daimler-Benz, Global Sourcing, Konzernbüros für Einkaufskoordination, April 1993):

- durch die Nutzung des erweiterten Angebots zu einer Reduzierung des Beschaffungskosten zu kommen,
- einen Ausgleich bei Devisen zu schaffen,
- den Zugang zu weltweit vorhandenen Technologien sicherzustellen,
- einen Beitrag zu Kompensationsstrategien zu leisten,
- die Nutzung des Know-hows der Lieferanten zu gewährleisten, und

- vor allen Dingen eine Marktnähe und Präsenz zu erreichen.

Konkrete Aufgaben der Konzernbüros stellen sich u.a. in folgender Form dar:

- die Beschaffungsvorhaben der unterschiedlichen Bereiche sind zu unterstützen,
- der Kontakt mit Lieferanten, Behörden und Verbänden ist zu pflegen,
- die eigentliche Beschaffungsmarktforschung durchzuführen, d.h. über Marktstruktur, Marktverhalten und Marktergebnis zu informieren,
- gesetzliche Bestimmungen zu erfassen und weiterzuleiten,
- als Kommunikationsmittler aufzutreten,
- Besprechungen, Firmenpräsentationen und Einkaufstagungen organisatorisch vorzubereiten und durchzuführen,
- bei Lieferschwierigkeiten auftretende Probleme zu lösen,
- konkrete Einkaufsvorhaben durchzuführen.

Die Einkaufsbüros stellen ein Controlling Instrument dar, da sie den Anforderungen einer internationalen Beschaffung in besonderer Weise gerecht werden. Einkaufsbüros vor Ort können als „Augen, Ohren und Hände" der inländischen Einkaufsabteilungen betrachtet werden.
Was für einen Konzernverbund und seine Tochterunternehmen gelten kann, sollte auch für die einzelnen Bereiche eines Unternehmens gelten: die Anforderungen der Fachabteilungen des einkaufenden Unternehmens werden durch lokale Einkaufsbüros in den ausländischen Beschaffungsmärkten berücksichtigt und direkt umgesetzt.

6. Zusammenfassung: Das Entscheidungsfeld

Das situative Anforderungsprofil der Logistik, d. h. die Antwort auf die Frage was die Logistik können muß, orientiert sich an der Zielkette der Logistik: das Material in der benötigten Menge mit hoher Qualität am richtigen Ort in der benötigten Zeit zu einer günstigen Kostenstruktur bereitzustellen - diese Zielformulierung war und ist das Primat der Logistik. Die Schwierigkeit besteht in der Festlegung der Bandbreite der Zielkategorien, denn jedes logistische Konzept wird andere Schwerpunkte bei der Zielerreichung setzen.
Neben den Zielkategorien Materialbestandshöhe, Qualität, Standort/Entfernung, Zeit, Zuverlässigkeit und Kostenniveau, fallen die Zielindikatoren jedes Logistikkonzeptes unterschiedlich in das Gewicht. Deshalb sind die Auswirkungen eines Logistikkonzeptes auf die Zielkriterien von Bedeutung. Wird beispielsweise mit einem Kaizen Konzept, eine komplementäre, konkurrierende oder indifferente Wirkung auf die Zielgrößen bewirkt?
Unternehmensspezifische Zielkorridore sind jeweils festzulegen. Sie geben Auskunft darüber, bis zu welchen Ober- und Untergrenzen die Zielausprägungen sich verändern dürfen, ohne die Gesamtoptimierung der Ziele in Frage zu stellen.

Target-Costing ist ein gutes Führungsinstrument um Lösungsansätze im Sinne innovativer Logistik zu steuern. Wird das Kostenkriterium besonders hervorgehoben, weil beispielsweise die Logistik als eine untergeordnete betriebliche Funktion betrachtet wird und nicht wesentlichen Einfluß in der Gesamtkostenstruktur hat, müssen andere Zielkriterien am Kostenkriterium orientiert sein. In dem Maße, wie die anderen Ziel-Kriterien ihren Beitrag zur Kostenreduktion leisten, wird sich eine Rangfolge der Zielkriterien herausstellen.

Die Konkretisierung der Zielkriterien zeigt sich beispielsweise in der Durchlaufzeit (Zeit), Servicegrad, in der Qualität, in der Kapitalbindung (Materialbestandshöhe) und der Flächenbeanspruchung in qm (Standort) bzw. Streckenlänge in km (Entfernung), aber auch in der Fehlerquote. So läßt sich die Materialbestandshöhe in der Reichweite von Arbeitstagen wiedergeben. Das Zielkriterium Standort/Entfernung spiegelt sich beispielsweise wider in der Anzahl der Transporthilfsmittel und der eingesetzten LKWs. Auch sind in diesem Zusammenhang die Anzahl transportbedingter Reklamationen, oder die Ausgaben/Aufwendungen bei Transportstörungen und deren Häufigkeit der Zielkategorie „Standort/Entfernung" denkbar. Das Kriterium „Fläche" läßt sich ausdrücken durch die Miethöhe, die Quadratmeter Anzahl, Handlingskosten im Lager, die Ausgaben für Sicherheits- und Fördertechnik und/oder allgemeine Betriebskosten des Lagers. Fläche umfaßt demnach nicht nur die reine Quadratmeter-Erfassung von Lager- und Büroraumflächen. Immer dort wo ein Materialumschlag (Handling) erfolgt, fallen zusätzliche Personalkosten an und sind zusätzlich Fehlerquellen fast nicht auszuschließen.

„Qualität“ bezieht sich nicht nur auf das Material, sondern auch auf die Abläufe (= Zertifizierungsumfänge ISA 9000). Ein Lieferausfall kann mit hoher Wahrscheinlichkeit auch einen Produktionsstillstand oder -ausfall nach sich ziehen.

Die Beschaffenheit der Hardware- und Software-Konstellation beeinflußt die Steuerungsfähigkeit von logistischen Abläufen.
Allen Überlegungen, bzw. Suche nach logistischen Lösungen , muß die Querschnittsfunktion und -wirkung der Logistik vorangestellt sein. Die Schwierigkeit besteht in der Ableitung von Ordnungskriterien, die dieser Orientierung Rechnung tragen. Erfolgsfaktor für die innovative Logistik ist die Sensibilisierung für die Komplexität der Versorgungs- und Entsorgungsvorgänge, weniger die konkrete Auswahlempfehlung für ein Konzept.
Belieferungsformen, Bestandspolitik und logistische Standortkonzepte sind in Abhängigkeit der Rahmenbedingungen innerbetrieblicher Erfordernisse, der Produktpolitik, des gesamtwirtschaftlichen Umfeldes, der Verkehrssituation und der Umweltschutzthematik zu sehen. Verändert sich eine Rahmenbedingung, kann ein einmal gewähltes Logistikkonzept oder eine bestimmte Logistikmaßnahme obsolet werden, oder sogar das Gegenteil der ursprünglichen Absicht bewirken. Aus aktuellen und praktischen Erfahrungen heraus lassen sich jedoch konzeptionelle Bausteine bestimmen, die Chancen und Risiken eines Logistikkonzeptes in einem ausgewogenen Verhältnis halten.

In der Logistik läßt sich die Hinwendung zu einer Verbesserung der logistischen Abläufe als eine Art Logistik-FMEA beschreiben und dies mit den Beteiligten in der Logistik-Prozesskette.

Der Grad an intelligenter Logistik und deren Verfügbarkeit, muß sich an Benchmarking-Ergebnissen der weltbesten Wettbewerber aber auch an branchenfremden Lösungen messen lassen. Bisher wurden in der Logistik nur Funktionen optimiert, d.h. beispielsweise die Materialbewegung und Steuerungsfragen untersucht, aber keine Logistikinhalte in Frage gestellt. Konsequenterweise bestehen deshalb offene Untersuchungsfelder in der Beziehung zwischen Lieferant, Spediteur, Automobilhersteller und Kunde. Die Teiloptimierung von Ladungsträgern oder Transportfördertechniken erfolgt beispielsweise isoliert, ohne gleichzeitig logistikrelevante Änderungen des zu transportierenden Produktes vorzunehmen. Es läßt sich beispielsweise eine Erhöhung der Packungsdichte durch Konstruktionsänderung erreichen: Transportvolumina können durch geänderte Packeinheiten, erhöhten Dichtegrad und veränderte Zerlegungsgrade optimiert werden.

Aufgabe jeder Logistiklösung ist das Bemühen die Abläufe so einfach wie möglich zu organisieren („keep it simple“). Die Änderungsempfindlichkeit von logistischen Abläufen entscheidet mit darüber, wie erfolgreich eine Raum-Zeit Überwindung durch Materialtransporte gelingen kann. Ein „Sendungsmanagement“ von und für Lieferanten und Spediteure lebt von der schnellen und permanenten Identifikation der Trans-

portvorgänge und Ladungen auf dem zwischenbetrieblichen Transport ebenso, wie im innerbetrieblichen Versorgungsverkehr.
Eine „Telematik für Produkte" wäre ein denkbarer Weg zur schnellen Materialidentifikation. An den Ladungsträgern oder Lieferteilen selbst angebrachte Informationsträger in Form von Chips, könnten Informationen über die Produktzusammensetzung, oder die Ladeeinheit (über Lagerort, Verbrauchsort, Bedarfsmengen etc.), enthalten, die bereits im Wareneingang abrufbar wären.. In diesem Zusammenhang wäre es denkbar, daß ein solcher Chip Informationen über Materialnormung oder Materialkennzeichnung enthält, der für den Entsorgungsprozeß relevant ist. Die Demontage, der Shreddervorgang und die Wiederverwertung ließen sich demnach vorteilhafter, sicherer und schneller organisieren, als ohne diese verbesserte Informationsverfügbarkeit.

Als Grundsatzempfehlung sollte noch festgehalten werden über die Bestimmung kleinster Regelkreise, (Grundlage der Kybernetik) zu funktionsfähigen und flexiblen Netzwerkstrukturen zu kommen, muß Ziel logistischer Grundlagenarbeit sein.

Geleitwort

Die Logistik entwickelt sich immer mehr zu einem strategischen Instrument der Unternehmensführung. Globalisierung, Gestaltung kundengetriebener Prozeßketten, Produktions- und Dienstleistungsnetzwerke, Wertschöpfungspartnerschaften und Kooperationen führen maßgeblich zu wettbewerbsrelevanten Veränderungen in der Wirtschaftswelt. Die Logistik liefert Konzepte und Lösungsansätze zur Bewältigung dieser Veränderungen. Sie kann einem Unternehmen nachhaltige Wettbewerbsvorsprünge verschaffen.

Das vorliegende Buch liefert eine Handlungs- und Entscheidungshilfe für Logistikverantwortliche in Unternehmen, indem es beispielhaft und praxisnah Logistiklösungen vorstellt und bewertet. Die vorgestellten Logistiklösungen beruhen auf erfolgreicher Umsetzung bei einem der führenden deutschen Unternehmen. Die Grundideen der hier vorgestellten Lösungen lassen sich unmittelbar auf eine Vielzahl von Unternehmen übertragen, die vor vergleichbaren Problemstellungen stehen.

Zentraler Bestandteil des Buches ist die Analyse der Prozeßzusammenhänge bei den Versorgungsketten von Montagewerken mit kundenindividueller Serienproduktion. Die Strukturierung und Bewertung in der Praxis erfolgreich eingesetzter Versorgungsstrategien liefern Verbesserungsmöglichkeiten zur strategischen und operativen Gestaltung der Partnerschaft zwischen Lieferanten und Montagewerken. Diese betreffen sowohl die Phase der Entwicklungspartnerschaft als auch die Phase der anschließenden Serienversorgung. Wertvoll ist die transparente Darstellung der Wirkung unterschiedlicher Logistikstrategien auf die Bestandspolitik des Unternehmens und die Bewertung von Kooperationsformen mit Zulieferunternehmen in internationalen Netzwerken. Die Bewertung in der Praxis wirtschaftlicher und umsetzbarer Versorgungskonzepte erfolgt durchgängig hinsichtlich der Kriterien Planung und Realisierung, Steuerung, Bestands- und Transportoptimierung und erlaubt auf diese Weise eine Logistiknavigation bei komplexen Prozeßanforderungen auch in gewachsenen Fabrikstrukturen.

Diese faktenreiche und systematische Darstellung und Analyse von innovativen Logistiklösungen wendet sich nicht nur an Praktiker und Entscheidungsträger aus Unternehmen, sondern auch an Wissenschaftler und Studierende, die sich mit Fragestellungen der Logistik beschäftigen. Daher ist dieser wichtigen Arbeit ein breites Publikum und eine positive Resonanz in Wirtschaft und Wissenschaft zu wünschen.

Berlin, Juni 1997 Prof. Dr.-Ing. H. Baumgarten

Die Autoren

Prof. Dr. Manfred Hessenberger * 04.07.1937

Studium der Betriebswirtschaftslehre in Stuttgart, Freiburg und München. Abschluß: Dipl.-Kaufmann und Dr. rer. pol.

1963 Beginn bei Daimler-Benz AG in der Zentrale

Ab 1975 Leitung des Fachbereiches Materialwirtschaft im Werk Sindelfingen der Mercedes-Benz AG

1993 bis 1994 Leitung des Centers Logistik 2 im Werk Sindelfingen

Seit 1995 Leitung des Centers Strategische Logistikprojekte/ Materialeinkauf

Hochschulaktivitäten:

Seit 1983 Lehrauftrag an der Universität Erlangen-Nürnberg am Lehrstuhl für Fertigungstechnologie, Fachgebiete Einkauf/ Logistik, Qualitätssicherung
Seit 1995 Visiting Professor an der Harvard University, Boston, USA
Seit 1996 Visiting Professor an der East London University, London

Hans-Christian Krcal * 03.04.1964

Studium der Volkswirtschaft an der Universität Heidelberg Abschluß: Dipl.-Volkswirt 1990

Aufbaustudium an der London School of Economics an Political Science. Abschluß: M.Sc. 1991

1992 Eintritt in die Mercedes-Benz AG, Werk Sindelfingen

1992 Projektbearbeitung im Fachbereich Materialwirtschaft

Seit 1993 Assistent des Centerleiters Prof. Dr. M. Hessenberger in den Bereichen Logistik 2 und Strategische Logistikprojekte

Abkürzungsverzeichnis

A5	Autobahn Nr. 5
ABR	Auftragsbedarfsrechnung
ADAC	Allgemeiner Deutscher Automobil Club
AG	Aktiengesellschaft
APS	Auto-Pilot-System
AT	Arbeitstage
BA	Bedarfsaufgaben
BMW	Bayerische Motorenwerke
Bsp.	Beispiel
CAD	Computer Aided Design
CAM	Computer Aided Manufacturing
cbm	Kubikmeter
CD-ROM	Compact Disc-Read Only Memory
CKD	Completely knock down
c. p.	ceteris paribus
DFÜ	Datenfernübertragung
DGQ	Deutsche Gesellschaft für Qualitätssicherung
DIN	Deutsche-Industrie-Norm
DM	Deutsche Mark
DRP I	Distribution requirements planning
DRP II	Distribution resource planning II
DS	Direktvergabe-Spediteure
DV	Datenverarbeitung
EDI	Electronic Data Interchange
EDL	Externer Dienstleister
EDV	Elektronische Datenverarbeitung
EG	Europäische Gemeinschaft
EMU	European Monetary Union
etc.	etcetera
ETH	Eidgenössische Technische Hochschule
EVZ	Entwicklungs- und Vorbereitungszentrum
FAZ	Frankfurter Allgemeine Zeitung
FIFO	First-in/First-out
FIZ	Forschungs- und Ingenieurzentrum
FMEA	Failure Mode and Effects Analysis (Fehler-Möglichkeits- und Einfluß-Analyse)
FSS	Flexibles Service System
GMK	Gemeinkosten
GPS	Global Positioning System
GVZ	Güterverteilzentren
h	hour, Stunde
IB	Inneneinbau
ITF	Inter Traffic
JIT	Just-in-time
k.o.	knock out
KLT	Kleinladungsträger
KVP	Kontinuierlicher Verbesserungsprozeß
LE	Ladeeinheit
LIPA	Logistik-Industriepark
LKW	Lastkraftwagen
LLZ	Logistik-Lieferanten-Zentrum
LT	Ladungsträger
MB	Mercedes-Benz
MIT	Massachussets Institute of Technologie
Mod.	Modifiziert
Mrd.	Milliarden
MRP I	Materials requirements planning I
MRP II	Manufacturing resource planning II
NED	Neue Erzeugnis Dokumentation
Öko	Ökologie
PC	Personal Computer
PPS	Produktionsplanungssystem

PROMETHEUS	Programm für ein europäisches Transportwesen mit höchster Effizienz und bisher unerreichter Sicherheit
RKW	Rationalisierungskuratorium der deutschen Wirtschaft
S.	Seite
s. a.	siehe auch
SA	Sonderausführung
sog.	sogenannte
STORM	Stuttgart Transport Operation by Regional Management
to.	Tonnen
TÜV	Technischer Überwachungs-Verein
ULT	Universal-Ladungsträger
u. a.	und andere
US	United States
USA	United States of America
VDA	Verband Deutscher Automobilindustrie
VDI	Verband deutscher Ingenieure
vgl.	vergleiche
WV	Werk-Verkehre
z. B.	zum Beispiel

Abbildungsverzeichnis

Abb. 1: Wirkung der Logistik 14
Abb. 2: Innovative Logistikkonzepte-auf dem Weg zu Kybernetik-Regelkreisen ... 15
Abb. 3: Herausforderungen und Forderungen der Logistik 18
Abb. 4: Entwicklung logistikrelevanter Managementansätze 21
Abb. 5: Marktorientierte Strategiebestandteile der Logistik 23
Abb. 6: Relative Gewichtungsanteile von Logistikkonzepten am Ziel-Pentagon der Logistik 25
Abb. 7: Wechselspiel von Reengineering und innovativen Logistikkonzepten 27
Abb. 8: Gemeinsamkeiten eines Reengineering, Time based Managements und Logistikkonzeptes 28
Abb. 9: Beeinflussung der logistischen Durchlaufzeit durch Zielsetzungen 29
Abb. 10: JIT-Arbeitsdefinition 46
Abb. 11: Zeithaushalt für eine Just-in-Time Belieferung 47
Abb. 12: Strategisch veränderter Beschaffungsrahmen 51
Abb. 13: Zielgrößenbezug der Beschaffungsstrategie (Strategische Umfeldpositionierung) 53
Abb. 14: Problemfelder der strategischen Beschaffungsplanung 54
Abb. 15: Begriffsabgrenzungen im Kontext der Bezugsstrategien 55
Abb. 16: Mehrstufige Beschaffungsstrategien 60
Abb. 17: Bestandsentwicklung im Jahresverlauf - Gegensteuerung durch JIT 75
Abb. 18: Fehlteile bei unterschiedlichen Baureihen in der Jahresentwicklung 76
Abb. 19: Systemlieferant 78
Abb. 20: Der Kontext für Systemlieferanten 79
Abb. 21: Anforderungen an potentielle Systemlieferanten 79
Abb. 22: Ansätze der Prozeßoptimierung 80
Abb. 23: Definition der logistischen Standortstrukturen 92
Abb. 24: Vergabe von logistischen Leistungen (Vergabematrix von Lager- und Vormontage-Umfängen) 93
Abb. 25: Auswirkungen von Logistikkonzepten 96
Abb. 26: Schritte zur Strategiefindung als Regelkreis 97
Abb. 27: Der Logistik-„Kosmos“ 103
Abb. 28: Logistische Zielrichtungen im Rahmen der Logistik 104
Abb. 29: Struktur von Belieferungs- und Planungskonzepten zwischen Lieferant und Hersteller 125
Abb. 30: Der Mehrwert des Güterverkehrsgewerbe für die Logistik 128
Abb. 31: Stufen des logistischen Leistungsspektrums über den Spediteur (Logistikprovider) von der Quelle (Lieferant) zur Senke (Hersteller) 130
Abb. 32: Leistungsmaßstäbe und Kennziffern 133
Abb. 33: Benchmarking-Erfahrungen Japan 138
Abb. 34: Methodischer Zusammenhang zwischen Prozeßkosten Rechnung, Benchmarking, Scoring Tabellen 148

Abb. 35: Kennzahlenproblem: zyklische Schwankungen 151
Abb. 36: Kennzahlenproblem: Trendbrüche 151
Abb. 37: JIT-Belieferungskonzept 155
Abb. 38: Kernaufgaben eines Projektleiters 172
Abb. 39: Der Kaizen-Schirm 175

Literaturverzeichnis

Alexy, H.: Logistikplanung, Planung nach logistischen Prozeßketten, Logistikketten-Management, 11.05.94, unveröffentlicht

Apholte, A.: Friedrich, K., Kayser, J., Köhler, P., v. Köppen-Mertes, I, Schneider, R., Unterber, A.,: Die Währungsunion - Chancen für Europa, Dresdner Bank, Frankfurt a. M. 1995

Aquilon, M.: International Military Logistics and Cultural Competence: Opportunities for Cost-effective Collaboration in: Society of Logistics Engineers (Sole), 12th international logistics congress proceedings, 1995

Arnold, U.: Global Sourcing zur Neuorientierung des Supply Management. Versorgungsstrategie international ausrichten, in: Beschaffung aktuell, 2/91, S. 66 ff

Association for the Monetary Union of Europe: Schritte zur Europa-Währung in der Praxis: Orientierung für Banken, Industrie und Handel, Wiesbaden 1994, Gabler Verlag, S. 31

Automobilproduktion: Internationale Verflechtungen der Automobilhersteller, Automobilproduktion, Ausgabe 1993

Balling, R.: Interpretation weltweiter Temperaturaufzeichnungen, in: Globale Erwärmung - Tatsache oder Behauptung?, Symposium der Europäischen Akademie für Umweltfragen, Mannheim 23.06.1993, S. 3 und Metzner, H., Einführung, in: Globale Erwärmung - Tatsache oder Behauptung?, a. a. O., S. 7 f.

Beise, M., Heinacher, P., Köhler: Mehr Chancen als Risiken bei Währungsunion, Handelsblatt, 17./18.05.1996, S. 10

Braun, K., Lawrence, C.: Den Vergleich mitVorbildern wagen, in: Havard Business Manager, 17. Jhg. 1995, H.3, III Quartal, S. 122 ff

Bundesverband deutscher Banken: Der Euro - stabiles Geld für Europa, Köln 1996, S. 53

Commerzbank: Ratgeber zur Vorbereitung Ihres Unternehmens auf die Europawährung, Frankfurt am Main 1996, S. 18

Crowell, J.: Report of the Industrial Commission on the Distribution of Farm Products, Washington D.C.: U.S. Government Printing Office, 1901

Daimler-Benz: Global Sourcing, Konzernbüros für Einkaufskoordination, April 1993

Daimler-Benz: High TechReport 03/1995

Deutsche Bank: Checkliste Europa-Währung, So bereiten Sie Ihr Unternehmen auf die Währungsunion vor, Mittelstandsbroschüre 16, Frankfurt am Main 1996, S 104

Deutsche Bank Research: Eine stabile Währung für Europa, Frankfurt am Main 1996, S. 59

Dichtl, E.: Oft besteht zwischen den „Partnern im Profit" ein problematisches Machtungleichgewicht, in: Handelsblatt v. 09.10.88, S. 26

Dresdner Bank: Die Europäische Währungsunion. Ratgeber für Unternehmen, Frankfurt am Main 1996, S. 67

Dunkel, M.: Falsche Rücksicht, Wirtschaftswoche, Nr. 17, 18.04.1996, S. 24 - 28

Dunkel, M., Handschuh, K., Berschens, R.: Gipfel der Weichmacher, Wirtschaftswoche, Nr. 26, 20.06.1996

Dunkel, M., Schütte, C.: Pulver frei Haus, Wirtschaftswoche, Nr. 15, 04.04.96, S. 20 - 26

Engelen, K.C.: Die Bundesbank fordert einen Zuschlag, Handelsblatt, 19.09.96

Engelhardt, K.: Internationale Beschaffung der Daimler-Benz AG. Kein Selbstzweck, sondern wirtschaftliche Entscheidung, in: Beschaffung aktuell, H. 4, 1990, S. 46 f

Europäische Kommission: Eine Währung für Europa - Grünbuch über die praktischen Verfahren zur Einführung der Einheitswährung, Amt für amtliche Veröffentlichungen der Europäischen Gemeinschaft, Luxemburg 1995, S. 93

Europäische Kommission: Wirtschafts- und Währungsunion, Luxemburg 1996, Amt für amtliche Veröffentlichungen der Europäischen Gemeinschaft

Europäisches Währungsinstitut: The TARGET-System (Trans-European Automated Real-Time Gross Settlement Express Transfer System; a payment system arrangement for Stage Three of EMU), Frankfurt am Main 1995, S. 26

Europäisches Währungsinstitut: Progress towards Convergence, Frankfurt am Main 1995, S. 132

Fandel, G., Francois, P.: Just in Time Produktion und Beschaffung, Funktionsweise, Einsatzvoraussetzung und Grenzen, in: ZfB, H. 5, 1989, S. 531

Finkelstein, Guertin: For a more detailed description of the origins of logistics see, Colin/Mathe/Tixier (1983), p. 19-24

Gerstner, G.: Just-in-Time Nullsummenspiel oder Erfolgsrezept?, Blick durch die Wirtschaft, 10.11.1993, S. 7

Gneisennau, A., Grimmer, M., Kreindl, T.: Partnerschaft zum Nutzen beider Seiten, Blick durch die Wirtschaft, 20.06.1995, S. 7

Grabor, B.: A Decision Support System for Variable Routings Management in Manufacturing Systems, in: Fuzzy Set an Systems 58 (1993), S. 87 - 104

Heinemann, F.: Die Europäische Union ist kein optimaler Währungsraum, Blick durch die Wirtschaft, 11.04.1996, S. 3

Hessenberger, M., Hausotter, A.: Geschäftspolitische Aspekte als Einflußgrößen auf Make or Buy-Strategien, in: Maschinenmarkt, Nr. 4, 26.01.93, S. 48

Hessenberger, M., Kern, A.: Informationen weitergeben, in: Maschinenmarkt, Würzberg 97, Nr. 44, 1991, S. 28 - 33

Hessenberger, M.: Lieferantenauswahl, in: Qualität und Zuverlässigkeit, 10/1991, S. 575 - 577

Hinzmann, P.: Bei Fremdvergabe von Dienstleistungen nicht erst aus den Fehlern lernen, in: Handelsblatt, 17.09.91, S. B 8

Horvath, P., Herter, R.: Benchmarking, Vergleich mit den Besten der Besten, in: Controlling, H. 1, Januar, Februar 1992

IHK: Verkehrs-Nachrichten der IHK, 02/95, Region Stuttgart, April 1995, S. 5 f.

Jünemann, R.: Telematik prägt die Logistikstrukturen, Blick durch die Wirtschaft, 15.02.96, S. 10

Kearney, A.T.: Mercedes-Benz AG, Internationales Beschaffungsmanagement, März 1996

Kidron, M., Segal, R.: State of the World Atlas, New Edition, fifth edition, Penguin Reference, London

Knauer, S., Waldmann, J.: Für den Wettbewerb in Europa noch nicht genügend gerüstet, Blick durch die Wirtschaft, 04.08.1993, Nr. 148, S. 7

Knauer, S., Waldmann, J.: Netzwerke in Europa führen auch zu einem europaweiten Lieferservice, Blick durch die Wirtschaft, 15.09.93, Nr. 178, S. 7

Kosko, B.: Neural Networks and Fuzzy Systems, Prentice Hall International, Englewood Cliff 1992

Köstermann, K.: Benchmarking im Strukturprojekt Montage 2000 plus, unveröffentlicht, MBAG, Stuttgart

Lambert, D., Stock, J.: Strategie Logistics Management, IRWIN Homewood, IL 60430 Boston, MA 02116, 1993

Levicki, C.: The Strategy Workout, 1996, FT Pitman Publishing, London

Logistik-Inhouse Seminar: Konzepte zur wirtschaftlichen Gestaltung von Beschaffungs- und Fabrikstrukturen, 01.07.1993, Mercedes-Benz, Zentrum für Logistik und Unternehmensplanung

Massbauer, M.: Selbst Moskaus Steuerhürden sind überwindbar, HB, 12.12.1995, S. 8

Mercedes-Benz: Handbuch der Transportlogistik der Mercedes-Benz AG, 2. Fassung, Nov. 1993

Mercedes-Benz: Interne Veröffentlichung, Entwurf VDI-Richtlinie, Just in time-Prinzipien zur Verkürzung von Fertigungsstufen in der Produktion

Mercedes-Benz: Abschlußbericht Projekt Benchmarking Stufe 1, unveröffentlichter Bericht der Logistik 2, Mercedes-Benz AG, Sindelfingen, Februar 1994

Mercedes-Benz: Betriebsanleitung Auto Pilot System

Mercedes-Benz: Navigationssystem Deutschland, 1996-1

Mercedes-Benz: Verkehrskonzept Werk Sindelfingen, Bericht 3, Soll-Konzepte, Bewertung, Empfehlung, Sep. 1993, II/8

Mercedes-Benz AG: Tandem, Das Kooperationskonzept, Mercedes-Benz AG, o. J.

Metzner, H.: Vorwort, in: Globale Erwärmung - Tatsache und Behauptung?, Symposium der Europäischen Akademie für Umweltfragen, Mannheim, 23.06.1993

Müller, J.: Werkstattsteuerungsprinzipien im Vergleich - Schwerpunkt: Belastungsorientierte Auftragsfreigabe, in: Wiendahl, H.-P. (1991): Anwendungen der Belastungsorientierten Fertigungssteuerung, Carl Hanser Verlag, München/Wien 1991, S. 339 - 360

Nowak, P.: Betriebswirtschaftlche Kennzahlen, in: Sonderdruck Handbuch der Wirtschaftswissenschaften, Hrsg. Hax, K., Wessels, T., 2. Auflage, Opladen 1996

o. V.: JIT-Anwenderhandbuch, JIT-Definition, Hrsg. v. Audi AG, BMW AG, Mercedes-Benz AG, Esprit III Projekt 6706 MS2O, Februar 1994

o. V.: Mehr Güter auf die Schiene, Blick durch die Wirtschaft, 04.08.1993, Nr. 148, S. 7

o. V.: Rußland ist für deutsche Investoren noch wenig attraktiv, FAZ, 03.02.1996, S. 14

o. V.: Rußlands Export rückläufig, Blick durch die Wirtschaft, 13.02.1996, S. 2

o. V.: Moskau droht der Verlust seines Exportpotentials, HB, 27.12.1995, S. 7

o. V.: Rußland: Rückfall in die Verstaatlichung, 16.02.1996

o. V.: Rußland erhält einen neuen Kredit vom Währungsfonds, FAZ, 23.02.97, S. 16

o. V.: Das größte Frachtflugzeug der Welt wird technisch aufgewertet, Blick durch die Wirtschaft, 21.06.1995, S. 7

o. V.: Lufthansa Cargo baut Luftfrachttransport in die GUS-Staaten aus, Blick durch die Wirtschaft, 27.09.1995, S. 7

o. V.: Bonn plant bessere Hermes-Konditionen für Rußland, FAZ, 16.02.96

o. V.: Künftige Systeme in Nutzfahrzeugen werden mit hoher künstlicher Intelligenz gesteuert, Blick durch die Wirtschaft, 19.01.1996, S. 8

o. V.: Immer mehr Kommunikation über elektronischen Datenaustausch, Blick durch die Wirtschaft, 11.05.1994, S. 7

o. V.: Starke Lobby für den Euro, Der Spiegel, 27/1996, S. 78 - 81

o. V.: Bonn will Konvergenz hart verteidigen, Handelsblatt, 19.09.1995, S. 45

o. V.: Asymmetrie des Sanktionsmechanismus, Handelsblatt, 20.09.1995, S. 10

o. V.: Die Währungsunion verändert den Devisenhandel, Blick durch die Wirtschaft, 07.06.1996, S. 1

o. V., 1993: Aufbau einer zukunftsweisenden Beziehung zwischen Mercedes-Benz und Phoenix Bossard, Phoenix, Mercedes-Benz

Odrich, P.: Jede Nacht durchqueren zwei Fahrzeuge den Kanaltunnel, Blick durch die Wirtschaft, 09.11.94, Nr. 217, S. 7

Owen, J.: Benchmarking, World-Class Manufacturing, in: Manufacturing engineering, March 1992

Popp, H.: Anwendungen der Fuzzy-set-Theorie in Industrie- und Handelsbetrieben, in: Wirtschaftsinformatik 36 (1994) 3, S. 268 - 285

Reichmann, T.: Controlling mit Kennzahlen, München 1987

Reichwald, R.: Entwicklungszeiten als wettbewerbsentscheidender Faktor für den langfristigen Erfolg eines Industriebetriebes, in: Reichwald, R., Schmelzer, H.J., (Hrsg.), Durchlaufzeiten in der Entwicklung, München 1990

Riederer, M.: Just in time-Beschaffungsprozesse in der Automobilproduktion als PEDE-Problem, 1993

Rommelfanger, H.: Entscheiden bei Unschärfe, Berlin 1988

Schmelzer, J., Buttermilch, K.: Reduzierung der Entwicklungszeiten in der Produktentwicklung als ganzheitliches Problem, in: Zeitmanagement in Forschung und Entwicklung, hrsg. v. Brockhoff, Klaus, Picot, Arnold, Urban, Christoph, zfbf, Sonderheft 23, 1988, S. 43 - 73

Schneider, Sünner: Die Anpassung des Aktienrechts bei Einführung der Europäischen Währungsunion, Der Betrieb 1996, S. 817 ff.

Schwindt, P.: CAD-Datenaustausch. Automobilhersteller/Zulieferer. VDI-Z 132, 1990, 10, S. 48 - 51

Shaw, A.: An Approach to Business Problems, Combridge, Mass: Harvard University Press, 1916

Stampp, J.: Unangenehme Wechselbäder für das Güterfernverkehrsgewerbe, Stuttgarter Zeitung, 24.05.96, S. 13

Stark, H.: Zur Entwicklung von Beschaffungsstrategien, in: Beschaffung aktuell, 11/80, S. 82 ff

Thome, R.: Wirtschaftliche Informationsverarbeitung, 1990 München, Kapitel H 16, S. 1

Turner, G.: Das nördliche Ostpreußen kann ein Tor zum Westen werden, HB, 27.12.1995, S. 8

Verkehr und Ökologie: Fragen und Antworten rund ums Automobil, Verkehr und Umwelt, Mercedes-Benz, hrsg. v. Verkehr und Ökologie, UPL/V, 09/94

von Eicke, H., Femerling, C.: Einkaufsstrategien der Zukunft, in: Automobil-Produktion, 06/1991, S. 54 ff

West LB: Auf dem Weg zur Währungsunion - Der Euro kommt - Kommt der Euro?, Düsseldorf 1996, S. 45

Wöhe, G.: Einführung in die allgemeine Betriebswirtschaftslehre, 14. Auflage, München 1981

Stichwortverzeichnis

Änderungsmanagement 23, 71, 72, 76, 90, 102
Anliefer- und Transportkonzept 16
Außenlager 45, 62, 66, 92, 93, 103, 139, 141, 142
Auto Pilot System 64

Bedarfsermittlung 30, 69, 70
Bedarfssteuerung 69
Belieferungsformen 16, 21, 32, 43, 65, 66, 72, 74, 83, 124, 184, 188
Benchmarking 20, 127, 133 ff., 142, 144, 146, 148, 160, 161, 175, 184, 188
Beschaffungspolitik 51, 56, 157
Beschaffungsstrategie 37, 50, 52 ff., 87, 101, 102, 124, 129, 145, 157
Beschaffungsvorgang 50 ff., 56
Best practice 160
Bestandsentwicklung 74, 75, 150
Bestandsmanagement 15, 42, 72, 84, 149
Bestandspolitik 24, 69, 71, 82, 188
Bestandsreduzierung 16, 73, 172
Bundesverkehrswegeplan 39, 40
Buy 30, 51, 85 ff., 126, 164, 165

Carry-Over 98
Citylogistik 61
Container-Konzept 81
Controlling 13, 19, 22, 27, 83, 110, 133, 134, 159, 160, 168, 186
Customer Care 23, 49

Data Warehouse 49
Datenaustausch 31, 32
Datenidentifikation 33, 35
Datenschutz 65
Datentransport 32
Datenverbund 64, 80
Deckungslücken 137, 138, 139, 144, 148
Demings-Reaktionskette 84
Deregulierung 41, 100, 112, 114, 129
Design leadership 94
Deterministische Bedarfsermittlung 69
Deterministische Planung 30
Direktbelieferung 25, 32, 41, 43 ff., 46, 65, 66, 84, 103, 125, 129, 141, 142, 149
Direktvergabespediteure 43, 44
Double Sourcing 58, 59
Dual Mode Route Guidance System 64
Durchlaufzeit 15, 24, 28 ff., 47, 53, 57, 75, 86, 133, 173 ff., 187

EDI 31
Einkauf 156 ff., 164, 166, 172, 179, 180, 182, 184, 185, 186
Einkaufskoordination 185
Entscheidungsfeld 159, 187
Entsorgungskonzept 42
European Monetary Union 18
Externe Dienstleister 43, 86, 92, 125

Fabrikstruktur 80, 140, 141
Facilitymanagement 125
Fertigungstiefe 58, 59, 87, 88, 90, 91, 93, 97, 130, 140, 172
FIFO-Prinzip 84, 102, 177
First tier 37, 71, 79, 125
Flexibilisierung 29, 95, 162, 173
Fließprinzip 16
FMEA 83, 188
Frachtoptimierung 35, 36, 43, 98
Fraktale Fabrik 77, 80
Fremdbezug 49, 51, 89
Fuzzy Control 70
Fuzzy Set 70, 71

Gateway-Konzept 49
Gebietsspediteur 15, 35, 36, 43, 44, 103, 145, 167, 179
Gefahrguttransport 61, 67
Geschäftsprozesse 17, 20, 32, 51, 70, 86, 101, 152, 156, 170, 178
Global player 56, 60

Global Positioning System 64
Global Sourcing 49, 51, 55, 56, 57, 59, 60, 97, 98, 102, 127, 157, 160, 161, 184, 185
Global supplier 102
Globalisierung 16, 18, 21, 26, 50, 51, 71, 79, 100 ff., 105, 129, 131, 169, 78, 180
Güterfernverkehr 39, 40, 41, 46, 60, 61, 62, 63, 67, 102, 113, 117, 128
Güterverkehr 38, 39, 43, 62, 66, 115, 117, 128, 129, 130, 131
Güterverkehrsgewerbe 128, 130, 131
Güterverkehrszentren 115
Güterverteilzentren 61, 62, 113

Heuristische Bedarfsermittlung 69, 70
Homologierung 167

Identifikationssystem 33, 34
Industrialisierung 101
Industriepark 21, 24, 26, 42, 72, 91 ff., 103, 114, 119, 125, 135, 171, 172
Informationsprozeß 33
Insellösung 22
Insourcing 55
Integration 14, 15, 18, 21, 25, 37, 49, 55, 70, 83, 87, 115, 180
Internalisierung 129
ISO 9000 ff. 82

JIT 15, 16, 24, 25, 26, 31, 42 ff., 56, 72 ff., 84, 91, 96, 103, 124, 125, 145, 150, 153 ff., 165, 167, 175, 177
JIT-Definition 46
JIT-Leitstand 155
Juran Quality Improvement 83

Kabotage 41, 109, 114
Kaizen 14, 25, 28, 31, 72, 78, 125, 165, 170, 171, 172, 174 ff., 187
Kanban 69, 70, 84, 152
Kennziffern 133, 136
Kommunikationsvernetzung 36, 67
Komponentenlieferanten 126
Konkurrenzbeurteilung 169
Kooperation 19, 50, 59, 88, 97, 113, 120, 124, 126, 168, 169, 170, 178 ff.
Kooperationsformen 50
Kostenfunktion 121
Kostensenkung 16, 17, 91, 95, 127, 184, 185
Kundenorientierung 17, 23, 50, 83, 130, 133, 171, 180, 185
KVP 21, 79, 172, 174
Kybernetik-Regelkreis 15

Lagerwirtschaft 84, 96
Lean management 77, 157, 170, 171
Leistungsmaßstäbe 133
Lerneffekte 21, 86, 93, 96
Lieferantenlager 33, 59, 66, 84, 91, 92, 103
Lieferantenstruktur 17, 24, 58, 58, 101, 102, 119, 124, 140, 145, 185
Lieferzyklen 72, 150
Life cycle 82
Local content 20, 50, 99, 100, 110, 118, 119, 120, 124, 158, 185
Logistics integraters 59
Logistics provider 49, 130
Logistik-Industriepark (LIPA) 25, 92, 93, 103
Logistik-Kosmos 103
Logistik-Lieferanten-Zentrum (LLZ) 25, 48, 49, 84, 91, 92, 93, 96, 103, 135
Logistik-Nervensystem 14
Logistikettenmanagement 162, 167
Logistikfokus 113
Logistikkennzahlen 146, 148, 150
Logistikketten 32, 65, 162 ff.,
Logistikkonzepte 13 ff., 25 ff., 34, 36, 47, 72, 77, 83, 96, 148, 163, 177, 187, 188
Logistiknavigation 133
Logistikziele 25, 94
Loyalitäts-Effekt 85

Made by 110, 118
Made in 110, 119
Make 30, 51, 85, 87ff., 101, 164, 165
Make or Buy 30, 51, 85, 87 ff., 101, 164, 165
Managementansätze 21, 80, 82
Markteintritt 99, 117, 118, 171
Materialabrufe 33, 135, 142
Materialbereitstellungskonzept 13, 53, 81, 84
Materialfluß- und Transportsteuerungssystem 33, 35
Milkway-Running-System 43, 103
Mobilfunk 66
Modal Split 39, 62, 102, 112, 116
Modular Sourcing 55, 57, 59, 102
Modularisierung 77, 79, 88
Motivations-Ansatz 23
Muda 176
Multiple Sourcing 56, 58

Neuronale Netze 71
Notpuffer 72, 73, 74, 84, 150
Null-Fehler-Ziel 16, 47, 72, 83, 84, 94

Öko-Steuer 40
Organisationsentwicklung 156, 170, 174
Outsourcing 55, 85, 86, 89, 90

Pendelkartensystem 70
Pentagon 25
Perlenkette 21, 22, 71, 72, 84, 95
Perspektivenwechsel 108, 109, 116
Planungskapazität 88
Planungskompetenz 88
Positionsanalyse 54
PPS-System 23, 70, 71, 152
Pragmatischer Ansatz 22
Premium-Effekt 71, 85
Produktdokumentation 78, 135
Produktentwicklung 31, 32, 57, 59, 63, 77, 125
Produkthaftung 69, 94, 121
Produktionsreihenfolge 21, 22, 45, 46, 59, 60, 72, 95, 127, 140
Produktivität 16, 17, 18, 37, 47, 84, 86, 88, 106, 123, 126, 171, 175, 177, 178
Produktkonzeption 17, 37, 38, 63, 141
Prognoseverfahren 31, 69
PROMETHEUS 61, 63
Prozeßkettenoptimierung 80, 172
Prozeßkostenmanagement 80, 148, 163
Prozeßsicherheit 16, 70, 73, 83, 95, 99, 121

Qualitätspartnerschaft 52
Qualitätssicherung 32, 43, 47, 58, 72, 82, 83,87, 89,120 ff,124,135,146,165,178
Qualitätssicherungssysteme 120, 124, 178
Quality Function Deployment 16

Recycling 38, 42, 81, 94
Reengineering 21, 26, 27, 28, 97, 167, 171
Ressourcenbedarf 26
Reverse Engineering 24, 80, 175
Richtungsansatz 22
Road Pricing 40, 62, 66
Rollende Lager 45

Segmentierung 20, 80, 91
Seiketsu 176
Seiri 176
Seiso 176
Seiton 176
Sendungsmanagement 188
Sequentielle Belieferung 96, 125, 129
Sequentielle Fertigung 24, 92, 96, 125
Service System 51
Shareholder Value 16, 133
Shitsuke 176
Simultaneous Engineering 24, 125, 178
Single Sourcing 55, 145, 93, 43, 56, 59
Skaleneffekt 99
Sourcing-Strategien 21, 51, 52, 55, 103

Spin off 97
Stabilitätsansatz 22
Stale points 172, 176
Standortaspekte 104
Standortdiskussion 100, 101, 106, 107, 109
Standortstrukturen 91, 92, 99, 103, 124
Steuerungselement 16, 133, 159
Steuerungsmethoden 184
Stochastische Bedarfsermittlung 69
STORM 61, 64
Straßengüternahverkehr 25
Strategie 15 ff., 21, 22, 23, 25, 26, 27, 37, 43, 48, 50 ff., 70, 83, 84, 85, 87, 89, 93, 95, 97, 100 ff., 107, 110, 118, 120, 123, 124, 129, 131, 136, 137, 144, 145, 152, 157, 168, 172, 185, 185
Strategiefindung 168
Supply Management 37
System Sourcing 57
Systemansatz 22
Systemlieferant 17, 20, 21, 24, 37, 58, 78, 79, 93, 158, 162, 163, 165, 173, 180, 184, 185
Systempartnerschaft 37

Taguchi-Philosophie 84
Tandem 180, 181, 182
Target-Costing 21, 175
Teilelieferanten 37, 43, 77, 156
Telematik 40, 63, 65, 66, 67
Time Based Management 26, 28
Total Productivity Maintenance 16, 125, 175
Total Quality Management 16, 97, 125
Transit 111, 112, 113, 114
Transitverkehr 113
Transplant 104
Transportbedingungen 114
Transportbilanz 39
Transportkonzepte 16
Transportzeit 29, 30, 39, 41, 47, 130, 174

Umfeldpositionierung 53
Umweltpolitik 38
Unternehmensstrategie 21, 37, 56, 59, 110

Variantenvielfalt 24, 26, 48, 72, 77, 141, 153, 164, 173
VDA Formate 31
VDA Normen 33
Verbrauchssteuerung 69
Verkehrsaufkommen 38, 40, 57, 65, 80, 98, 113, 114
Verkehrsentwicklung38
Verkehrsinfrastruktur 40, 65, 114
Verkehrspolitik 16, 42
Verkehrssteuerung 63, 66
Verschwendung 170, 176
Versorgungsstrategien 43

Währungsunion 18, 19, 110
Warehousing 48, 96
Werkslager 92
Wertschöpfungskette 21, 26, 56, 86, 94, 95, 98, 101, 125, 178

Zeithaushalt 24, 26, 28, 29, 31, 47, 48, 98, 126, 153, 154, 166
Zeitmanagement 28, 126
Zero-defect 83, 84, 154
Zielkategorien 187